優專家楊維哲教授為高中生編寫的數學專書

楊維哲高中資優數學講義之一

三角學

第二版

作者：楊維哲

五南圖書出版公司 印行

序

這本書原本只是暑假中薄薄的講義，三、四十頁，對於范際平的大學先修三角學的習題做一些註解與題解。對象就是這五個小孩子，湖濱小集。

我當然寫過一些高中三角學的講義。比較有系統的是：包含在全套「工專（五專）數學」，或者「高中數學」，或者「函授學校」之中的三角部分。（這樣說，最少有三套。雖然，應該打個對折才對：蔡聰明教授大概寫了其中的一半。）除外，應該也寫過片段的文章，例如說，我一定寫過「如何背三角公式」之類的，因為偶而還有人跟我提及。

所以我就認真地編寫這本書，因為不是「一切從零開始」，毋寧說恰好相反：有許多題材，我曾經用心思考過應該怎麼教。編寫起來就容易些了。

我知道我寫的書都有許多缺點，許多「怎麼改都改不掉的毛病」。但是當然也有一些優點。尤其這一本書，因為寫的時候，心目中的對象更加明確，精神更加一貫。

缺點之一是我的文筆「不均勻」。明知如此，我故意忽略。事實上，這些孩子都是資優生，（雖然我的定義不是從 DNA 來看的！）她他們都很認真，願意思考。那麼我這種詳略不一的文筆，也許反倒是一種刺激。

這些孩子已經進了高中，學校裡都有很明確的教科書。但是這些教科書當然是根據現行的課程標準來編寫的。這和半世紀前的「分科學習法」大不相同！所以我們這本書，以及隨後我想推出的其他書，意思絕對不是作為學校裡使用的教科書，因為系統不一樣！

基本上本書還是資優生的補充讀物。**資優教育的三個面向是：加速、加深、加廣**。我確信本書在這三個面向上都是很有助益的。近幾年來的體驗，讓我更堅信：從小學到大學的教育，「數學與其他科學的關聯性」，一直都是強調得不夠！因此，本書很費心在這個「加廣」的面向上。

她他們讀我的講義，月考也許（？）不會因之增加一分，但是這樣子的缺點就是優點：「讀書」與「學校的考試」脫鉤了。

二十幾年前，在汗如的中學時代，我已經嘗試過，對抗那個荒謬的教育方式教育體制。她終於沒有唸好數學，但是我認為我只有小小失敗，還是大大成功，因為她的「個性資優」，沒有被毀掉。

似乎今日的教育方式與體制還是一樣地荒謬。天天還是有好幾科的「小考」。而且，比之從前更糟糕的是：明明採用了寫得不錯的課本，課堂上卻不太教，而代之以徹底零碎化的「公式」、「妙技」。

大環境不利的時候，我能夠做的就是這樣子的抵抗：我要盡量幫忙我幫得起的忙：寫一些好的講義，適配孩子們的程度，有刺激挑戰性，有深度有廣度，而且有系統。

這些我鍾愛的孩子，有資優的個性，一定能夠熬過荒謬，展開自己。這本書原本就是要獻給她他們的。

（朋友們常常嘲笑我喊口號：「人人是資優生！資優的要點在個性！」。但這確乎是我深信不疑的！所以我應該說：）

獻給我們千千萬萬資優的台灣孩子！

楊維哲

目錄

第五章　三角方程式與反三角函數

第六章　三角函數在物理學中的應用

第七章　雙曲三角函數

習題略解

第一章

三角函數

§1　角度

● 幾何的角

「角度」當然是「角的度量」。但是它其實有兩種（甚至於有三種！）不同的含意。我們先談比較常見的：「幾何的角度」。

我們必須小心解說甚麼是平面幾何的「角」。我們通常說$\angle POQ$，讀做「角POQ」，這樣子的概念，其實含有三個要素：「頂點」、「兩邊」、與「角域」。

1. 頂點O；這是平面上的一點。（在POQ之中，寫在中間！）
2. 兩邊$\{\overrightarrow{OP}, \overrightarrow{OQ}\}$。（在$POQ$之中，$O$寫在中間，而$P, Q$，一個在前，一個在後，其實兩者的地位完全相同！）

   $\overrightarrow{OP}$，讀做半線OP，不是直線！（利用直尺板，拿鉛筆，從O出發，畫到P點，如果就此終止，那是線段；我們如果不終止，而繼續延伸，想像中把它無限延伸，這就是半線！）

   註　我們這個記號，一點也不正統。只是對我們方便有用。
3. 角域$\angle POQ$。這就是在這兩條半線之間，從頂點O看過去的整個視野。

當我們說半線OP的時候，當然O, P是相異兩點，同樣，O, Q也是相異兩點。這兩條「半線」，起點相同，就是角的頂點O，而兩者在頂點處連結起來，就把平面分割成兩塊。

我們先要求：三點O, P, Q不共線！於是，所說的兩塊區域，就有顯然的分辨！如上圖左的就是「劣角域」$\angle POQ$（$=\angle QOP$），如上圖右的就是「優角域」$\complement\angle POQ$（$=\complement\angle QOP$），這兩個區域，互相是「周缺的」。習慣上我們都選擇劣角域當作視野。於是我們就得到「劣角」$\angle POQ$。如果你要選擇優角域當作視野，你就得到「優角」$c\angle POQ$。（這個記號是臨時製造的，因為用途不大！）

問　如果只畫出角的兩邊，優角域$\complement\angle POQ$與劣角域$\angle POQ$，有何分辨？

答　前者有「陷進去之處」：優角域內可以找到兩點U, V，使得其連接線段$\overline{UV}$會穿出域外！

劣角域$\measuredangle POQ$中，任兩點的連接線段完全在域內！（數學上就說這是個凸形域（convex region）！）

極端的情形：平角

在正常的情形下，O, P, Q 三點不共線，我們就可以寫$\angle POQ$，這一定是指劣角。如果借用角度的概念，幾何上所說的$\angle POQ$，一定是指

$$0 < |\angle POQ| < 180^\circ .$$

現在想像：固定頂點O，也固定角的一邊$\overrightarrow{OP}$，但是變動角的另外一邊$\overrightarrow{OQ}$，慢慢「開展視野」！求其極限！這樣子我們就得到平角：

O, P, Q 三點共線，而且是O點在兩點P, Q之間！

在平角的情形，它的兩邊，兩條「半線」其實是一條直線！用它們去把平面分割所得的兩塊區域，就無分優劣！這是「平角域」。單單寫$\angle POQ$是不好的！因為不曉得你指的是兩個「平角」之中的哪一個。

如果繼續擴展視野，我們就得到優角$c\angle POQ$。

我們知道：平角域是劣角域增加視野的極限；但是劣角域$\measuredangle POQ$的周缺乃是優角域$\complement\measuredangle POQ$，前者在增加視野的時候，後者就是在縮小視野，因此我們也可以說：平角域是優角域縮小視野的極限。

不論優角或劣角，只要畫出角的「兩邊」，那麼「角」（的頂點，）就顯現出來了！這和平角不同，因為平角的兩邊連成一條直線！不合乎「角」的意像。

極端的情形：零角與周角

現在想像另外一種極限：固定頂點O，也固定角的一邊$\overrightarrow{OP}$，但是變動角的另外一邊$\overrightarrow{OQ}$，慢慢「縮小視野」！這樣子，半線$\overrightarrow{OQ}$就越來越靠近$\overrightarrow{OP}$，其極限，就是與$\overrightarrow{OP}$重合，我們就說$\measuredangle POP$是個零角域，$\angle POP$是個零角；這時候，它的周缺$\complement\measuredangle POP$是個周角域。$c\angle POP$是個周角。

幾何的角度

「角度」就是幾何學上的角之「角域視野的度量」。如果用我們上述的記號，角$\angle POQ$，就有它的角域視野$\measuredangle POQ$，就有它的「度量」，而我們應該另外用一個記號，例如說，

$$|\angle POQ| = |\measuredangle POQ| .$$

可是習慣上我們都是混著用！這個情形很像「長度」與「面積」。例如說，我們寫

$$\overline{AB}=\overline{CD},$$

有一種狹義的解釋是說：「線段 AB 就是線段 CD」，（那麼這一來，或者 $A=C$, $B=D$，或者 $A=D$, $B=C$，兩者必居其一！）不過，我們通常是做寬廣的解釋：「線段 AB 的長度，等於線段 CD 的長度」，也就是指：

$$|\overline{AB}|=|\overline{CD}|.$$

線段 $\overline{AB}$ 之長度，本來應該另外用一個記號，例如寫做 $|\overline{AB}|$。可是，我們經常就混做一談，因而用相同的記號了！

同樣地，如果我們寫：

$$\triangle ABC=\triangle PQR,$$

最狹義的解釋是說 $A=P$, $B=Q$, $C=R$；最寬鬆的解釋是指：

$$|\triangle ABC|=|\triangle PQR|,$$

「三角形 ABC 的面積 = 三角形 PQR 的面積。」概念上，「三角形 ABC 的面積」與「三角形 PQR」，並不相同，因此本來應該另外用一個記號如 $|\triangle ABC|$。不但記號如此，連漢文的字詞也如此：經常把「角度」簡稱為「角」。

全等

度量的出發點乃是「全等」（congruence，或者叫做「合同」）的概念。例如，「sss 原理」就是說：如果有兩個三角形 $\triangle ABC$, $\triangle A'B'C'$，而對應的邊，長度相同：

$$|\overline{AB}|=|\overline{A'B'}|,\ |\overline{BC}|=|\overline{B'C'}|,\ |\overline{CA}|=|\overline{C'A'}|,$$

則兩個三角形就全等，也就是說，如果這些是畫在一張紙上，我們就可以拷貝（影印）出另外一張，然後把拷貝的紙張，放置在原來的紙張上，只要再旋轉平移或翻轉，就可以把拷貝紙張上的 $\triangle A'B'C'$ 與原來紙張上的 $\triangle ABC$，完全重合一致！（因而就導致 $|\angle BAC|=|\angle B'A'C'|$，等等）。

你應該同樣地解釋「sas 原理」和「asa 原理」。

當我們能夠解釋「長度相同」之後，我們就可以解釋何謂「長度的三倍」了。要說$|\overline{PQ}|=3*|\overline{AB}|$，我們的解釋就是：在直線 PQ 上，我們可以找到兩點 R 與 S，使得：順序上是 $PRSQ$，而且$|\overline{PR}|=|\overline{RS}|=|\overline{SQ}|=|\overline{AB}|$。

例題 當你能夠解釋「角度相同」之後，你要如何解釋「角度的三倍」：$|\angle POQ|=3*|\angle BAC|$？

解析 意思是：在角域$\angle POQ$之中，可以找到一點 R，然後，在角域$\angle ROQ$之中，可以找到一點 S，使得：

$$|\angle POR|=|\angle ROS|=|\angle SOQ|=|\angle BAC|.$$

平角與直角

那麼我們就推論出：所有的平角（的角度！）都相等！所有的直角（的角度！）都相等！而平角（的角度！）等於直角（的角度！）的兩倍！為什麼？

（如果兩條直線 PR 與 QS 相垂直，而且交點 O 在 P, R 之間，也在 Q, S 之間，那麼，我們有四個「直角」$\angle POQ, \angle QOR, \angle ROS, \angle SOP$。）

當然我們也就可以說：所有的周角（的角度！）都相等！而且等於平角（的角度！）的兩倍！

角度的根本公式

那麼，如何度量一個角（域）$\angle POQ$？當然，我們的意思應該說得更明確：

- 如果我們對於長度的度量有把握，那麼如何利用它來做角的度量？
- 如果我們對於面積的度量有把握，那麼如何利用它來做角的度量？

（照道理，前者更重要！但是我們就一併思考！）

我們以頂點 O 為圓心，任意正數 r 為半徑，畫圓，那麼它與兩邊分別交於兩點 P_1, Q_1，如此我們就看到圓弧 P_1Q_1，以及扇形域 OP_1Q_1。

幾何學告訴我們：

- 圓弧 P_1Q_1 的弧長，一方面與角度 $\theta=|\angle POQ|$成正比，一方面與半徑長度 $r=|\overline{OP_1}|$成正比。

$$\text{弧長}=K_1*r*\theta;$$

- 扇形域 OP_1Q_1 的面積，一方面與角度 $\theta=|\angle POQ|$成正比，一方面與半徑長度的平方 $r^2=|\overline{OP_1}|^2$ 成正比。

$$\text{扇形域面積}=K_2*r^2*\theta.$$

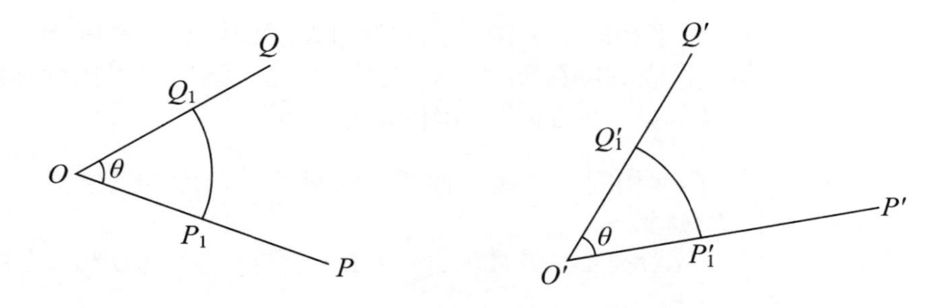

這裡的比例常數 K_1, K_2，當然是與我們所用的「角的度量單位」有關，但是與圓心（角頂點）O 無關。這是因為：如果有兩個相同的角度

$$|\angle P'O'Q'| = |\angle POQ|,$$

而且取相同的半徑 $r = |\overline{OP_1}| = |\overline{O'P_1'}|$，我們在角域 $\angle O'P'Q'$ 這邊，同樣做出點 P_1', Q_1'，那麼，兩個三角形「全等」：

$$\triangle OP_1Q_1 \cong \triangle O'P_1'Q_1',$$

兩個圓也「全等」，兩段圓弧也「全等」，兩個扇形也「全等」。

巴比倫制

這就是規定：角度的單位 1°是平角的 $\frac{1}{180}$。或即直角的 $\frac{1}{90}$，或即是周角的 $\frac{1}{360}$。

換句話說，在這個制度之下，上述公式成為：

$$弧長 = \pi * r * \frac{\theta}{180°},$$
$$扇形域面積 = \pi * r^2 * \frac{\theta}{360°}.$$

（$K_1 = \frac{\pi}{180°} = 2 * K_2$；$K_2 = \frac{\pi}{360°}$）

弧度制

數學上最自然的單位叫做一「弧度」，也就是說 1「弧度」$= \frac{360°}{2\pi}$，反過來說，$1° = \frac{2\pi}{360°} = \frac{\pi}{180°}$「弧度」。

換句話說，在這個制度之下，上述公式成為：

$$弧長=r*\theta,$$
$$扇形域面積=\frac{1}{2}r^2*\theta.$$

（$K_1=1=2*K_2$；$K_2=\frac{1}{2}$.）

註 漢詞，與英文

外角＝exterior angle；補角＝supplementary angle；

餘角＝complementary angle；

優角＝superior angle；劣角＝inferior angle.

所以，一個角度θ的

（周）缺角度$=360°-\theta$；（通常要求$0<\theta<360°$）.

（平）補角度$=180°-\theta$；（通常要求$0<\theta<180°$）.

（直）餘角度$=90°-\theta$；（通常要求$0<\theta<90°$）.

習題 角度換算：

$\pi=180°$，$\frac{\pi}{2}=$　　，$\frac{\pi}{3}=$　　，$\frac{\pi}{4}=$　　，$\frac{\pi}{5}=$　　，$\frac{\pi}{6}=$

$\frac{2\pi}{3}=$　　，$\frac{3\pi}{4}=$　　，$\frac{2\pi}{5}=$　　，$\frac{3\pi}{5}=$　　，$\frac{4\pi}{5}=$　　，$\frac{5\pi}{6}=$

習題 角度換算：

$180°=\pi$，$30°=$　　，$45°=$　　，$60°=$　　，$90°=$　　，$120°=$

$135°=$　　，$150°=$　　，$18°=$　　，$36°=$　　，$54°=$　　，$72°=$

§2　銳角三角函數

三角學的主角當然是「三角函數」。通常所說三角函數有6個，其實，古時候有8個，換句話說：已經有兩個被廢棄了！（就如同可憐的Pluto！）由此可知：6個函數，重要性並不相等！

要談三角函數，大概有兩種觀點（或者說法），一種是由古老的幾何度量所引起的三角函數，一種是由比較摩登的物理科學（振動與波動學）所引起的三角函數。這裡就從前者談起。

鋭角三角函數

如果有一個角度θ是「鋭角」，也就是說：$0<\theta<90°$，古時候的數學家，就想到了這個角度的六個三角函數。這是由幾何度量想到的非常有用的概念。

如果我們隨意地畫一個直角三角形$\triangle ABC$，要求A角就是$\angle BAC=\theta$，而直角頂就是C，$\angle C=90°$。

直角三角形$\triangle ABC$的三邊就叫做勾股弦，弦是指斜邊$c=\overline{BC}$，但是「勾股」兩者就有些麻煩了！我們現在談論的角度是$\theta=\angle BAC$，我們就把它的<u>對邊</u>叫做「勾」，$=\overline{BC}=a$，而<u>鄰邊</u>叫做「股」，這三邊勾股弦，任意選兩個來比，就得到6個三角函數。

（勾比弦）$\sin(\theta)=BC：AB=\frac{a}{c}$	（股比弦）$\cos(\theta)=AC：AB=\frac{b}{c}.$
（勾比股）$\tan(\theta)=BC：AC=\frac{a}{b}$	（股比勾）$\cot(\theta)=AC：BC=\frac{b}{a}.$
（弦比股）$\sec(\theta)=AB：AC=\frac{c}{b}$	（弦比勾）$\csc(\theta)=AB：BC=\frac{c}{a}.$

你的規約是：$BC=a>0$，$CA=b>0$，$AB=c$，（$c=\sqrt{a^2+b^2}$，$c>a, c>b$。）

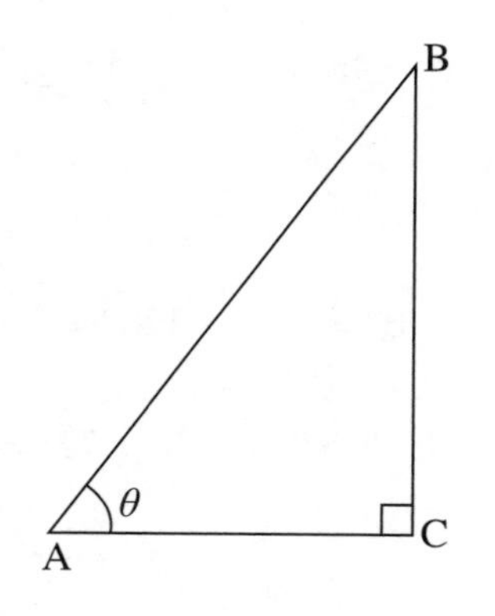

最根本的幾何事實是：
取定了鋭角$\angle BAC=\theta$之後，
即使每個人畫的
$\triangle ABC$都不一樣！
但是都相似！

因此這些三角函數，每個人算出來的都一樣！與你所畫的$\triangle ABC$無關！

重要性與大小

最上面一對，最重要：正弦 sin 與餘弦 cos，函數值就一定在零一之間；
中間的一對，次重要：正切 tan 與餘切 cot，函數值就可以是任意正數；
最下面一對，不重要：正割 sec 與餘割 csc，函數值就一定大於一；
在同一側，從上到下，一定是變大：

$$\sec(\theta) > \tan(\theta) > \sin(\theta)\text{；}\csc(\theta) > \cot(\theta) > \cos(\theta)\ .$$

● 讀法

永遠要完整讀出！「餘」，就是 co-

sine, co-sine;

tangent, co-tangent;

secant, co-secant;

右側是 co（餘）族；左側是正族；

正族的三個，都是遞增函數：當銳角 θ 變大的時候，函數值跟著變大！

餘族的三個，都是遞減函數：當銳角 θ 變大的時候，函數值跟著變小！

● 餘角原則

$\angle C = 90°$，因此：$\angle A$, $\angle B$ 互餘：

$$\angle A + \angle B = 90°\ .$$

$\angle A$ 的鄰股 AC，就是 $\angle B$ 的對邊；而 $\angle A$ 的對邊 BC，就是 $\angle B$ 的鄰股。

至於斜邊則是一樣的！因此，對 $\angle A$ 的tan，一定是對 $\angle B$ 的cot；等等！總之：sine of co- = cosine; cosine of co = co-co- sine = sine。（「負負得正」！「餘了再餘，等於不動」！）37°的餘角的餘角，一定是 37°。你如果去算：$co(37°) = (90-37)° = 53°$，$co(53°) = (90-53)° = 37°$，故 $co(co(37°)) = 37°$那真不是我的徒弟了！（不用算的就不准算！）

● 平方關係

Pythagoras 的公式 $a^2 + b^2 = c^2$，用 c^2 去除，就給我們：

$$\sin^2(\theta) + \cos^2(\theta) = 1\ .$$

註 這是自古到今三角學的習慣，把（$\sec(\theta))^2$ 寫成 $\sec^2(\theta)$，把$(\cot(\theta))^3$ 寫成 $\cot^3(\theta)$，等等。可是，非常糟糕的是：

禁止把$(\sec(\theta))^{-1} = \dfrac{1}{\sec(\theta)}$ 寫成 $\sec^{-1}(\theta)$，犯禁者，…。

你可以把 $c^2 - b^2 = a^2$，用 a^2 去除，或者，把 $c^2 - a^2 = b^2$，用 b^2 去除！

$$\csc^2(\theta) - \cot^2(\theta) = 1\text{；}\sec^2(\theta) - \tan^2(\theta) = 1\ .$$

正餘弦是「小國」，平方和才是 1。正餘割是「大國」，值都大於 1。

而正餘切是「中等國」；正餘割與對應的正餘切之平方差是 1。

● 倒逆關係（繼續看 p.8 的六個比，六個函數）

左上與右下，左下與右上，以及中間左右（正餘切），是互相倒逆的。

$$1=\sin(\theta)*\csc(\theta)=\cos(\theta)*\sec(\theta)=\tan(\theta)*\cot(\theta).$$

只要再加上商數關係就差不多了！

$$\tan(\theta)=\frac{\sin(\theta)}{\cos(\theta)}=\frac{\sec(\theta)}{\csc(\theta)}.$$

（你可以把上式整個 co 一下！）

● 一些特別角的三角函數

其實你知道：45°是「自餘的」：45° = 90° − 45°，因此：（想一想！畫個等腰直角三角形！）

$$\sin(45°)=\cos(45°)；\sec(45°)=\csc(45°)=\sqrt{2}；\tan(45°)=\cot(45°)=1.$$

畫個正三角形，再畫一條高線，馬上知道：

$$\sin(30°)=\frac{1}{2}=\cos(60°)；\cos(30°)=\frac{\sqrt{3}}{2}=\sin(60°)；$$
$$\tan(30°)=\frac{1}{\sqrt{3}}=\cot(60°)；\cot(30°)=\sqrt{3}=\tan(60°).$$

習題 計算特別角 22.5°以及 36°，18°的三角函數。（先自己試試看！我們後面會證明！）

$$\sin(22.5°)=\frac{1}{\sqrt{4+2\sqrt{2}}}；\cos(22.5°)=\frac{\sqrt{2}+1}{\sqrt{4+2\sqrt{2}}}；\tan(22.5°)=\frac{1}{\sqrt{2}+1}；$$

$$\sin(36°)=\cos(54°)=\frac{\sqrt{10-2\sqrt{5}}}{4}；\cos(36°)=\sin(54°)=\frac{\sqrt{5}+1}{4}；$$

$$\tan(36°)=\cot(54°)=\sqrt{5-2\sqrt{5}}；$$

$$\sin(18°)=\cos(72°)=\frac{\sqrt{5}-1}{4}；\cos(18°)=\sin(72°)=\frac{\sqrt{10+2\sqrt{5}}}{4}；$$

$\tan(18°)=$？（不簡單。）

習題 查表（或用計算器）寫出：

$\cos(36°), \sin(36°); \cos(18°), \sin(18°); \cos(54°), \sin(54°); \cos(72°), \sin(72°)$.

習題 如果θ是個銳角，而$s=\sin(\theta)$, $c=\cos(\theta)$, $t=\tan(\theta)$, $w=\cot(\theta)$, $u=\sec(\theta)$, $v=\csc(\theta)$，用這六者之一，就可以表達出其他。

已知	s	c	t	w	u	v
$\sin(\theta)=$	s	$\sqrt{1-c^2}$	$\frac{t}{\sqrt{1+t^2}}$	$\frac{1}{\sqrt{1+w^2}}$	$\frac{\sqrt{u^2-1}}{u}$	$\frac{1}{v}$
$\cos(\theta)=$	$\sqrt{1-s^2}$	c	$\frac{1}{\sqrt{1+t^2}}$	$\frac{w}{\sqrt{1+w^2}}$	$\frac{1}{u}$	$\frac{\sqrt{v^2-1}}{v}$
$\tan(\theta)=$	$\frac{s}{\sqrt{1-s^2}}$	$\frac{\sqrt{1-c^2}}{c}$	t	$\frac{1}{w}$	$\sqrt{u^2-1}$	$\frac{1}{\sqrt{v^2-1}}$
$\cot(\theta)=$	$\frac{\sqrt{1-s^2}}{s}$	$\frac{c}{\sqrt{1-c^2}}$	$\frac{1}{t}$	w	$\frac{1}{\sqrt{u^2-1}}$	$\sqrt{v^2-1}$
$\sec(\theta)=$	$\frac{1}{\sqrt{1-s^2}}$	$\frac{1}{c}$	$\sqrt{1+t^2}$	$\frac{\sqrt{1+w^2}}{w}$	u	$\frac{v}{\sqrt{v^2-1}}$
$\csc(\theta)=$	$\frac{1}{s}$	$\frac{1}{\sqrt{1-c^2}}$	$\frac{\sqrt{1+t^2}}{t}$	$\sqrt{1+w^2}$	$\frac{u}{\sqrt{u^2-1}}$	v

註 對於廣義角的三角函數，以上的式子只差了一點：
如果有根號出現，則正負號未定。

§3　銳角三角形的定律

● Euler 的記號

在三角形$\triangle ABC$中，三邊長記為$a=\overline{BC}$等，三個（幾何的）夾角記為$\angle A$等。（它們都在 0 與$\pi=180°$之間！）

但是我們現在先都是考慮銳角三角形！則有如下諸定律：

● 正弦定律

$$\frac{a}{\sin\angle A}=\frac{b}{\sin\angle B}=\frac{c}{\sin\angle C}\ (=2R).$$

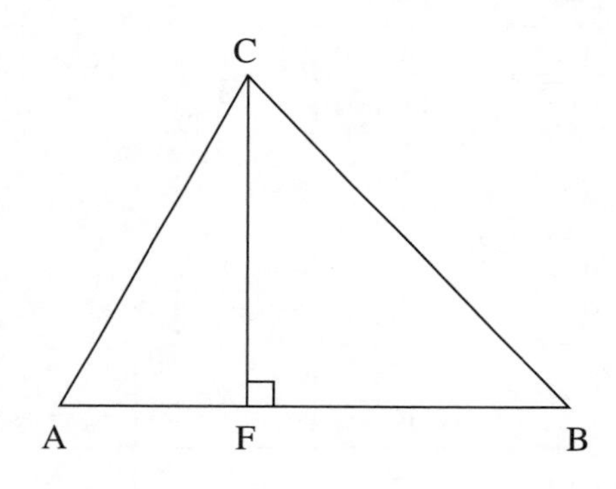

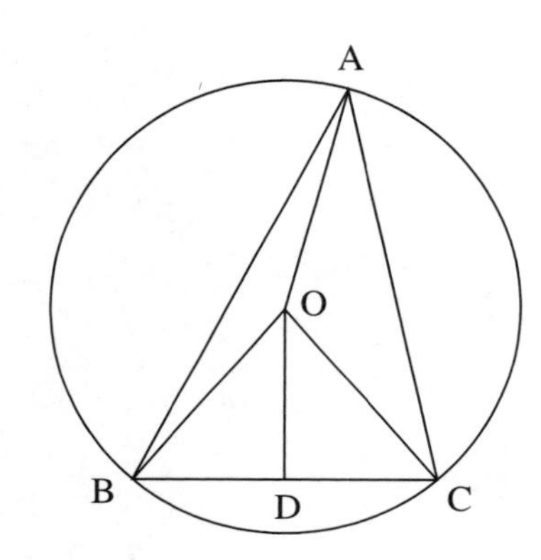

證明　上左圖，作高線$\overline{CF}$到$\overleftrightarrow{AB}$。於是高線長

$$CF=h_C=b*\sin(A)=a*\sin(B).$$

這只要看$\triangle ACF, \triangle BCF$就好了！於是：

$$\frac{a}{\sin(A)}=\frac{b}{\sin(B)}.$$

（然後是「同理可證」！）

上右圖是作外接圓。（設其半徑$=R$）$a=\overline{BC}$的中垂線是$\overline{OD}$。

然則：$\angle BOD=\angle COD=\angle BAC$。這就得到：

$$\frac{a}{2}=BD=R*\sin(A)\ ;\ \frac{a}{\sin(A)}=2R.$$

（然後是「同理可證」！）

註 外接圓半徑：
上右圖的證明是有個副產品：外接圓半徑的公式。
通常講正弦定律，只講到「邊長與角的正弦正比」！

餘弦定律

（要會輪換！請填空。）

$$a^2=b^2+c^2-2bc\cos(A),$$
$$b^2=$$
$$c^2=$$

證明 （上頁左圖！）記 $p=b*\cos(A)=AF$，又記 $FB=q$。則：

$$h_C^2+p^2=b^2，h_C^2+q^2=a^2;$$

故得：

$$a^2=b^2-p^2+q^2=b^2-p^2+(c-p)^2=b^2+c^2-2cp.$$

射影定律

$$a=$$
$$b=$$
$$c=a\cos(B)+b\cos(A).$$

證明 （上頁左圖！）$c=AB=AF+FB=p+q$。

三角函數的半角公式

這個公式將來是對於任意的角度 θ 都成立的，而正負號無法確定，若 $\frac{\theta}{2}$ 為銳角，則只要正號！證明可以從下面的圖直接導出：

$$\cos\left(\frac{\theta}{2}\right)=\pm\sqrt{\frac{1+\cos(\theta)}{2}},$$
$$\sin\left(\frac{\theta}{2}\right)=\pm\sqrt{\frac{1-\cos(\theta)}{2}}.$$

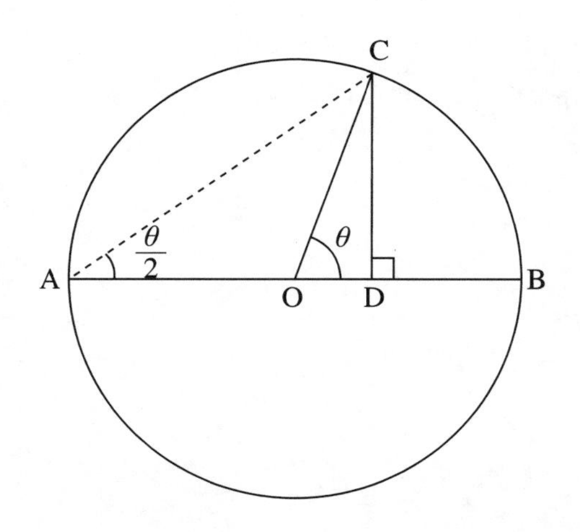

圖中可設：

半徑 $OA=1=\sqrt{x^2+y^2}$，

$x=OD=\cos(\theta)$；$y=DC=\sin(\theta)$.

$\angle BAC=\frac{\theta}{2}$；

$AC=\sqrt{(1+x)^2+y^2}=\sqrt{2+2x}$，

因此，$\sin(\angle BAC)=\frac{DC}{AC}=\frac{y}{\sqrt{2+2x}}$

$=\sqrt{\frac{y^2}{2(1+x)}}=\sqrt{\frac{1-x^2}{2(1+x)}}=\sqrt{\frac{1-x}{2}}$.

同理，$\cos(\angle BAC)=\frac{AD}{AC}=\frac{1+x}{\sqrt{2+2x}}$

$=\sqrt{\frac{(1+x)^2}{2(1+x)}}=\sqrt{\frac{1+x}{2}}$.

例 1　知道 $\cos(60°)=\frac{1}{2}$，當然可以算出 30°的函數，這是很無聊。
如果同意 $\cos(90°)=0$，當然可以算出 45°的函數，這也是很無聊。
現在計算 15°的函數吧，這就有聊些。

解析　$\cos(15°)=\frac{\sqrt{6}+\sqrt{2}}{4}$，$\sin(15°)=\frac{\sqrt{6}-\sqrt{2}}{4}$；$\tan(15°)=2-\sqrt{3}$.

例 2　計算 18°的函數！

解析　這就有些可怕了！？18°有何特別？因為 $5*18°=90°$，因此：$\theta=18°$的餘角 $72°=4\theta$，就是自己 18°的四倍！
今令 $x=\cos(72°)$，於是 $\sin(72°)=\cos(18°)=\sqrt{1-x^2}$。

$$\cos(36°)=\sqrt{\frac{1+x}{2}}\text{；}\cos(18°)=\sqrt{\frac{1+\sqrt{\frac{1+x}{2}}}{2}}=\sqrt{1-x^2}.$$

這樣子，只要解出 x 就好了！

$$\frac{1+\sqrt{\frac{1+x}{2}}}{2}=1-x^2\text{；}1-2x^2=\sqrt{\frac{1+x}{2}},$$

$$1-4x^2+4x^4=\frac{1+x}{2}\text{；}8x^4-8x^2-x+1=0.$$

這是個四次方程式！不太可怕，因為看出來兩個有理根，如下：

$$\begin{array}{cccccc}
8 & +0 & -8 & -1 & +1 & \triangleright 1 \\
 & 8 & +8 & +0 & -1 & \\
\hline
8 & +8 & +0 & -1 & \| & \triangleright \frac{-1}{2} \\
 & -4 & -2 & +1 & & \\
\hline
8 & +4 & -2 & \| & & \\
4 & +2 & -1 & & &
\end{array}$$

綜合除法給出：

$$8x^4-8x^2-x+1=(x-1)(2x+1)(4x^2+2x-1)\,.$$

但是 $x=1, \frac{-1}{2}$ 顯然都不合。只有 $x=\frac{-1+\sqrt{5}}{4}$ 才對！

$$\cos(72°)=\sin(18°)=\frac{-1+\sqrt{5}}{4}\text{；}\sin(72°)=\cos(18°)=\frac{\sqrt{10+2\sqrt{5}}}{4}\,.$$

$$\tan(72°)=\cot(18°)=\sqrt{5+2\sqrt{5}}\text{；}\cot(72°)=\tan(18°)=\frac{\sqrt{25-10\sqrt{5}}}{5}\,.$$

§4 鈍角三角函數

● 方便於記憶的原則

我們經常要把「在比較簡單的情況下」的概念，推廣到更複雜的情況。這時候，我們希望：原有的公式等等，盡可能可以保留！這樣子才方便於記憶！

● 直角的三角函數

我們思考：如果 $\theta=90°$ 是一個直角，應該如何定義三角函數？

我們早已經知道銳角 θ 的諸三角函數，都有「單調性」：正族函數都是隨著 θ 增加而增加（狹義遞增），餘族函數都是隨著 θ 增加而減少（狹義遞減）！

我們用趨近的想法就知道，應該定義：

$$\sin(90°)=1\text{，}\cos(90°)=0\,.$$

這樣子的想法叫做連續性原則！

如果要保持餘角原則，那麼我們必須定義：

$$\sin(0°)=0，\cos(0°)=1 .$$

如果要保持商逆原則，那麼我們必須定義：

$$\tan(0°)=0\quad，\cot(0°)=\infty\ ;$$
$$\tan(90°)=\infty\ ，\cot(90°)=0\ ;$$
$$\sec(0°)=1\quad，\csc(0°)=\infty\ ;$$
$$\sec(90°)=\infty\ ，\csc(90°)=1\ .$$

註 記號∞讀做「無限大」，表示分母為零，分子不為零的分數，這樣子定義之後，我們可以看：對於直角三角形，$\angle C=90°$，那些定律是否成立？Yes！特別是餘弦定律，因為規定：$\cos(C)=\cos(90°)=0$，則：

$$c^2=a^2+b^2 .$$

故餘弦定律就是 Pythagoras 定律的推廣！
另外，正弦定律也是很清楚：$\overline{AB}=c$ 就是外接圓的直徑！

● 補角定律

如果 θ 是鈍角，$90°<\theta<180°$，如何定義 θ 的三角函數？我們知道：此時，它的補角是銳角 $180°-\theta$，我們如何用後者的三角函數來定義前者的三角函數？結論是：兩角互補，則其三角函數，就絕對值來說是一樣的！

$$\sin(180°-\theta)=\sin(\theta)\ ；\cos(180°-\theta)=-\cos(\theta)\ ；\tan(180°-\theta)=-\tan(\theta)\ .$$

因為只有這樣子定義，才可以讓正弦定律、餘弦定律、射影定律，都保持不變！請參看下圖！

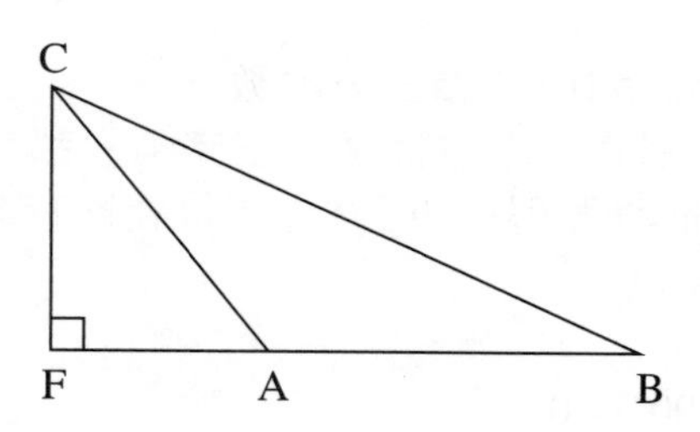

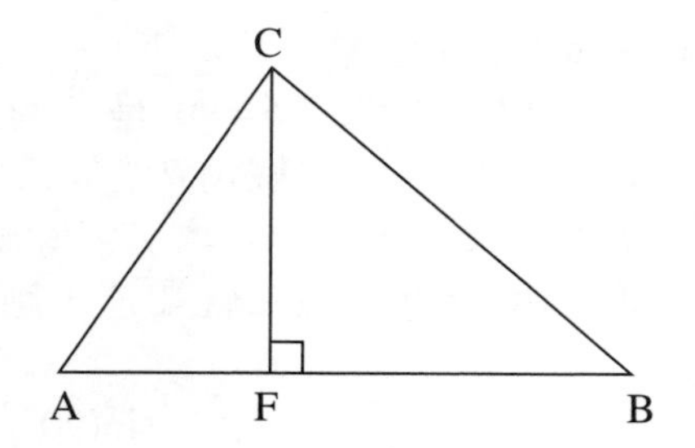

注意 上左右圖，各是銳角與鈍角$\triangle ABC$的情形。你要追究前此的證明有無問題！此時，$p=b*\cos(A)=AF$（於左圖銳角 $\angle A$ 的情形，）或 $=-FA$（於右圖鈍

角 $\angle A$ 的情形）。

要點是：餘弦代表了投影的份量，銳角與鈍角影響到餘弦（投影！）的正負！但是不影響到正弦的正負！

§5 一般角的餘弦

前面我們已經介紹了「幾何的角」，基本上這樣子的角度，是介於 $0°=0$ 與 $360°=2\pi$ 之間；甚至於，我們常常只限於劣角。因而，我們在思考三角函數的時候，先只是對於銳角，加以幾何的定義。基本上這是出現於直角三角形的勾股弦的相對比例。對於鈍角的三角形，當然有必要把三角函數的定義推廣到鈍角。現在我們要再思考「物理學的角」，（或者說是「運動學的角」，）這時候，很自然地，角度就不會限定是在 0 到 $2\pi=360°$ 之間，於是我們很自然地，要思考一般角的三角函數。

● 旋轉角

物理學上我們經常觀察到「轉動」、「旋轉」的現象。例如說：鐘或錶的分針（或秒針或時針，）一直在作旋轉。很自然地，我們會問到：從某時刻 t_0，到某時刻 t_1 之間，分針轉了多少角度？答案當然不限於 0 到 2π 之間了。

問 從 $t_0=8：17'$a.m.到 $t_1=03：44'$p.m.之間，分針轉了多少角度？時針呢？

答 時間經過 7 小時又 27 分鐘，因此轉過 $360° * 7+6° * 27=2682°$；對於時針，則是：

$$\frac{1}{12} * 2682°=221°.$$

一般地說：在一個平面上，固定一點 O，而考慮由此點出發的一條（射線或）半線，而且假設它是可以變動的，我們就可以考慮：「這條半線旋轉了多少角度」？

● 定號

思考「旋轉了多少角度」的問題，第一件事就是正負號的問題！你知道：也許通常的人大概都是「順時針的思考」，但是數學家卻是「逆時針的思考」。

無論如何，談到「旋轉了多少角度」的時候，當然你先要弄清楚「旋轉的正向」，否則你的答案有可能和「標準答案」差了個正負。

對照一下這兩種角度的概念：「幾何的角度」與「旋轉的角度」，這兩個概念主要有兩個不同：

第一，幾何上所談的是「兩邊所夾的角度」，而這對於兩邊，是「對稱的」。$\angle POQ=\angle QOP$，角的兩邊是 $\overrightarrow{OP}, \overrightarrow{OQ}$，（數學家是以這兩邊作為一個集合，集合中的元素並無順序！）但是，談到「旋轉了多少角度」的時候，「從半線 $\overrightarrow{OP}$ 旋轉到半線 $\overrightarrow{OQ}$」，這兩邊身分就有不同！

第二，幾何上「兩邊所夾的角度」θ 是介於 $0° = 0$ 與 $360° = 2\pi$ 之間；我們可以寫成：

$$\theta \in [0..2\pi] .$$

（註：如果你不允許零角與周角的話，那就把閉區間改為開區間，寫成：$\theta \in (0..2\pi)$。）

但是談到「旋轉了角度」θ 時，θ 可以是任何實數，（或者說是「介於負無窮大 $-\infty$ 與正無窮大 $+\infty$ 之間」；）我們可以寫成：

$$\theta \in \mathbb{R}\text{；或者 } \theta \in (-\infty..+\infty) .$$

● 幾何的等價

你一定有過這種經驗：旋轉了很久，結果是回到原處。這個周期性可以這樣子解說。

問　「從半線 $\overrightarrow{OP}$ 旋轉到半線 $\overrightarrow{OQ}$」，O, P, Q 都畫在紙上，這樣子，你能說出：旋轉了的角度 θ 嗎？

答　Yes and No. 如果某人算出來一個答案 $\theta = \alpha$，那麼我說 $\theta = \alpha + 360°$ 一定也是一個答案，$\theta = \alpha + 720°$ 一定也是一個答案，$\theta = \alpha + 1080°$ 一定也是一個答案，$\theta = \alpha - 1440°$ 一定也是一個答案，其他還有無數個答案！

任何兩個角度 θ_1, θ_2，只要它們的差是 $2\pi = 360°$ 的整數倍，我們就說它們是「幾何地等價的」。

註　同餘的寫法：

數學家就發明了一種寫法。

$$u = v \pmod{w} \text{ 的意思是：} \frac{u-v}{w} \in \mathbb{Z} ,$$

$\frac{u-v}{w}$ 是整數，換言之：$u - v$ 是 w 的整倍數！

「幾何的等價」就寫成：$\theta_1 = \theta_2 \pmod{2\pi}$。所以，已經知道始邊 $\overrightarrow{OP}$，終邊 $\overrightarrow{OQ}$，我們還是不能說清楚真正的旋轉角度 θ，你如果算出一個答案 θ_0，你只能說：真正的答案 θ_0 是與 θ_1 幾何等價的，$\theta = \theta_0 \pmod{2\pi}$。（也許你的中學老師說：要寫為 $\theta = \theta_0 + n * 360°$。）

三角函數的周期性

任何一個實數θ，你都可以把它解釋為一個旋轉的角度，而我們終究要對θ定義六種三角函數。我們當然要求：任何兩個角度θ_1, θ_2，只要是「幾何地等價的」，那麼它們的三角函數值一定相同：

$$f(\theta+2\pi * n)=f(\theta)\text{；}(f=\cos, \sin, \tan, \cot, \sec, \csc.)$$

夾角餘弦

剛剛的第二句話，稍有錯誤：幾何上兩邊$\overrightarrow{OP}$與$\overrightarrow{OQ}$所夾的角度$\theta=|\angle POQ|$是介於$0°=0$與$180°=\pi$之間。（$\theta \in [0..\pi]$。）

而我們已經定義了這樣子的角度之餘弦$\cos(\theta)=0$，而且知道：銳角的餘弦為正，鈍角的餘弦為負；其間的過渡，就是$\cos(90°)=0$。至於兩個極端，則是：

$$\cos(0)=0\text{，}\cos(\pi)=-1\ .$$

那麼，我們可以對於一般的角度（「旋轉了多少角度」）θ，來定義其餘弦$\cos(\theta)$。要點是：餘弦函數不但有周期性：$\cos(\theta+360°)=\cos(\theta)$，以及補角律$\cos(180°-\theta)=-\cos(\theta)$，而且還是偶函數！

$$\cos(-\theta)=\cos(\theta)\ .$$

（這就是剛剛的第一句話，那個對稱性的意思！）

有了這三個性質，那麼只要有了銳角餘弦函數表，我們就可以查出一般角的餘弦函數值了！

例題 有了銳角的三角函數表，就可以查出$\cos(263°)$了？

解析 $263°=180°-(-83°)$，因此，

$$\cos(263°)=\cos(180°-(-83°))=-\cos(-83°)=-\cos(83°)\ ,$$

查表，得：$=-0.1219$。

投影的解釋

如果從半線$\overrightarrow{OP}$到半線$\overrightarrow{OQ}$旋轉了角度θ，則$\cos(\theta)$可以如此算出：在半線$\overrightarrow{OQ}$上截取一點Q_1，使得$|\overline{OQ_1}|=1$，把Q_1點投影到直線OP上，得垂足P_1。

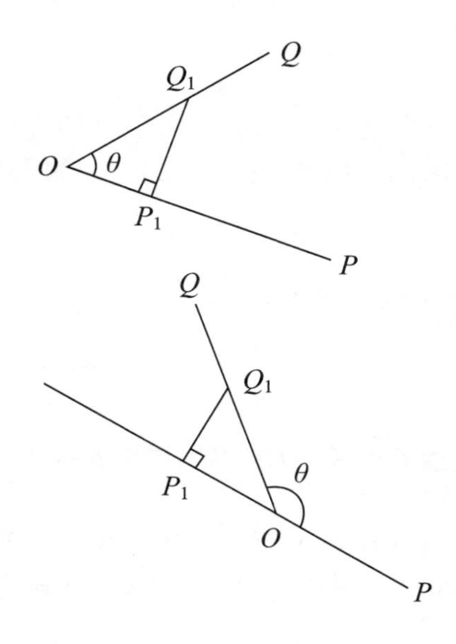

那麼，

如果 P_1 在半線 $\overset{(\longrightarrow}{OP}$ 上，
夾角 $|\angle POQ| = |\theta|$ 是銳角，
$|\overline{OQ_1}| = 1$，
就有 $\cos(\theta) = |\overline{OP_1}|$.

反之，

如果 P_1 不在半線 $\overset{(\longrightarrow}{OP}$ 上，
夾角 $|\angle POQ| = |\theta|$ 是鈍角，
$|\overline{OQ_1}| = 1$，
就有 $\cos(\theta) = -|\overline{OP_1}|$.

§6 向量與輻角

向量

物理學上出現了很多「向量」。向＝方向（direction），量＝大小（magnitude）；具有方向與大小的物理量就叫做向量！例如：力（force）、動量（momentum）、速度（velocity）、加速度（acceleration）、角動量（angular momentum）、電場強度、磁場強度，等等。

在立體空間中，如果 P, Q 是不同的兩點，那麼，想像中，我們可以畫一條線段，連接 P，記做 $\overline{PQ}$，如果我們指定 P 為起點，Q 為終點，那麼，我們就得到一個（非零的！）有向線段 $\overrightarrow{PQ}$。這個非零的有向線段，其大小就是線段的長度 $|\overline{PQ}|$，而方向也就是「從 P 到 Q」。所以，物理學上的向量，我們都可以用一個有向線段來代表！例如說；我們談到某質點的瞬時速度 $\mathbf{v}$，（假定非零，）我們就用一個有向線段 $\overrightarrow{PQ}$ 來代表。

- 只要先決定好單位與尺度，讓線段的長度可以代表速度的大小（亦即是速率）$|\overrightarrow{PQ}| = |\mathbf{v}|$。
- 當然也要讓有向線段的方向，（由 P 向 Q，）等於速度 $\mathbf{v}$ 的方向。

註 迷向：

當然我們必須咬文嚼字一番：零向量的意思就是其大小為零，但是這時候，當然無方向可言！例如說：一個質點靜止的時候，其速度就是個零向量，這一瞬間，它是迷向的（isotropic）！零向量當然用一個零有向線段來代表！零有向線段是退化的（有向）線段，即是 $\overrightarrow{PP}$，起點與終點重合為一，因而長度為零！

(問) 什麼樣的情況下，有向線段 $\overrightarrow{PQ}$ 與有向線段 $\overrightarrow{AB}$ 代表了相同的「向量」？

(答) 條件就是：這四點（在一個平面上，）$PQBA$（注意順序！）成為一個平行四邊形。

註 所以有人就說：向量就是不在乎起點的有向線段！如果我們可以用有向線段 $\overrightarrow{PQ}$ 來代表向量 $\mathbf{u}$，現在把這個有向線段沿著線段 $\overline{PA}$「滑移過去」，就得到有向線段 $\overrightarrow{AB}$。因為 $PQBA$ 是平行四邊形！

● 「方向」有兩種

力是向量。如果在力學的某一個題目中，出現了兩個力 $\mathbf{F}, \mathbf{G}$，分別用有向線段 $\overrightarrow{PQ}$ 與有向線段 $\overrightarrow{RS}$ 來代表，我們寫成：

$$\mathbf{F} = \overrightarrow{PQ}，\mathbf{G} = \overrightarrow{RS}.$$

那麼力量的大小之比例就是線段長短的比例：

$$|\mathbf{F}| : |\mathbf{G}| = |\overline{PQ}| : |\overline{RS}|.$$

那麼，兩個（非零的）力量 $\mathbf{F}, \mathbf{G}$「方向相同」，要如何解說？

有人的回答是（直線或）線段平行：

$$\overline{PQ} \parallel \overline{AB}.$$

這個答案是「又對又錯」、「對中有錯」、「錯中有對」。如果兩個力 $\mathbf{F}, \mathbf{G}$ 方向相同，當然 $\overline{PQ} \parallel \overline{AB}$。不過，反過來說：如果 $\overline{PQ} \parallel \overline{AB}$，這兩個力也可以是方向相反！

但是我們要更深一層來思考！「方向」這個概念其實有兩種！一種「方向」是「沒有正負號的」，一種「方向」是「有正負號的」。

如果 $\mathbf{G} = -2.3 * \mathbf{F}$，當然這兩個力是方向相反！而依照後一種解釋，兩個力量的方向當然不同！（最不同了！）

另一方面說，（在忠孝東路與仁愛路之間，）林森南路與杭州南路是平行的。我們就說：這兩條路的「方向相同！」這時候的「方向」，就是沒有正負號的「方向」，就是前一種意味的方向！林森南路（在忠孝東路與仁愛路之間）的「走向」是「南北向」（只差個小角度！）在這兩條走向相同的街道上，某時刻有兩部計程車，分別都在濟南路的交叉口上，且時速都是 35 公里。請問它們的相對速度是 0 或者 70 公里每小時？

警告　這兩種意味的「方向」，在數學上都是非常有用的！後面會談到：用 tan 來討論方向，這時候的方向，恰好是「沒有正負號的」！
當然，計程車司機非常清楚：街道的走向是有兩種意味的！
如果某時刻有兩部計程車，分別沿著紹興南路與杭州南路都走到與濟南路的交叉口上，且時速都是 35 公里。它們的相對速度必然是 70 公里每小時。

● 方向與輻角：極座標

如果 **u** 是個「非零的」（在一個平面上的）向量，我們可以用一個有向線段來代表它：

$$\mathbf{u}=\overrightarrow{OP}.$$

因為起點的選擇是自由的，我們就以起點 O 作為原點 $O=(0,0)$，在這個平面上建立Descartes的座標系。我們將使用地理的辭彙，方便於建立形象，因此就把 x 軸的正向說成向東，而 y 軸的正向說成向北。於是記點 $P=(x,y)$。這時候，P 的橫座標 x，物理上就代表了向量 **u** 向東的成分，P 的縱座標 y，物理上就代表了向量 **u** 向北的成份，偉大的數理學者 Gibbs 就用

$$\mathbf{u}=x\mathbf{i}+y\mathbf{j}.$$

來表達，他用 **i, j** 分別表示兩個軸正向的單位向量。

註　**u** 的成分，也可以就用 (u_x, u_y)；點 P 的座標，也可以就用 (p_x, p_y)，也可以用 (x_P, y_P)；記號是因時因地（且因人！）而變的。

向量 **u** 的大小 $|\mathbf{u}|$，是用長度 $|\overline{OP}|=\sqrt{x^2+y^2}$ 來代表的，而向量 **u** 的方向，也可以用點 P 的輻角來代表。

因為已經建立座標系，我們可以採取點 $E=(1,0)$ 作為基準點，或者說：以 x 軸正向（「向東」）作為基準方向，於是我們就把從基準方向出發，旋轉到 $\overrightarrow{OP}$ 的方向的旋轉角，叫做點 P 的輻角。（我們也可以稱之為 **u** 的輻角。）在砲兵學，或者地理學，也許叫做點 P 的方位角。

當然我們應該一再地強調：這個輻角，不太確定！（改消極為積極！）精確地說：它是確定到 $\mod 2\pi$。

我們把長度 $\rho := |\overline{OP}|=\sqrt{x^2+y^2}$ 叫做點 P 的距程，而在座標幾何學的立場，我們把距程 ρ 與輻角 θ 合起來，叫做點 P 的極座標（polar coordinates）。平面上（除了原點以外！）的任何一點，都有極座標；原點本身沒有極座標，或者說，它有太多的極座標！因為它的距程 $=0$，而輻角完全不確定！（零向量是迷向的！）

什麼是極座標呢？假設有一個人（叫她「觀測者」好了，）詢問我某個對象物的位置。我可以把這個觀測者看成位在原點，然後，我可以叫她：

從基準方向 $\overrightarrow{OE}$ 轉到 θ 角的方向，那物件就在距離妳 ρ 處。

(ρ, θ)合起來，就是物件那一點的極座標。ρ 叫做距程，而 θ 就是輻角。

例與註

其實，在警匪小說或電影中也會出現「極座標」！警察聽到的語句是：「你的 10 點鐘方向上，100 公尺處，是匪徒同黨」。這時的基準方向，12 點鐘方向，是此警察眼睛直視的方向；而「10 點鐘方向」，就是反時針的轉了 60°。（在解析幾何中，基準方向則是正 x 軸向，若以鐘錶面的 12 點鐘方向為y軸方向，則「10 點鐘方向」的輻角將是 150°。

例 1 求點$(-1, 0)$的輻角。

解析 180° mod (360°)，或者說：180°的奇數倍。

例 2 求點$\left(\frac{-1}{2}, -\frac{\sqrt{3}}{2}\right)$的輻角。

解析 240°，或者 −120°，或者再寫上 mod (360°)。

例 3 求點$(-1, -1)$的輻角。

解析 225°(mod 360°)。

習題 在方格紙上點出以下諸點，並且求出其輻角。

$$(-4, 3)，(12, -5)，(-15, -8) .$$

例 4 地圖上說「西北西的方向」，輻角多少？

解析 西的方向，輻角 = 180°；北的方向，輻角 = 90°，「西北的方向」，輻角是以上兩者的平均，即 135°；而「西北西的方向」，輻角是「西北方向」的輻角與「西方向」的輻角兩者的平均，亦即 157.5°。

例 5 求 Descates 座標平面上一點 $P = (4, 3)$的極座標。

解析 在方格紙上定出這一點 P！就可以用量角器量出輻角 = 36.8698°，距程當然也可以用量的！若用 Pythagoras，則可算出 $\sqrt{4^2+3^2}=5$。

答：極座標 = (5, 36.8698°)。（順序不能馬虎！）

例 6　求 Descates 座標平面上諸點的極座標：

$$P_2 = (-4, 3)，P_3 = (-4, -3)，P_4 = (4, -3)，$$
$$P_5 = (3, 4)，P_6 = (-3, 4)，P_7 = (-3, -4)，P_8 = (3, -4) .$$

程距都是 $5 = \sqrt{3^2 + 4^2}$。但輻角就不同了！

一些對稱原則

若：$P = (x, y)$的極座標是 (ρ, θ)，

則：（補角原則）　$(-x, y)$的極座標是　$(\rho, 180° - \theta)$,

（周缺原則）　$(x, -y)$的極座標是　$(\rho, 360° - \theta)$,

（反向原則）　$(-x, -y)$的極座標是　$(\rho, 180° + \theta)$,

（餘角對稱原則）　(y, x)的極座標是　$(\rho, 90° - \theta)$.

註

從點(x, y)　變為$(-x, y)$　是對於 y 軸的鏡射（reflection）,

變為$(x, -y)$　是對於 x 軸的鏡射 ,

變為$(-x, -y)$　是對於原點的平轉 ,

變為(y, x)　是對於 x = y 直線的鏡射 .

習題　對於如下的幾組極座標，請在方格紙上點畫，然後估寫其Descartes座標。

$$(9.434, 32°)，(9.434, 58°)，(9.434, 212°)，(9.434, -58°)$$

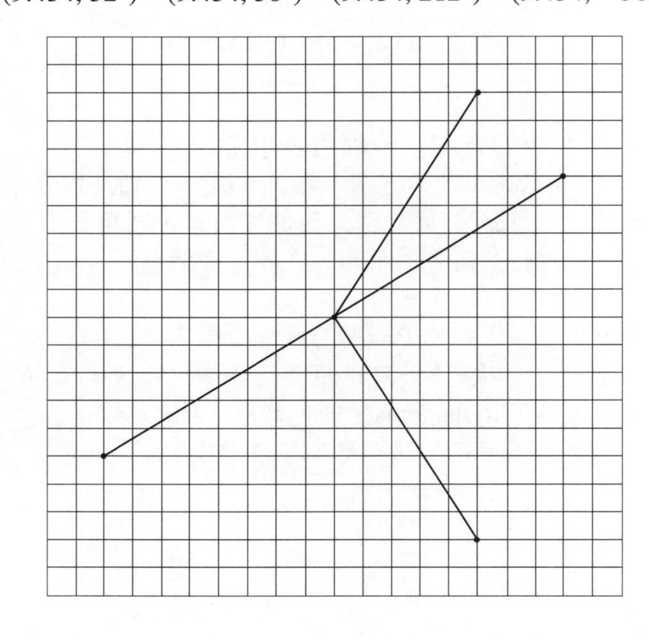

● 向量的表達

在座標平面上，從原點 $O=(0,0)$到點 $P=(x,y)$，畫出有向線段 ($\overrightarrow{OP}$ ，我們就用它來代表一個向量 $\mathbf{u}=x\mathbf{i}+y\mathbf{j}$，後者是Gibbs方式的寫法。另外一個寫法是 $\mathbf{u}=[x,y]$。把兩個實數以逗號分隔，再以框括號框起來，就是「（平面）向量」了。這個方式最方便於推廣（到三維，或者更高維）！而且向量的相加、相減，就只是對應成分的加減。

$$[p_x,p_y]\pm[q_x,q_y]\coloneqq[p_x\pm q_x,p_y\pm q_y].$$

例 7 $[2,-13]+[-9,42]=[-7,29]$；$[2,-13]-[-9,42]=[11,-55]$.

● 向量的伸縮

設 α 是個實數，而向量 $\mathbf{u}=x\mathbf{i}+y\mathbf{j}=[x,y]$，那麼以前者去乘除後者，就只是逐個成分的乘法與除法！

$$\alpha*[p_x,p_y]\coloneqq[\alpha*p_x,\alpha*p_y].$$

例 8 $3.5*[12,-34]=[42,-119]$；$\frac{1}{3.5}*[12,-34]=\left[\frac{24}{7},\frac{-68}{7}\right]$.

如果：$\alpha>1$，$\overrightarrow{OP}$代表了$\mathbf{u}$，$\overrightarrow{OR}$代表了$\alpha*\mathbf{u}$，那麼，$\overrightarrow{OR}$是$\overrightarrow{OP}$的伸脹α倍，但是，如果：$0<\alpha<1$，$\overrightarrow{OP}$代表了$\mathbf{u}$，$\overrightarrow{OR}$代表了$\alpha*\mathbf{u}$，那麼，$\overrightarrow{OR}$是$\overrightarrow{OP}$的縮小！（縮小成為α倍！）

註 數學程度好一點之後，就覺得，說「膨脹成$\frac{1}{2}$倍」，並不比說「縮小成一半」不好！數學程度好的時候，減少＝「增加負的量」，所以，不論增減，都可以看作是「加法」。不必分成兩種情況用兩種不同的字詞！「伸」與「縮」，數學上可以都說成「膨脹」。

但是，如果$\alpha<0$，$\overrightarrow{OP}$代表了$\mathbf{u}$，$\overrightarrow{OR}$代表了$\alpha*\mathbf{u}$，那麼，$\overrightarrow{OR}$是$\overrightarrow{OP}$的「瑕伸縮」。這裡的「瑕」，是翻譯自improper。improper的意思是「不恰當的」，負號的倍率，說成「伸縮」，當然不甚符合伸縮的本意！

● 向量的規範化

一個非零向量 $\mathbf{u}=x\mathbf{i}+y\mathbf{j}=[x,y]$，用（它的大小）$|\mathbf{u}|=\sqrt{x^2+y^2}$ 去除，就得到一個單位向量 $\mathrm{sign}(\mathbf{u})\coloneqq\frac{\mathbf{u}}{|\mathbf{u}|}$。這叫做此向量的規範化、么範化。

$$\text{sign}(x\mathbf{i}+y\mathbf{j}) := \frac{x}{\sqrt{x^2+y^2}}\mathbf{i}+\frac{y}{\sqrt{x^2+y^2}}\mathbf{j};$$
$$\text{sign}([x,y]) := \left[\frac{x}{\sqrt{x^2+y^2}}, \frac{y}{\sqrt{x^2+y^2}}\right].$$

註 或者我們也可以把一個非零向量 $\mathbf{u}$ 的「方向」（direction），就解釋為這個單位向量 sign ($\mathbf{u}$)。

這個向量就寫成：「它的大小」乘上「它的方向」，這樣子叫做它的極式分解（polar decomposition）：

$$\mathbf{u}=|\mathbf{u}| * \text{sign}(\mathbf{u}).$$

註 Gauss 平面：

你應該懂得複數。我們用 $\jmath=\sqrt{-1}$ 表示虛數單位，那麼一個複數就是形如 $z=x+\jmath y$ 的東西，其中，x, y 都是實數。（Gauss 與）Argand 就在 Descartes 的座標平面上，用點 $P=(x,y)$來代表這個複數 z。於是這個平面就叫做Gauss 平面，而 y 軸就是虛軸，x 軸就是實軸。

點 P 的距程 $\rho=\sqrt{x^2+y^2}$ 就是複數 z 的絕對值$|z|=\sqrt{x^2+y^2}$，而 P 的輻角 θ，本來就是 $z=x+\jmath y$ 的輻角。（切記：這只能定到 mod 2π 而已。）

相當通行的記號是

$$\phi := \arg(z).$$

用這樣的記號，我們就可以寫：

$$\arg(\jmath)=90° \text{ mod } 360°.$$

註 大部份的電腦軟體不喜歡「不確定性」。所以，電腦上的輻角 arg，會明確地限制在區間$(-180°..180°]$之內。

例 1 求 -1 的輻角。

解析 $\arg(-1)=180°(\text{ mod } 360°)$，或者說：180°的奇數倍。

例 2 求 $\frac{-1}{2}-\frac{\sqrt{3}}{2}\jmath$的輻角。

解析 $\arg\left(\frac{-1}{2}-\frac{\sqrt{3}}{2}\jmath\right)=240°(\text{ mod } 360°)$。

例 3 求 $-1-\jmath$ 的輻角。

解析 立知：$\arg(-1-\jmath)=225°\ (\bmod 360°)$。

習題 在 Gauss 方格紙上畫圖，然後求以下諸複數的輻角。

$$-4+3\jmath;\ 12-5\jmath;\ -15-8\jmath.$$

複數的規範化

一個非零複數 $z=x+y\jmath$，用它的（大小＝）絕對值 $|z|$ 去除，就得到一個單位複數

$$\operatorname{sign}(x+\jmath*y):=\frac{x}{\sqrt{x^2+y^2}}+\jmath*\frac{y}{\sqrt{x^2+y^2}}.$$

這叫做此複數的規範化、么範化。

這個複數就可以寫成極式分解（polar decomposition）：

$$z=|z|*\operatorname{sign}(z).$$

Euler 的記號

任何一個單位複數 z，（$|z|=1$，）由它的輻角 θ 決定。

我們就以（Euler 式的）記號來表示這個單位複數 $\mathrm{C}is(\theta)$。

$$\mathrm{C}is(\theta):=\cos(\theta)+\jmath*\sin(\theta).$$

我們建議把記號 C*is* 讀成 cheese。那麼，點 (x,y) 的極座標為 (ρ,θ) 時，複數 $z=x+\jmath y$ 的極式分解就是 $z=\rho*\mathrm{C}is(\theta)$，$\rho=|z|=\sqrt{x^2+y^2}$，$\mathrm{C}is(\theta)=\operatorname{sign}(z)$。

§7 一般角的三角函數

么圓上的標準旋轉

在座標平面上，以原點為圓心、以單位長 1 為半徑畫出的圓 $\mathbb{S}$，叫做么圓（the unit circle）。這就是所有與原點的距離為 1 的點全體。如果點 P 在么圓上，我們記做 $P\in\mathbb{S}$。（這時候，有向線段 $\overrightarrow{OP}$ 就代表一個單位大小的向量。）點 P 的極座標是 $(1,\theta)$，因為距程＝1。只有輻角 θ 是自由的。如果想像有個質點，在么圓上做等速率的旋轉運動，出發點是基準點 $E=(1,0)$，（記住旋轉的

正向是反時針！）而旋轉速率是 1，也就是繞一圈需時（「周期」）$=2\pi$。這個運動叫做標準旋轉。

我們把這個質點在時刻 θ 的位置投影在 x 軸上，座標就記做 $\cos(\theta)$：而若投影在y軸上，座標就記做 $\sin(\theta)$。請注意：這樣子的定義，與 θ 為鈍角與銳角時候的規定，完全一致！因此這是個很方便可行的定義！

簡單諧和振動

強調物理的話，剛剛所說的標準旋轉，自變數應該是時間（time），因而用拉丁字母 t 來代表，於是這個運動可以表達成：

$$x=\cos(t)\text{，}y=\sin(t)\ .$$

這個運動是個平面運動，我們如果將運動投影在x軸上，那就是個直線運動，表達成：

$$x=\cos(t)\ .$$

這個直線運動，稱為標準餘弦振動。

同樣地，我們如果將運動投影在 y 軸上，那就是個直線運動，表達成：

$$y=\sin(t)\ .$$

這個直線運動，稱為標準正弦振動。

最後，我們想像有一個質點，在平面上繞著一個固定點，做等速率的圓周運動，這時候，任意取此平面上的一條直線 Λ，而把此質點的運動投影在 Λ 上，那麼這個影子的運動，是個直線運動，我們稱之為此直線上的簡單諧和振動（simple harmonic oscillation）。原來的圓周的半徑，我們就稱之為此簡單諧和振動的振幅（amplitude）。

當然上述的標準餘弦振動與標準正弦振動，都是簡單諧和振動的特別簡單的例子！（都是單位振幅。）

表

這記號的涵意是：

有一個這樣子的餘弦函數表，使得：給出一個角度 θ，就可以查出 $\cos(\theta)$，又有一個這樣子的正弦函數表，使得：給出一個角度 θ，就可以查出 $\sin(\theta)$。

註 現在科技進步，這些表就內建於計算器之中！

註 還差一點點：有 $\arg(x, y)$ 的表，內建於計算器之中？

一般角的三角函數

我們已經得到一般的定義：

對於平面上任何一點 $P=(x,y)$，只要不是原點，則可以算出距程 $\rho=\sqrt{x^2+y^2}>0$，以及輻角 θ，於是：

$$\cos(\theta):=\frac{x}{\rho}\text{；}\sin(\theta):=\frac{y}{\rho}.$$

其他正餘切、正餘割，就用商數關係、倒數關係來定義！也就是說：

$$\tan(\theta):=\frac{y}{x}\text{，}\cot(\theta):=\frac{x}{y}\text{；}\sec(\theta):=\frac{\rho}{x}\text{；}\csc(\theta):=\frac{\rho}{y}.$$

參看下圖，就明白這些三角函數的幾何意涵：從點 P 作垂線到 x 軸，垂足為 $Q=(x,0)$，作垂線到 y 軸，垂足為 $R=(y,0)$；圖中畫了四個象限中的點 P_j，（$j=1,2,3,4$，）這些座標的正負有四種不同的安排！P_1, P_2 的情形就是原來 θ 為銳角與鈍角的情形。

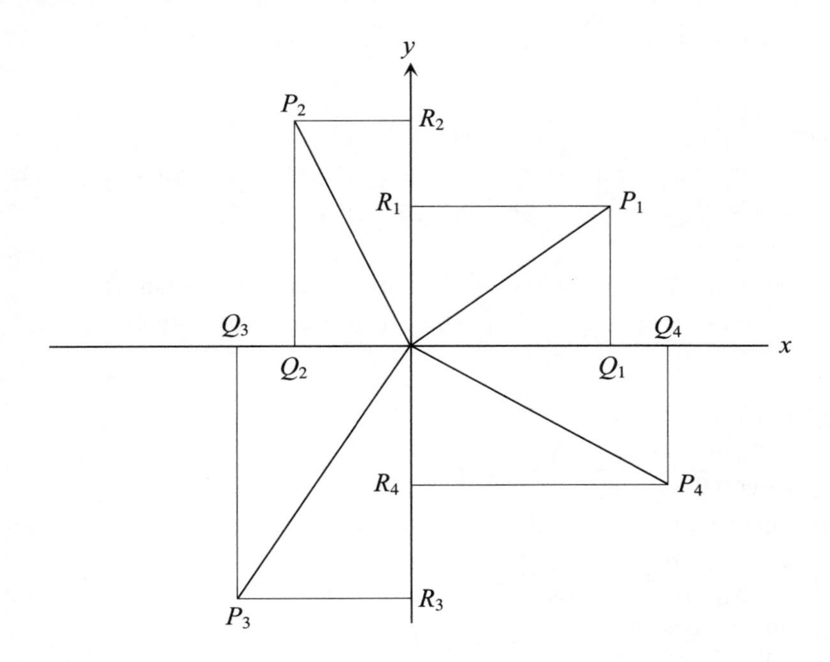

正負號

現在的定義，將使得：所有的三角函數都有取負值的可能！

而在第 I 象限時：全部函數值為正。

在第 II 象限時：sin, csc 函數值為正，其餘為負。
在第 III 象限時：tan, cot 函數值為正，其餘為負。
在第 IV 象限時：cos, sec 函數值為正，其餘為負。
分母為零（而分子不為零，）就說分數「無限大」（且無正負可言）！

$$\infty = \tan(90°) = \tan(270°) = \sec(90°) = \sec(270°)$$
$$= \cot(0°) = \cot(180°) = \csc(0°) = \csc(180°)\ .$$

其實，以絕對值來說，在各個象限（內部）也照樣有：

$$|\sec(\theta)| > |\tan(\theta)| > |\sin(\theta)|\ ;\ |\csc(\theta)| > |\cot(\theta)| > |\cos(\theta)|\ .$$

因此只要背：

$$\infty = \tan(90°) = \tan(270°) = \cot(0°) = \cot(180°)\ ,$$

就夠了！（因為 $\tan(\theta) = \infty$，則必 $\sec(\theta) = \infty$、$\cot(\theta) = \infty$，則 $\text{cse}(\theta) = \infty$.）
其他，如倒逆關係、商除關係、平方關係，對於一般角的三角函數，完全成立！

奇偶性

將輻角變號，則 y 座標也變號，但 x 座標不變。（用複數來看，這是「共軛化」，用幾何來看，這是「對 x 軸鏡射」！）由此可知：

$$\cos(-\theta) = \cos(\theta)\ ;\ \sin(-\theta) = \sin(\theta)，\tan(-\theta) = -\tan(\theta)\ .$$
$$\sec(-\theta) = \sec(\theta)\ ;\ \csc(-\theta) = \csc(\theta)，\cot(-\theta) = -\cot(\theta)\ .$$

習題 證明如下式子：

(i) $\dfrac{\sin(\theta)}{1+\cos(\theta)} + \dfrac{1+\cos(\theta)}{\sin(\theta)} = 2\csc(\theta)$.

(ii) $\sin(\theta)(1+\tan(\theta)) + \cos(\theta)(1+\cot(\theta)) = \sec(\theta) + \csc(\theta)$.

(iii) $\dfrac{4-5\cos(\theta)}{3-5\sin(\theta)} + \dfrac{3+5\sin(\theta)}{4+5\cos(\theta)} = 0$.

(iv) $\dfrac{\sin(\theta)-\cos(\theta)+1}{\sin(\theta)+\cos(\theta)-1} = \sec(\theta) + \tan(\theta)$.

(v) $\dfrac{1+\sec(\theta)+\tan(\theta)}{1+\sec(\theta)-\tan(\theta)} = \dfrac{1+\sin(\theta)}{\cos(\theta)}$.

(vi) $\dfrac{\sin(\theta)+\cos(\theta)}{\sin(\theta)-\cos(\theta)} = \dfrac{1+2\sin(\theta)\cos(\theta)}{1-2\cos^2(\theta)}$.

例1 已知 $\cot(\theta)=\frac{-4}{3}$，試求其它的三角函數值。

解析 由正負號的規則，知道θ在第二或第四象限，但是這並無太多資訊！我們只有先利用倒逆關係，得到 $\tan(\theta)=\frac{-3}{4}$；其它的正負號還是曖昧不明！

其次要利用平方關係，就得到：

$$\sec(\theta)=\pm\sqrt{\left(\frac{-3}{4}\right)^2+1}=\pm\frac{5}{4}.$$

於是由倒逆，又得到：

$$\cos(\theta)=\frac{1}{\sec(\theta)}=\pm\frac{4}{5}.$$

由商數關係，得

$$\sin(\theta)=\cos(\theta)*\tan(\theta)=\mp\frac{3}{5},$$

$\csc(\theta)=\mp\frac{5}{3}$。這裡的正負不明是當然的！（因為用到「平方關係」！）我們很小心地把這四處的正負號，寫為±與∓，這是因為 $\cot(\theta)$與 $\tan(\theta)$已經確定為負，那麼，$\sec(\theta)$, $\cos(\theta)$的正負，必然與 $\sin(\theta)$, $\csc(\theta)$的正負相顛倒！

象限關聯角的三角函數

由θ，去和 90°的整倍數相加或減，所得的角ψ，叫做θ的象限關聯角。$\psi=n*90°\pm\theta$ 或 $\psi=\theta\pm n*90°$，此時：ψ的三角函數，$f(\psi)$，（f是 sin, cos 等等六者之一，）與θ的三角函數，有何關聯？只要利用兩個要訣就好了！

- 奇餘原則：不論是$\psi=n*90°\pm\theta$，或$\psi=\theta\pm n*90°$，如果n是奇數，那麼要計算$f(\psi)$，就要把函數f，co-一下！（多了個「餘」字，正弦 sin 變餘弦 cos，餘弦 cos 變正弦 sin，等等！）再施行到θ去：

  $$f(\psi)=\pm co f(\theta)；\text{正負號是暫時未定的}.$$

  例如，$\csc(270°-\theta)=\pm\sec(\theta)$，這是因為：270°是 90°的奇數倍；而 $co-csc=\sec$；如果n是偶數，則「正餘」不改；如：$\cot(180°-\theta)=\pm\cot(\theta)$。
- 正負號原則：上述暫時未定的正負號，可以如此決定：你就想像θ是銳角，$0<\theta<90°$，那麼就可以知道ψ在哪一個象限，從而決定$f(\psi)$的正負

號，因而就決定了：$f(\theta)$或$cof(\theta)$之前的正負號。
例如，$\csc(270°-\theta)=-\sec(\theta)$，$\cot(180°-\theta)=-\tan(\theta)$。

直轉原理

「轉直角」就是θ加上$90°=\frac{\pi}{2}$，座標變成

$$X=-y\text{；}Y=x\text{；}$$

（用複數來看，乃是將$z=(x+\jmath y)$變成$\jmath*z=(-y+\jmath x)$）

$$\cos\left(\theta+\frac{\pi}{2}\right)=-\sin(\theta)\text{；}\sin\left(\frac{\pi}{2}+\theta\right)=\cos(\theta)\,.$$

轉平角原理

「轉平角」就是θ加上$180°=\pi$，座標變成

$$X=-x\text{；}Y=-y\text{；}$$

（用複數來看，乃是將$z=(x+\jmath y)$變成$-z=(-x)+\jmath(-y)$，也就是「變號」！）

$$\cos(\theta+\pi)=-\cos(\theta)\text{；}\sin(\pi+\theta)=-\sin\theta\,.$$

餘角原理

「取餘角」，乃是將點的(x, y)座標對調：

$$\cos\left(\frac{\pi}{2}-\theta\right)=\sin(\theta)\text{；}\sin\left(\frac{\pi}{2}-\theta\right)=\cos(\theta)\,.$$

補角原理

「取補角」，幾何上乃是將x變號，而y不變：

$$\cos(\pi-\theta)=-\cos(\theta)\text{；}\sin(\pi-\theta)=\sin\theta\,.$$

例 2 求

$$\frac{\sin(-\theta)}{\sin(180^\circ+\theta)}+\frac{\tan(90^\circ+\theta)}{\cot(\theta)}+\frac{\cos(\theta)}{\sin(90^\circ-\theta)}=?$$

習題 計算如下式子：（但記住：$\frac{\pi}{6}=30^\circ$；$\frac{\pi}{3}=60^\circ$；$\frac{\pi}{4}=45^\circ$；$\frac{\pi}{2}=90^\circ$。）

(i) $\csc(-1380^\circ)$.

(ii) $\sec(60^\circ)+\sin(210^\circ)-\cot(315^\circ)$.

(iii) $\cos\left(\frac{\pi}{3}\right)\tan\left(\frac{5\pi}{3}\right)+\sin\left(\frac{31\pi}{4}\right)\cos\left(\frac{13\pi}{3}\right)$.

(iv) $\frac{\sin(360^\circ+t)}{\cos(90^\circ-t)}+\frac{\cos(-t)}{\sin(90^\circ+t)}-\frac{\tan(270^\circ-t)}{\cot(180^\circ-t)}+\sin(90^\circ-t)\sec(360^\circ+t)$.

三角函數的周期性

$$\sin(n*360^\circ+\theta)=\sin(\theta),$$
$$\cos(n*360^\circ+\theta)=\cos(\theta).$$

注意 你必須好好思考周期性的意義！如果$f(t+K)=f(t)$對於一切t都成立，我們就說K是這個函數f的「一個周期」！請注意：這時候，$2*K, 3*K, \cdots$也都是函數f的「一個周期」！實際上 $2\pi=360^\circ$是 cos 與 sin 的最小的正周期。當然，sec, csc 也有同樣的（最小的正）周期。但是正餘切則不然！

正餘弦的半周期是$\pi=180^\circ$，實際上，

$$\sin(180^\circ+\theta)=-\sin(\theta),$$
$$\cos(180^\circ+\theta)=-\cos(\theta).$$

結果，負負得正，我們發現：

$$\tan(n*180^\circ+\theta)=\tan(\theta).$$

tan, cot 的最小的正周期是$\pi=180^\circ$。

三角函數的單調性

我們已經有了餘弦與正弦的運動學的解釋，就知道：cos, sin，這兩個函數的函數值一定是在 $-1, +1$ 之間做振動。幾何地說，當θ在第三、第四象限變動時，$\cos(\theta)$是遞增的：θ增加則跟著增加，θ減少則跟著減少。

反之，θ在第一、第二象限變動時，$\cos(\theta)$是遞減的：θ增加則跟著減少，θ減少，則跟著增加。

當θ在第四、第一象限變動時，$\sin(\theta)$是遞增的：θ增加則跟著增加，θ減少則跟著減少。

反之，θ在第二、第三象限變動時，$\sin(\theta)$是遞減的：θ增加則跟著減少，θ減少則跟著增加。

至於 tan，它在第四、第一象限變動時，是遞增的，在第二、第三象限變動時，還是遞增的。（但它在90°的奇數倍時，其實是有間斷！值是「無窮」）cot，它在第一、第二象限變動時，是遞減的，在第三、第四象限變動時，也還是遞減的。（但它在90°的偶數倍時，其實是有間斷！值是「無窮」）

例 3　求$f(t) := 1 - 2\sin^2(t) + 4\cos(t)$的極大與極小。

解析　這是在考驗我們對於平方關係的了解！事實上，若令：$u := \cos(t)$，則：

$$f(t) = 1 - 2(1 - u^2) + 4u = 2u^2 + 4u - 1 = 2(u^2 + 2u + 1) - 3 = 2(u+1)^2 - 3 =: g(u).$$

這裡，$u = \cos(t)$的變化範圍是：$-1 \le u \le 1$，而在這個範圍內，$g(u)$的極大是當u離$u+1=0$越遠越好，此即當$u=1$，$t=0 \bmod (360°)$時，極大值是：$g(1)=5$。

至於$g(u)$的極小：當然是在$u+1=0$，$u=-1$，$t=180° \bmod (360°)$時，其時之極小值為$g(-1)=-3$。

§8　代數的補充知識

以下講一些很有用的知識。當然你可以在需要的時候再來讀。

一元二次函數論：配方法與極值點

若$a>0$，$f(x) = ax^2 + bx + c$，則函數f之極小點是臨界點$\gamma = \frac{-b}{2a}$，極小值$f(\gamma) = \frac{4ac - b^2}{4a}$。

但是，有陷阱！若限制$\alpha \le x \le \beta$，而γ不在$[\alpha..\beta]$內，則極小點是端點之一！

一元二次方程式論

若方程式$ax^2 + bx + c = 0$的兩根為α, β，則：

$$\alpha + \beta = \frac{-b}{a}，\alpha * \beta = \frac{c}{a}.$$

反之，已知 $\alpha+\beta=p$，$\alpha*\beta=q$，則以 α, β 為根的方程式為 $x^2-px+q=0$。

算幾平均不等式

若 $x>0, y>0$，則

$$\frac{x+y}{2} \geq \sqrt{x*y}\text{，等號表示 } x=y \text{.}$$

如何證明？因為：

$$(\sqrt{x}-\sqrt{y})^2=x+y-2\sqrt{x*y} \geq 0 \text{.}$$

推論是：（取 $y=\frac{1}{x}$）

$$\text{當 } x>0 \text{ 時，} \frac{x+\frac{1}{x}}{2} \geq 1\text{，等號表示 } x=1 \text{.}$$

推廣說來：對於 n 個正數 $x_1, x_2, \cdots, x_n$，它們的算術平均 $AM(x)$ 一定大於它們的幾何平均 $GM(x)$，

$$AM(x)=\frac{1}{n}(x_1+x_2+\cdots+x_n)>GM(x)=\sqrt[n]{x_1*x_2*\cdots*x_n}\text{,}$$

除非（無聊！）$x_1=x_2=\cdots=x_n=AM(x)=GM(x)$。

簡單等周問題

如果兩個正數 x, y 的和 $x+y=\ell$ 固定，則它們相乘積 $x*y$ 的極大，在 $x=y=\frac{\ell}{2}$ 時。

這是兩變數的算幾平均不等式的結論。另外一個辦法是利用恆等式

$$x*y=\frac{1}{4}((x+y)^2-(x-y)^2)\text{.}$$

和積極值問題

於是你馬上可以推出：

如果 n 個正數 $x_1, x_2, \cdots, x_n$ 的和 $x_1+x_2+\cdots+x_n=\ell$ 固定，則它們相乘積 $x_1*x_2*\cdots*x_n$ 的極大，在 $x_1=x_2=\cdots=\frac{\ell}{n}$ 時。

辦法是：只讓兩個變數 x_i, x_j 可以變動，而「其他的都不准動」，那麼要使得它們全部的相乘積盡量大，必須是 $x_i = x_j$。由此可知：只有 n 個都相等時，才可能最大！

（另證：這是算幾平均不等式的結論。）

定準

（determinant，通常翻譯為「行列式」，我極不喜歡！）我們只用到二維與三維。你有 Sarrus 規則可用！

轉置：行與列轉置（transpose），結果是一樣的！

交錯：交換兩行，則變號！兩行相同（或者正比，）則定準 = 0。

展開：（例如我們對第三列來展開，你要注意正負號的交替性！）

$$\begin{vmatrix} a, & b, & c \\ d, & e, & f \\ x, & y, & z \end{vmatrix} = x\begin{vmatrix} b, & c \\ e, & f \end{vmatrix} - y\begin{vmatrix} a, & c \\ d, & f \end{vmatrix} + z\begin{vmatrix} a, & b \\ d, & e \end{vmatrix}.$$

降維：當某行只剩下一個非零的成分 t_{ij} 時，把這第 i 列與第 j 行刪去後的小方陣的定準，記為 $\det(T_{ij})$，於是原來的定準

$$\det(T) = (-1)^{i+j}\det(T_{ij}).$$

齊性：由上述展開式，（例如說，）如果第三列各元素都有因子 γ，我們可以把它括出去定準的外面，而從這一列的各元素同時除掉！

加性：（例如，對第三列）

$$\begin{vmatrix} a, & b, & c \\ d, & e, & f \\ x_1+x_2, & y_1+y_2, & z_1+z_2 \end{vmatrix} = \begin{vmatrix} a, & b, & c \\ d, & e, & f \\ x_1, & y_1, & z_1 \end{vmatrix} + \begin{vmatrix} a, & b, & c \\ d, & e, & f \\ x_2, & y_2, & z_2 \end{vmatrix}.$$

滑移：定準式中，將某一行減去另外一行（的共同倍數），結果不影響這個定準！

有聊解原理

（以三變數為例，）三元齊一次聯立方程式

$$a_{11}x + a_{12}y + a_{13}z = 0,$$
$$a_{21}x + a_{22}y + a_{23}z = 0,$$
$$a_{31}x + a_{32}y + a_{33}z = 0.$$

具有某一個「有聊解」（也就是說：不是全為零的解）之條件是：係數定準 $\det(A)=0$。

累和與累積

我們用 Σ 與 Π。這是常見的對稱式。

對稱式

$f(x, y, z)$ 稱為對稱式，意思是任意交換兩個文字變數，式子都不會改變。

$$f(x, y, z)=f(y, x, z)=f(z, y, x)=\cdots$$

於是：

$$\begin{aligned} p &= \Sigma x = x+y+z, \\ q &= \Sigma x * y = x*y+x*z+y*z, \\ r &= \Pi x = x*y*z, \end{aligned}$$

都是對稱多項式。這些是基本的！

Newton的定理說：x, y, z 的任何對稱多項式，都可以表達為 p, q, r 這三個東西（基本齊次對稱多項式）的多項式！

兩個變數的情形更簡單！（Newton 的定理說：）x, y 的任何對稱多項式，都可以表達為 $p=x+y$，$q=x*y$ 這兩個東西（基本齊次對稱多項式）的多項式！

交錯式

$f(x, y, z)$ 稱為交錯式，意思是任意交換兩個文字變數，式子都恰好只是改變了一個正負號。

$$f(x, y, z)=-f(y, x, z)=-f(z, y, x)=\cdots.$$

交錯多項式的基本定理說：x, y, z 任何交錯多項式 $f(x, y, z)$，都可以表達為

$$f(x, y, z)=f_0(x, y, z) * g(x, y, z);$$

其中，$f_0(x, y, z) := (x-y)(x-z)(y-z)$ 是這三個變數的基本交錯多項式，也就是 Vandermonde 定準，（你可以乘上負號！）而 g 則是對稱多項式。

（以上兩個定理都可以推廣到任意幾個變數的情形！）

● **輪換式**

例如$f(x, y, z)=x^2y+y^2z+z^2x=\sum_{\text{cyc}} x^2y$，這不是對稱式也不是交錯式，但卻是輪換式：

$$f(x, y, z)=f(y, z, x)=f(z, x, y).$$

這是比對稱式與交錯式更廣泛的式子。我們這裡只出現三個變數的情形。我們的記號是Σ_{cyc}。你要多加練習！

● **遞迴法（=「數學歸納法」）**

如果要我們證明一個（定理）公式，是說：
「對於一切的整數n，只要$n \geq n_0$（通常就是1），就一定如何如何」
我們可以這樣子來證明：把工作分成兩個部分，

- 一部分是「起始驗證」，必須驗證在$n=n_0$時成立。
- 一部分則是「遞迴」：
  「若公式中的n，用$n_0, n_0+1, n_0+2, \cdots, n_0+k-1$代進去，都會成立，那麼，用$n_0+k$代進去，就一定成立！」

例1　用遞迴法馬上可以證明：對於2^m個正數$x_1, x_2, \cdots, x_{2^m}$，它們的算術平均$AM(x)$一定大於它們的幾何平均$GM(x)$，除非無聊！這是$n=2^m$的情形，但是在$n$非貳之冪的情形該如何？此時$n=2^m-k$，$0<k<2^{m-1}$，$1<m$。我們對於$n$個正數$x_1, x_2, \cdots, x_n$，令$x_{n+1}=x_{n+2}=\cdots=x_{2^m}=A=AM(x)$，湊成了$2^m$個正數$x_1, x_2, \cdots, x_{2^m}$，就可以利用算幾平均不等式（貳之冪的情形），

$$\frac{1}{2^m}(x_1+x_2+\cdots+x_{2^m})>\sqrt[2^m]{x_1 * x_2 * \cdots * x_{2^m}}.$$

但是左側就是$A=AM(x)$，因此將上式2^m乘方，得到：

$$\begin{aligned}A^{2^m}>x_1 * x_2 * \cdots * x_{2^m}&=x_1 * x_2 * \cdots * x_n * x_{n+1} * x_{n+2} * \cdots * x_{2^m}\\&=x_1 * x_2 * \cdots * x_n * A^{2^m-n}.\end{aligned}$$

約去A^{2^m-n}，即是：$A^{2^m-(2^m-n)}>x_1 * x_2 * \cdots * x_n$。那麼就證明完了！

例2　Newton的對稱多項式基本定理，也可以用遞迴法證明。（難！）

● **Vieta 定理**

（根與係數的關係）一個么領n次多項式方程式

$$f(x)=x^n-p_1x^{n-1}+p_2x^{n-2}+\cdots+(-1)p_kx^{n-k}+\cdots+(-1)^np_n=0\ .$$

有n個根（也許重複！）

$$\alpha_1, \alpha_2, \cdots, \alpha_n\ ;\ f(x)=\Pi\ (x-\alpha_j)\ ;$$

則這些根的基本對稱多項式，恰好就是係數：

$$p_i=\Sigma\alpha_i, p_2=\sum_{i<j}\alpha_i\alpha_j, p_3=\sum_{i<j<k}\alpha_i\alpha_j\alpha_k; \cdots\ p_n=\Pi\alpha\ .$$

● **餘式定理**

多項式$f(x)$用么領一次式$(x-\alpha)$去除；餘式是個常數，也就是$f(\alpha)$，恰好是$f(x)$的x用α去代入計算的值。但是警告你：用綜合除法比「代入計算」更快！

● **因式定理**

若方程式$f(x)=0$有一個根α，則多項式$f(x)$有因式$(x-\alpha)$。

● **偽根與遺失根**

$f(x), g(x)$都是多項式，而$h(x)=f(x)*g(x)$，則$h(x)=0$的根β，也許是也許不是$f(x)=0$的根。

● **和分比的技巧**

如果$a:b=c:d$，亦即，$\frac{a}{b}=\frac{c}{d}$，則有：

$a:a\pm b=c:c\pm d$；亦即 $\frac{a}{a\pm b}=\frac{c}{c\pm d}$；

$a\pm b:b=c\pm d:d$；亦即 $\frac{a\pm b}{b}=\frac{c\pm d}{d}$；

$a+b:a-b=c+d:c-d$；亦即 $\frac{a+b}{a-b}=\frac{c+d}{c-d}$.

這個技巧雖然簡單，其實很有用！

習題

這一章反倒是較難的，因為有一些幾何！第一步通常是畫出圖形，尤其是直角三角形！若有相似直角三角形，這常常是出現一連串的！

1. 自$\triangle ABC$之頂點C作中線CD，如果$\overline{DC}\perp\overline{AC}$，則：

$$\tan(180^\circ - \angle ACB) = 2\tan(A).$$

2. 順次將$\overline{AD}$三等分於B, C，以$\overline{BC}$為直徑畫圓，任取圓周上一點P，設：$\angle APB = \theta$，$\angle CPD = \theta'$，則：

$$\tan(\theta) * \tan(\theta') = \frac{1}{4}.$$

3. 自矩形$ABCD$之頂點A向對角線$\overline{BD}$作垂線AE，垂足為E，更作$\overline{EF} \perp \overline{BC}$，$\overline{EG} \perp \overline{CD}$，且設$EF = p$，$EG = q$，$BD = c$，試證明：

$$p^{\frac{2}{3}} + q^{\frac{2}{3}} = c^{\frac{2}{3}}.$$

4. 自定圓O外一點P，引任意割線PAB，試證明：

$$\tan\left(\frac{\angle AOP}{2}\right) * \tan\left(\frac{\angle BOP}{2}\right) \text{為定值！}$$

5. $\sin(60^\circ \csc(150^\circ) - \cos(225^\circ)\sin(315^\circ) + \tan(300^\circ)\sec(180^\circ) =$ ？
6. 已知$\sin(\theta) + \cos(\theta) = p$，求一個二次方程式以$\cos(\theta), \sin(\theta)$為兩根。
7. 求$3 - 2\cos(\theta) + \cos^2(\theta)$之極小值，其時$\theta =$？
8. 若$\sec(\theta) = \frac{1 - x^2}{1 + x^2}$，求$x =$？$\theta =$？
9. 若θ在第三象限，求證$\tan(\theta) + \cot(\theta) \ge 2$；若$\theta$在第四象限，則如何？
10. 已知$\sin(x) = \frac{2}{5}$，且$\tan(x) > 0$，求：$\cos(x), \tan(x), \cot(x), \sec(x), \csc(x)$。
11. 兩圓外切，而半徑各為a, b；其兩個「外公切線」之交角為θ，求證：

$$\sin(\theta) = \frac{4(a - b)\sqrt{ab}}{(a + b)^2}.$$

第二章

三角恆等式

本章就是三角學的代數訓練！

§1　圓函數的加法公式

● 幾何的論證法

我們首先考慮兩個銳角θ與ϕ，它們的和，也設為銳角：$0<\theta,\phi,\theta+\phi<90°$。那麼，$\theta+\phi$的三角函數值，與兩個角$\theta, \phi$的三角函數值，有何關聯？

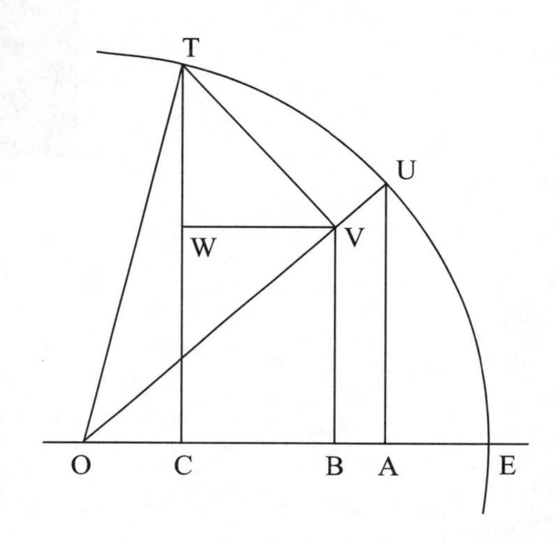

左圖中，半徑$OE=OT=OU=1$,
$\angle EOU=\theta$；$\angle UOT=\phi$.
$\angle EOT=\theta+\phi$.
$\angle OCT=\angle OBV=\angle OAU=90°$.
$90°=\angle OVT=\angle TWV$.
(i)：$\triangle OCT$中，$OC=$？$CT=$？
(ii)：$\triangle OVB$中，$OB=$？$BV=$？
(iii)：$\triangle WVT$中，$WV=$？$WT=$？
(iv)：$OC=OB-CB$.
(v)：$CT=CW+WT=BV+WT$.

● 加法公式

$$\cos(\theta+\phi)=\cos(\theta)*\cos(\phi)-\sin(\theta)*\sin(\phi),$$
$$\sin(\theta+\phi)=\sin(\theta)*\cos(\phi)+\cos(\theta)*\sin(\phi).$$

註 從前（半世紀前），我們的高中教科書都要（'case by case'）就各種情況驗證這個加法公式！我們此地就不做了！

● 減法公式

終究$\cos(\theta), \sin(\theta)$對於一切實數$\theta$都有意義！特別地：
sin是奇函數：$\sin(-\theta)=-\sin(\theta)$；因此$\sin(0)=0$。
cos是偶函數：$\cos(-\theta)=\cos(\theta)$；事實上，$\cos(0)=1$。
那麼，（將ϕ變號，）我們立即得到：

$$\cos(\theta-\phi)=\cos(\theta)*\cos(\phi)+\sin(\theta)*\sin(\phi),$$
$$\sin(\theta-\phi)=\sin(\theta)*\cos(\phi)-\cos(\theta)*\sin(\phi).$$

註 記憶法

- 兩角和差的正餘弦，一定是兩項。
- 每一項本身是兩個因子的相乘積，此兩個因子各是兩角的正弦或餘弦；情形如下：

$$\begin{matrix} \cos(\theta) & \cos(\phi). \\ \sin(\theta) & \sin(\phi). \end{matrix}$$

- 若是$\cos(\theta\pm\phi)$，則為「純積」：兩個因子，同時是兩角的正弦，或同是兩角的餘弦：

$$\cos(\theta) * \cos(\phi) \pm \sin(\theta) * \sin(\phi).$$

  這就是說：上面所說的兩個相乘積，就是上面方陣的兩列相乘，然後相加減。
- 若是 $\sin(\theta\pm\phi)$，則兩個因子，一個是一角的正弦，一個是另一角的餘弦，這樣子是「混積」，也就是說：把上述方陣的對角兩個相乘，然後相加減：

$$\sin(\theta) * \cos(\phi) \pm \cos(\theta) * \sin(\phi).$$

- 在$\sin(\theta+\phi)$的展式中，只有正號，沒有負號．這沒有太大困擾！
  改為 $\sin(\theta-\phi)$，也沒有太大困擾！「這是 sin 的展式」，而兩項$\sin(\theta)\cos(\phi)$, $\cos(\theta)\sin(\phi)$之前要加上的正負號，就是$\theta-\phi$的角度前的正負號。
- 但$\cos(\theta\pm\phi)$的展式

$$\cos(\theta) * \cos(\phi) \mp \sin(\theta) * \sin(\phi).$$

  有一個困擾是正負號顛倒！你就想像兩角都是銳角（而且很小）；cos 是「遞減的」，於是，$\cos(\theta+\phi)$應該比$\cos(\theta-\phi)$小！
- 這裡的加減法公式有四個，其中三個是<u>對稱式</u>：交換θ,ϕ，並不改變！

$$\sin(\theta+\phi)=\sin(\phi+\theta)，\cos(\theta+\phi)=\cos(\phi+\theta)；\cos(\theta-\phi)=\cos(\phi-\theta).$$

最後這個是因為：cos 是偶函數！$\cos(-t)=\cos(t)$。
但 sin 是奇函數！於是有<u>交錯式</u>：

$$\sin(\theta-\phi)=-\sin(\phi-\theta)\,.$$

例題 正切函數的加法定理

$$\tan(\theta\pm\phi)=\frac{\tan(\theta)\pm\tan(\phi)}{1\mp\tan(\theta)*\tan(\phi)}\,.$$

解析 將正餘弦函數的加法定理相除：

$$\tan(\theta+\phi)=\frac{\sin(\theta)*\cos(\phi)+\cos(\theta)*\sin(\phi)}{\cos(\theta)*\cos(\phi)-\sin(\theta)*\sin(\phi)},$$

再將分子分母同時除以 $\cos(\theta)*\cos(\phi)$，即得！

註 當然有交錯式：

$$\tan(\theta-\phi)=-\tan(\phi-\theta)\,.$$

注意 （超純的）

正切函數的加法定理，與正餘弦函數的加法定理，有一個大大的不同：正餘弦函數的加法公式中，知道了 $\sin(\theta), \sin(\phi)$，並不能精確地決定 $\sin(\theta+\phi)$，因為，在計算 $\cos(\theta), \cos(\phi)$的時候，會產生平方根的正負號的曖昧！正切沒有這個問題！（當然餘切也沒有這個問題。）

正弦函數的平方差：非常奇怪的「因式分解」

$$\sin(x+y)*\sin(x-y)=\sin^2(x)-\sin^2(y)\,.$$

加減象限角

因為 $\sin(90°)=1, \cos(90°)=0$，當然可以得到：

$$\sin(90°\pm\theta)=\cos(\theta)\,;\ \cos(90°\pm\theta)=\mp\sin(\theta)\,.$$

註 用展開公式驗證加法公式：

（假設$|\theta|, |\phi|$都很小！而展開到 3 次為止！）

$$\sin(\theta)=\theta-\frac{1}{6}\theta^3+\cdots \qquad \cos(\theta)=1-\frac{1}{2}\theta^2+\cdots$$

$$\sin(\phi)=\phi-\frac{1}{6}\phi^3+\cdots \qquad \cos(\phi)=1-\frac{1}{2}\phi^2+\cdots$$

$$\sin(\theta+\phi) = (\theta+\phi)-\frac{1}{6}(\theta+\phi)^3+\cdots$$

$$\sin(\theta)*\cos(\phi)+\sin(\phi)\cos(\theta) = \theta+\phi-\left(\frac{\theta^3+\phi^3}{6}+\frac{\theta^2*\phi+\theta*\phi^2}{2}\right)+\cdots$$

$$\cos(\theta+\phi) = 1-\frac{1}{2}(\theta+\phi)^2+\cdots$$

$$\cos(\theta)\cos(\phi)-\sin(\theta)\sin(\phi) = 1-\frac{\theta^2+\phi^2}{2}-\theta*\phi+\cdots$$

例 1 已知 $\tan(\theta)=\frac{12}{5}$ 與 $\tan(\psi)=\frac{-3}{4}$，求 $\tan(\theta\pm\psi)$。

解析 $\tan(\theta\pm\psi)=\dfrac{\frac{12}{5}\mp\frac{3}{4}}{1\pm\frac{12}{5}\frac{3}{4}}=\dfrac{48\mp 15}{20\pm 36}=\dfrac{33}{56}$ 或 $\dfrac{63}{-16}$.

例 2 已知 $\sin(\theta)=\frac{12}{13}$ 與 $\sin(\psi)=\frac{-3}{5}$，求 $\sin(\theta\pm\psi)$。

解析 當然，$\cos(\theta)=\pm\frac{5}{13}$ 與 $\cos(\psi)=\pm\frac{4}{5}$，正負號曖昧不明而且兩者互不相涉！共有四種可能的答案！

$$\sin(\theta\pm\psi)=\pm\frac{5}{13}*\frac{3}{5}\pm\frac{12}{13}\frac{4}{5}=\pm\frac{33}{65} \text{ 或 } \pm\frac{63}{65}.$$

§2 Euler 虛指數原理

本節對於三角學也許是「課外」教材，不過，對於數理科學的學生來說，其重要性無以倫比！

Euler 虛指數

依Euler，如果你知道正餘弦函數，又知道何謂虛數，那麼就要引入如下的虛實孿生函數（其中 $\jmath=\sqrt{-1}$ 是虛數單位）

$$Cis(\theta) := \cos(\theta)+\jmath\sin(\theta).$$

這是因為：你考慮如下的待證式（Euler 乘法公式）：

(i) $$\mathrm{C}is(\theta+\psi) \stackrel{?}{=} \mathrm{C}is(\theta) * \mathrm{C}is(\psi).$$

左側，照 Euler 定義，就是

$$\cos(\theta+\psi)+\mathcal{J}*\sin(\theta+\psi).$$

把右側乘開來，就變成

(ii) $$(\cos(\theta)*\cos(\psi)-\sin(\theta)*\sin(\psi))+\mathcal{J}*(\sin(\theta)*\cos(\psi)+\cos(\theta)*\sin(\psi)).$$

那麼，由複數等號的虛虛實實原理，這個待證式就恰好等於兩個式子：

$$\cos(\theta+\psi)=\cos(\theta)*\cos(\psi)-\sin(\theta)*\sin(\psi),$$
$$\sin(\theta+\psi)=\sin(\theta)*\cos(\psi)+\cos(\theta)*\sin(\psi).$$

也就是「三角函數的加法公式」。

你要想清楚！我們已經證明：由三角函數的加法公式，就可以證明這個 Euler 乘法公式(i)；而且，反過來說也對：由乘法公式(ii)，就可以證明三角函數的加法公式！因此有些人就說：應該把這個 Euler 的乘法公式，叫做三角函數的基本公式！

註 這個Euler的乘法公式有個純粹代數的說法：Euler所引入的虛實孿生函數，根本是一種指數函數！我們就稱之為 Euler 的虛指數函數。
更深奧更有趣的問題是：那麼我們可否先證明 Euler 的乘法公式，然後再由它去證明三角函數的加法公式？
（當然你不可以「逗圈子」tautology，套套邏輯。）
如何證明這個 Euler 乘法原理？我們只要思考複數相乘的意義就好了！這個 Euler 虛指數原理，實質上就是說：

● 旋轉原理

用「單位複數 $\gamma=\mathrm{C}is(\psi)$ 去乘任何複數 z」（即 Gauss 平面上的一點 P），乃是個旋轉：把線段 $\overline{OP}$ 繞原點 O 旋轉了角度 ψ。

● 複數的共軛化

我們稱

$$\mathcal{CJ}(z) := x+\mathcal{J}(-y).$$

為複數 z 的共軛化；換句話說：這只是將複數的虛部變了正負，而實部保持不變。在 Gauss 平面上，這是對於實數軸做鏡射。（也就是將輻角變號！）

補題

兩個複數做加（減乘或除）的運算之後，再做共軛化，等於先各自做共軛化之後，再做加（減乘或除）的運算！

複數的範方

複數的絕對值也叫做複數的範（norm），於是複數 $z=x+\jmath*y$ 的範方（norm-square）：就是複數 z 乘上其共軛化：

$$|z|^2 := x^2+y^2 = z * CJ(z).$$

定理 兩複數相乘積的絕對值，只是絕對值的相乘積：

$$|z*w| = |z| * |w|.$$

Lagrange 恆等式

將上面這個式子平方，就變成：

$$(u*x+v*y)^2 + (v*x-u*y)^2 = (x^2+y^2) * (u^2+v^2).$$

（所以我們也可以由此公式而證明上述的定理！）

現在回到這個旋轉原理來！假定有：單位複數 $\gamma=\mathrm{C}is(\psi)$，以及複數 z 與 w，並且假定（$\frac{z}{w}\notin\mathbb{R}$，即是，在 Gauss 平面上，三點 o, z, w 不共線，而）z, w, o，構成一個三角形 $\triangle zw$o。現在用「單位複數 $\gamma=\mathrm{C}is(\psi)$ 去乘複數 z, w 與 o；得到一個新的三角形 $\triangle z'w'$o。其中 $z'=\gamma*z, w'=\gamma*w$。因為 $|\gamma|=1$，用 γ 去乘乃是保範的：

$$|z'|=|z|，|w'|=|w|；|w'-z'|=|\gamma*w-\gamma*z|=|\gamma*(w-z)|=|w-z|.$$

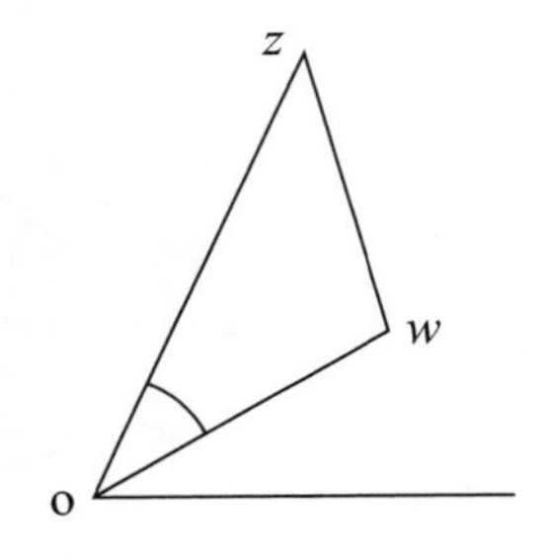

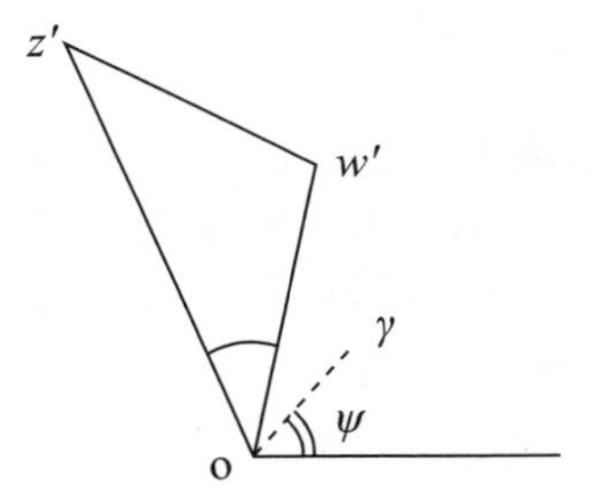

但是這三個式子，恰好是說：原先的三角形與新的三角形，三邊長對應相等！於是根據 sss 定理，兩個三角形全等！因此，夾角相等：

$$\angle zow = \angle z'ow';$$

注意到：$|z'|=|z|$的意思是：$z'=\gamma * z$ 與 z 兩點與原點 o「等距離」，因此，z' 可以由 z 繞原點旋轉而得！w' 也一樣可以由 w 繞原點旋轉而得！而且旋轉之後要保持夾角不變！換句話說：旋轉的角度（幾何上！）相同！如果取 $z=1$，則 $z'=\gamma=\mathrm{C}is(\psi)$，這就是旋轉了角度$\psi$。於是旋轉原理證明完畢！（從而也就證明了 Euler 虛指數原理！）

§3　倍角公式

二倍角公式

$$\sin(2\theta)=2\sin(\theta) * \cos(\theta);$$
$$\cos(2\theta)=2\cos^2(\theta)-1=1-2\sin^2(\theta)=\cos^2(\theta)-\sin^2(\theta);$$
$$\tan(2\theta)=\frac{2\tan(\theta)}{1-\tan^2(\theta)}.$$

註 如果知道 $\tan(\theta)$，就能夠知道 $\tan(2\theta)$了！
如果知道 $\cos(\theta)$，（而不明確知道 $\sin(\theta)$，卻）就能夠知道 $\cos(2\theta)$。
事實上，如果知道 $\sin(\theta)$也就能夠算出 $\cos(2\theta)$了！
但如果知道 $\sin(\theta)$（而不明確知道 $\cos(\theta)$），就不能夠知道 $\sin(2\theta)$的正負號！

例題 三倍角公式

$$\sin(3\theta)=3\sin(\theta)-4\sin^3(\theta),$$
$$\cos(3\theta)=4\cos^3(\theta)-3\cos(\theta),$$
$$\tan(3\theta)=\frac{3\tan(\theta)-\tan^3(\theta)}{1-3\tan^2(\theta)}.$$

三角多項式

用 $\sin(\theta)$, $\cos(\theta)$乘來乘去、加來加去、乘上個常數等，這樣子得到的叫做三角多項式，所以 $\sin(2\theta)$, $\cos(2\theta)$ 都是（θ 的）三角二次式。$\sin(3\theta)$, $\cos(3\theta)$ 都是（θ 的）三角三次式。

例題 （半角公式）

餘弦的二倍角公式有三種寫法，我們寫的順序就是：先寫最有用的！
於是，由 $\cos(2\theta)$，用二次方程來看，就可以反求 $\cos(\theta)$與 $\sin(\theta)$。如此得到半角公式：

$$\sin\left(\frac{t}{2}\right)=\pm\sqrt{\frac{1-\cos(t)}{2}};$$
$$\cos\left(\frac{t}{2}\right)=\pm\sqrt{\frac{1+\cos(t)}{2}};$$
$$\tan\left(\frac{t}{2}\right)=\frac{1-\cos(t)}{\sin(t)}=\frac{\sin(t)}{1+\cos(t)}.$$

● **de Moivre-Euler 的倍角公式**

由Euler虛指數原理，我們就得到，例如說：$\mathrm{C}is(2\theta)=\mathrm{C}is(\theta)*\mathrm{C}is(\theta)$；那麼：

$$\cos(2\theta)+\jmath*\sin(2\theta)=(\cos(\theta)+\jmath\sin(\theta))^2=\cos^2(\theta)-\sin^2(\theta)+2\jmath\sin(\theta)\cos(\theta).$$

虛實原理就讓我們同時得到正弦與餘弦的兩倍角公式。其他，如三倍角公式等等，也都可以如此導出！

$$(\cos(\theta)+\jmath\sin(\theta))^n=\cos(n*\theta)+\jmath\sin(n*\theta).$$

註 當然這樣講的先決條件是你知道二項式定理：

$$(x+y)^2=x^2+2xy+y^2$$
$$(x+y)^3=x^3+3x^2y+3xy^2+y^3$$
$$(x+y)^4=x^4+4x^3y+6x^2y^2+4xy^3+y^4$$
$$(x+y)^5=x^5+5x^4y+10x^3y^2+10x^2y^3+5xy^4+y^5$$
$$\cdots\quad=\cdots\cdots$$

二項式定理的一般公式是：

$$(x+y)^n=x^n+{}_nC_1x^{n-1}y+{}_nC_2x^{n-2}y^2+\cdots+{}_nC_kx^{n-k}y^k+\cdots+y^n.$$

其中出現了<u>二項係數</u>

$$_nC_k = \frac{n*(n-1)*(n-2)*\cdots*(n-k+1)}{1*2*3*\cdots*k}.$$

你應該對 $n=3, 4, 5, 6, 7$，計算看看！

$$\cos(n\theta) = \cos^n(\theta) - {_nC_2}\cos^{n-2}(\theta)\sin^2(\theta) + {_nC_4}\cos^{n-4}(\theta)\sin^4(\theta) - + \cdots$$

$$\sin(n\theta) = {_nC_1}\cos^{n-1}(\theta)\sin(\theta) - {_nC_3}\cos^{n-3}(\theta)\sin^3(\theta) + - \cdots$$

$$\cos(4\theta) = 8\cos^4(\theta) - 8\cos^2(\theta) + 1\ ;$$

$$\sin(4\theta) = 4\sin(\theta)\cos^3(\theta) - 8\sin^3(\theta)\cos(\theta)\ ;$$

$$\cos(5\theta) = 16\cos^5(\theta) - 20\cos^3(\theta) + 5\cos(\theta)\ ;$$

$$\sin(5\theta) = 5\sin(\theta) - 20\sin^3(\theta) + 16\sin^5(\theta)\ ;$$

$$\tan(4\theta) = \frac{4\tan(\theta) - 4\tan^3(\theta)}{1 - 6\tan^2(\theta) + \tan^4(\theta)}\ ;$$

$$\cot(4\theta) = \frac{\cot^4(\theta) - 6\cot^2(\theta) + 1}{4\cot^3(\theta) - 4\cot(\theta)}.$$

三角多項式

這樣子的名稱有何道理？請看：

$$\sin^2(\theta) = \frac{1}{2}(1 - \cos(2\theta)),$$

$$\sin^3(\theta) = \frac{1}{4}(3\sin(\theta) - \sin(3\theta)),$$

$$\sin^4(\theta) = \frac{1}{8}(\cos(4\theta) - 4\cos(2\theta) + 3).$$

$$\sin^5(\theta) = \frac{1}{16}(10\sin(\theta) - 5\sin(3\theta) + \sin(5\theta))\ ;$$

$$\cos^2(\theta) = \frac{1}{2}(1 + \cos(2\theta)),$$

$$\cos^3(\theta) = \frac{1}{4}(3\cos(\theta) + \cos(3\theta)),$$

$$\cos^4(\theta) = \frac{1}{8}(\cos(4\theta) + 4\cos(2\theta) + 3),$$

$$\cos^5(\theta) = \frac{1}{16}(10\cos(\theta) + 5\cos(3\theta) + \cos(5\theta)).$$

Euler 定理

$\sin(\theta)$, $\cos(\theta)$ 等等，都可以表現為 $t = \tan\left(\frac{\theta}{2}\right)$ 的有理式。

$$\sin(\theta)=\frac{2t}{1+t^2};$$
$$\cos(\theta)=\frac{1-t^2}{1+t^2}.$$

§4　座標軸的旋轉

● 轉軸公式

假設我們將座標軸旋轉了 ω 角，得到新座標系；於是一點 P 原來的座標 (x, y)，變為新座標 (x', y')；然則：

$$x'=x\cos\omega+y\sin\omega.$$
$$y'=-x\sin\omega+y\cos\omega. \qquad \text{(i)}$$

證明 這其實是一種相對論！我們用極座標的寫法：
假設 P 點原本的卡氏座標是 (x, y)，極座標是 (ρ, θ)
轉變為新座標系之後，P 點的新的卡氏座標是 (x', y')，極座標是 (ρ', θ')
那麼：

$$x=\rho*\cos(\theta)，y=\rho*\sin(\theta),$$
$$x'=\rho'*\cos(\theta')，y'=\rho'*\sin(\theta').$$

但是，在新座標系看起來，$\rho=OP$ 是距離，不會改變！$\rho=\rho'$。
而新的輻角為 $\phi'=\phi-\omega$；那麼，代入之後，又利用虛虛實實原理，就得到證明！

如右圖中，
舊軸 Ox 轉到新軸 Ox',
轉角為 $\omega=\angle xOx'$,
舊座標 $x=OQ, y=QP$,
新座標 $x'=OQ', y'=Q'P$,
舊輻角 $\theta=\angle QOP$,
新輻角 $\theta'=\angle Q'OP$,
距程 $\rho=\rho'=OP$.

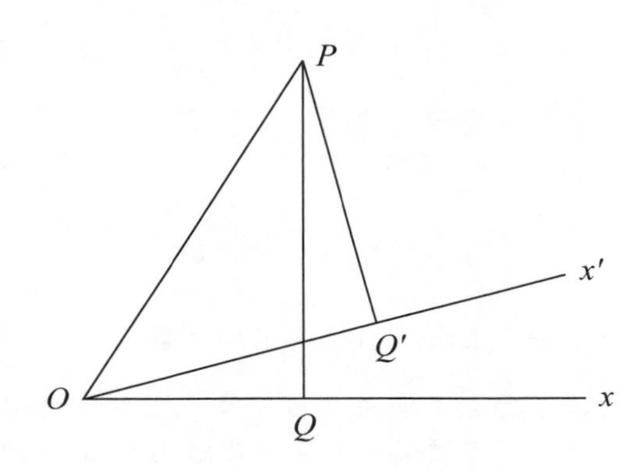

注意 反過來說，一定有：

$$x = x'\cos\omega - y'\sin\omega,$$
$$y = x'\sin\omega + y'\cos\omega. \qquad \text{(ii)}$$

例題　假設有一條直線Γ：$a*x+b*y+c=0$，設我們將座標軸旋轉了 ω 角，得到新座標系，而且在新座標系來看，Γ的方程式缺少 y' 的項；求 ω。

解析　$a*(x'\cos\omega - y'\sin\omega) + b*(x'\sin\omega + y'\cos\omega) + c$
$= (\cdots)*x' + (-a\sin(\omega) + b*\cos(\omega))*y' + (\cdots) = (\cdots) + 0*y' + (\cdots).$

因此：$a\sin(\omega) = b*\cos(\omega)$，$\tan(\omega) = \frac{b}{a}$.

另解　要注意：如下的式子中，

$$x' = x\cos\omega + y\sin\omega,$$

係數的平方和＝1（y' 也一樣！）
今原來的方程式將可化為：

$$x' = p,$$

將原來的方程式移項，成為

$$a*x + b*y = -c.$$

現在將一次項係數規範化，也就是除以 $\sqrt{a^2+b^2}>0$，因而得：

$$\frac{a}{\sqrt{a^2+b^2}}*x + \frac{b}{\sqrt{a^2+b^2}}*y = \frac{-c}{\sqrt{a^2+b^2}}.$$

所以只要讓：

$$\frac{a}{\sqrt{a^2+b^2}} = \cos(\omega),\ \frac{b}{\sqrt{a^2+b^2}} = \sin(\omega),$$

就好了！與上面推導出的結果是一樣的！於是 $p = \frac{-c}{\sqrt{a^2+b^2}}$。
請注意：這個角度 ω 其實有兩個（幾何上的）解答，恰好相差 180°。這是因為再多轉個平角，則座標系將變成 (x'', y'')，而 $x'' = -x', y'' = -y'$。方程式就變成 $x'' = -p$ 了！
所以通常所說的「法式」，就是要讓：

$$\frac{a}{\pm\sqrt{a^2+b^2}} * x + \frac{b}{\pm\sqrt{a^2+b^2}} * y = \frac{\mp c}{\sqrt{a^2+b^2}} > 0\,.$$

當然，在 $c=0$ 時，就無所謂了！

註 轉軸公式(i)與(ii)「充滿了負號陷阱」！要如何保證不會背錯？同樣這一點，講它的 y' 座標，一定是兩個座標 x 與 y 的組合，而係數就是「夾角的餘弦」：y' 軸與 x 軸，（由你所畫的圖看來，）夾了鈍角，就有負的係數 $-\sin(\theta)$。反過來說，x 座標，一定是兩個座標 x' 與 y' 的組合，而且係數是對稱的！

三角一次式的極值問題

變數 θ 的「三角一次式」，指的是

$$f(\theta) \coloneqq a\cos(\theta) + b\sin(\theta) = \sqrt{a^2+b^2}\cos(\theta-\gamma)\,.$$

它的極小值 $= -\sqrt{a^2+b^2}$，極大值 $= \sqrt{a^2+b^2}$.

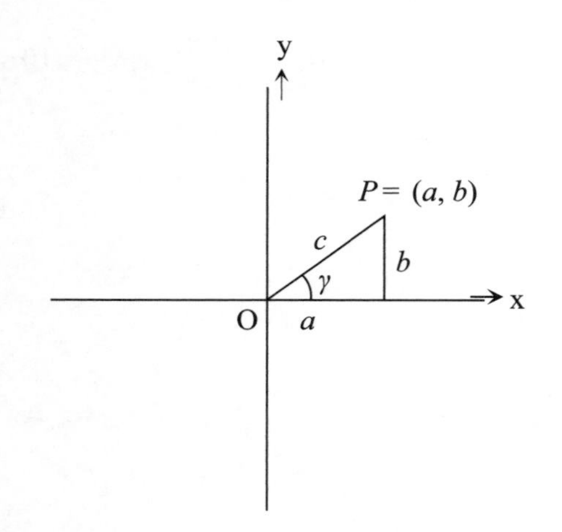

先算出：
點 $P=(a, b)$ 的極座標 (c, γ)；
輻角 $\gamma = \angle xOP$
是 $\overrightarrow{OP}$ 與 x 軸所成的角度，
距幅 $c=\sqrt{a^2+b^2}>0$.
就是點 $P=(a, b)$ 與原點的距離。
於是 $f(\theta) = c * \cos(\theta-\gamma)$，
因此，
極大在 $\cos(\theta-\gamma)=1$.
極小在 $\cos(\theta-\gamma)=-1$.

例1 求 $g(t)=2+4\cos(t)-3\sin(t)$ 的極大與極小。

解析 $\sqrt{3^2+4^2}=5$，$\arcsin\left(\frac{-3}{5}\right)=-36.87°=\gamma$，故：$g(t)=2+5*\cos(\gamma)*\cos(t)+\sin(\gamma)*\sin(t)=2+5*\cos(t-\gamma)$。於是：當 $t=\gamma=-36.87°$ 時，$g(t)=2+5=7$ 有最大值，而當 $t=\gamma+180°$ 時，$g(t)=2-5=-3$ 為最小！當然，時間點是以 $360°=2\pi$ 為周期的。

例 2　畫 $g(t)=4\cos(t)-3\sin(t)+10$ 的圖。

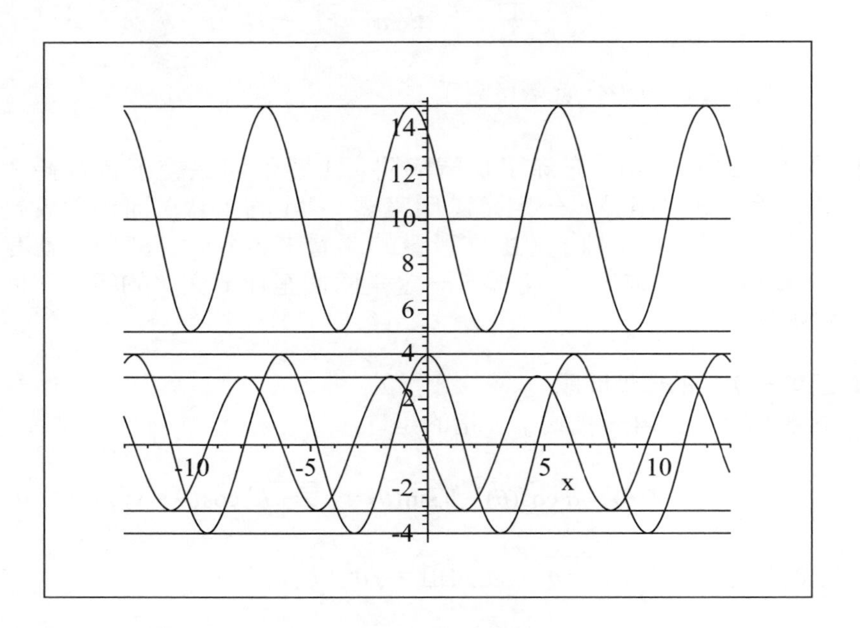

我們特地也畫了正弦成分 $-3\sin(t)$，餘弦成分 $4\cos(t)$，與常數成分 10。也標出極大值 15，極小值 5。

§5　和差化積與積化和差

例題　和差問題的想法：

$$\text{若有}\quad x+y=u, x-y=v,$$
$$\text{則有}\quad x=\frac{u+v}{2}, y=\frac{u-v}{2}.$$

請（先在另紙上計算！算好了「整齊的」答案，再）填空：

$$\sin(x+y)+\sin(x-y)=$$
$$\cos(x+y)+\cos(x-y)=$$
$$\cos(x+y)-\cos(x-y)=$$
$$\sin(x+y)-\sin(x-y)=2\cos(x)\sin(y).$$

● **積化和差**

左右顛倒寫：

$$2\sin(x)\cos(y)=\sin(x+y)+\sin(x-y),$$
$$2\cos(x)\cos(y)=$$
$$2\sin(x)\sin(y)=$$

● **和差化積**

（前面的式子，不要x,y，改用u,v去表達！）請（先在另紙上計算！算好了「整齊的」答案，再）填空：

$$\sin(u)+\sin(v)=2\sin\left(\frac{u+v}{2}\right)\cos\left(\frac{u-v}{2}\right),$$
$$\cos(u)+\cos(v)=$$
$$\cos(u)-\cos(v)=$$

註 思考這些問題中的正負號時，你都想成：角度是銳角，正且很小，此時sin從0開始遞增，cos從1開始遞減。

sin是奇函數，cos是偶函數；因此，sin的「加法化積」與「減法化積」，是同一個公式！但是，cos的「加法化積」與「減法化積」，不是同一個公式：cos相加，變成兩個cos的相乘積（的兩倍）；cos相減，變成兩個sin的相乘積（的兩倍）。（一共有三個公式）。

（兩倍的）cos相乘積，化為兩項cos的和；（兩倍的）sin相乘積，化為兩項cos的差；至於（兩倍的）cos與sin之混乘積，則化為兩項sin的和（差）。

我們把相乘積看為一項；加減則是兩項！這樣子係數就不會弄錯！係數是兩倍時，那兩個正弦或餘弦因子內的角度，是兩角的平均，或半差，都要把角度的和差除以2。

§5-1 正餘弦等差級數

例題 求三角等差級數之和$S=\cos(27°)+\cos(29°)+\cdots+\cos(75°)$。

解析 這是一些角度的餘弦之和，而這些角度是等差，我們就稱之為<u>餘弦等差級數</u>。

這裡的技巧是：算出「角度的公差之半」，此地是1°，取其正弦的兩倍，此地是$2\sin(1°)$，用它去「先乘再除」所求的餘弦等差級數：再逐項「積化和差」！

$$2\sin(1°)*S=2\sin(1°)*\cos(27°)+2\sin(1°)*\cos(29°)+\cdots+2\sin(1°)*\cos(75°)$$
$$=(\sin(28°)-\sin(26°))+(\sin(30°)-\sin(28°)+(\sin(32°)-\sin(30°))$$
$$+\cdots+(\sin(76°)-\sin(74°))=\sin(76°)-\sin(26°).$$

於是：

$$S=\frac{\sin(76°)-\sin(26°)}{2\sin(1°)}.$$

意思是：如果你要查表或者使用計算器，你只要做三次！（應該規定：考試時，老師無條件幫你查表三次，做加（或減）一次，做乘（或除）一次！）

習題 求三角等差級數之和 $S=\sin(227°)+\sin(229°)+\cdots+\sin(375°)$。

$$\sum_{j=1}^{n}\cos(a+j*\delta)=\frac{1}{2\sin\left(\frac{\delta}{2}\right)}\left(\sin\left(a+\left(n+\frac{1}{2}\right)*\delta\right)-\sin\left(a+\frac{\delta}{2}\right)\right).$$

$$\sum_{j=1}^{n}\sin(a+j*\delta)=\frac{-1}{2\sin\left(\frac{\delta}{2}\right)}\left(\cos\left(a+\left(n+\frac{1}{2}\right)*\delta\right)-\cos\left(a+\frac{\delta}{2}\right)\right).$$

例題 $\cos\left(\frac{360°}{7}\right)+\cos\left(\frac{720°}{7}\right)+\cos\left(\frac{1080°}{7}\right)=?$

解析 （公差角度 $d=\frac{360°}{7}$），故「乘以再除以」$2\sin\left(\frac{180°}{7}\right)$，得：原式＝

$$=\left(\frac{1}{2\sin\left(\frac{180°}{7}\right)}\right)\text{乘以}$$
$$\left(\left[\sin\left(\frac{540°}{7}\right)-\sin\left(\frac{180°}{7}\right)\right]+\left[\sin\left(\frac{900°}{7}\right)-\sin\left(\frac{540°}{7}\right)\right]+\left[\sin\left(\frac{1260°}{7}\right)-\sin\left(\frac{900°}{7}\right)\right]\right)$$
$$=\frac{\sin\left(\frac{1260°}{7}\right)-\sin\left(\frac{180°}{7}\right)}{2\sin\left(\frac{180°}{7}\right)}=\frac{-\sin\left(\frac{180°}{7}\right)}{2\sin\left(\frac{180°}{7}\right)}=\frac{-1}{2}.$$

§6　條件恆等式

● 限制三個角度之和 $=\pi$

若 $A+B+C=180°$，則有如下公式：

$$(0)\Sigma\tan(A)=\tan(A)\tan(B)\tan(C).$$
$$(i)\Sigma\sin(A)=4*\Pi\cos\left(\frac{A}{2}\right).$$
$$(ii)\Sigma\sin(2A)=4*\Pi\sin(A).$$
$$(iii)\Sigma\cos(A)=1+4\Pi\sin\left(\frac{A}{2}\right).$$
$$(iv)\Sigma\cos(2A)=-1-4\Pi\cos(A).$$
$$(v)\ \Sigma\sin(B)\sin(C)\cos(A)=1+\Pi\cos(A).$$

(0)這是太容易了：

$$\tan(C)=\tan(180^\circ-(A+B))=-\frac{\tan(A)+\tan(B)}{1-\tan(A)\tan(B)}$$；乘開就好。

(i)注意到：$\sin(B)+\sin(C)=2\sin\left(\frac{B+C}{2}\right)\cos\left(\frac{B-C}{2}\right)$，而$\sin\left(\frac{B+C}{2}\right)=\cos\left(\frac{A}{2}\right)$，
所以我們必須寫：$\sin(A)=2\sin\left(\frac{A}{2}\right)\cos\left(\frac{A}{2}\right)$；然則可以括出一個因子：

$$\Sigma\sin(A)=2\cos\left(\frac{A}{2}\right)\left(\cos\left(\frac{B-C}{2}\right)+\cos\left(\frac{B+C}{2}\right)\right)=4\cos\left(\frac{A}{2}\right)\cos\left(\frac{B}{2}\right)\cos\left(\frac{C}{2}\right).$$

(iv) $\cos(2A)+\cos(2B)=2\cos(A+B)\cos(A-B)$；$\cos(2C)=2\cos^2(C)-1$
但是$-\cos(C)=\cos(A+B)$，因此，

$$\Sigma\cos(2A)=-2\cos(C)(\cos(A-B)+\cos(A+B))-1=-4\cos(C)\cos(A)\cos(B)-1.$$

(v)這可以這樣子計算：

$$\sin(A)\sin(B)=\frac{1}{2}(\cos(A-B)-\cos(A+B))=\frac{1}{2}(\cos(A-B)+\cos(C)).$$

因此

$$\Sigma\sin(A)\sin(B)\cos(C)=\frac{1}{2}\Sigma(\cos^2(C)-\cos(A-B)\cos(A+B))$$
$$=\frac{1}{2}\Sigma\cos^2(C)-\frac{1}{4}\Sigma(\cos(2A)+\cos(2B)).$$

結果還是

$$\frac{1}{2}\Sigma(\cos^2(C)-\cos(2C)).$$

$\cos^2(C)=\frac{1}{2}(1+\cos(2C))$，結果歸結到(iv)。

例題 1 若 $A+B+C=180°$，請化簡 $\Sigma\sin(3A)$，$\Sigma\cos(3A)$。

解析 模仿(i, ii)，答案是

$$\Sigma\sin(3A)=-4\Pi\cos\left(\frac{3A}{2}\right).$$

模仿(iii, iv)，答案是

$$\Sigma\cos(3A)=1-4\Pi\sin\left(\frac{3A}{2}\right).$$

例題 2 若 $A+B+C=180°$，請化簡 $\Sigma\sin(4A)$，$\Sigma\cos(4A)$。

解析 答案是

$$\Sigma\sin(4A)=-4\Pi\sin(2A).$$
$$\Sigma\cos(4A)=-1+4\Pi\cos(2A).$$

例題 3 若 $A+B+C=\pi$，求證：

$$\Sigma\sin^3(A)=3\Pi\cos\left(\frac{A}{2}\right)+\Pi\cos\left(\frac{3A}{2}\right);$$
$$\Sigma\cos^3(A)=1+3\Pi\sin\left(\frac{A}{2}\right)-\Pi\sin\left(\frac{3A}{2}\right).$$

解析 最簡單的辦法是：利用

$$\sin^3(A)=\frac{1}{4}(3\sin(A)-\sin(3A)),$$
$$\cos^3(A)=\frac{1}{4}(3\cos(A)+\cos(3A)).$$

例題 4 （模仿(0)），若 $A+B+C=\pi$，求證：

$$\text{(i) }\sum\frac{\cot(B)+\cot(C)}{\tan(B)+\tan(C)}=1,$$
$$\text{(ii) }\sum\cot(B)\cot(C)=1,$$
$$\text{(iii) }\sum\tan\left(\frac{B}{2}\right)\tan\left(\frac{C}{2}\right)=1,$$

$$\text{(iv)} \sum \cot\left(\frac{A}{2}\right) = \Pi \cot\left(\frac{A}{2}\right).$$

例題 5 若 $A+B+C=90°$，求證：

$$\text{(i)} \sum \sin^2(A) = 1 - 2\Pi \sin(A),$$
$$\text{(ii)} \frac{\Sigma \sin(4A)}{\Sigma \sin(2A)} = 8\Pi \sin(A).$$

習題

1. 設 α, β 為相異之銳角，且均能滿足 $a\cos(2\theta)+b\sin(2\theta)=c$。試證：

$$\cos^2(\alpha)+\cos^2(\beta)=\frac{a^2+ac+b^2}{a^2+b^2}.$$

2. 求 $\cos(\theta)+\sqrt{3}\sin(\theta)$ 之極值。其時 θ 為何？
3. 設 $x+y=A$，$0\le x, 0\le y$；就 $A>0$ 之各種情形，討論 $\sin(x)*\sin(y)$ 之極值。
4. 對於任何 $\triangle ABC$，均有 $\sin\left(\frac{A}{2}\right)\sin\left(\frac{B}{2}\right)\sin\left(\frac{C}{2}\right)\le\frac{1}{8}$。
5. 化簡 $\cos^2(A)+\cos^2(A+B)-2\cos(A)\cos(B)\cos(A+B)$。
6. 固定角度 A, B, C，考慮 θ 之函數

$$D(\theta) := \begin{vmatrix} \cos(\theta+A), & \cos(\theta+B), & \cos(\theta+C) \\ \sin(\theta+A), & \sin(\theta+B), & \sin(\theta+C) \\ \sin(B-C), & \sin(C-A), & \sin(A-B) \end{vmatrix},$$

試化簡 D，並且證明其值 ≤ 0。

7. 用數學歸納法，證明：

$$\frac{1}{2}+\cos(x)+\cos(2x)+\cdots+\cos(nx)=\frac{\cos(nx)-\cos((n+1)x)}{2(1-\cos(x))}.$$

8. 已知：$\sin(A)\sin(B)\sin(C)=p$，$\cos(A)\cos(B)\cos(C)=q$；
對於 $\triangle ABC$，求證：$\tan(A), \tan(B), \tan(C)$ 恰為下述方程式之三根

$$qx^3-px^2+(1+q)x-p=0.$$

9. 計算

$$\begin{vmatrix} \sin(40°)+\sin(80°), & \sin(20°), & \sin(20°) \\ \sin(40°), & \sin(80°)+\sin(20°), & \sin(40°) \\ \sin(80°), & \sin(80°), & \sin(20°)+\sin(40°) \end{vmatrix}.$$

10. 試證：若 $\theta=\frac{\alpha+\beta+\gamma}{2}$，則：

$$\begin{vmatrix} 1, & \cos(\alpha), & \cos(\beta) \\ \cos(\alpha), & 1, & \cos(\gamma) \\ \cos(\beta), & \cos(\gamma), & 1 \end{vmatrix} = 4\sin(\theta)\sin(\theta-\alpha)\sin(\theta-\beta)\sin(\theta-\gamma).$$

11. 試證：$\frac{\sin(\theta-\alpha)}{\sin(\alpha-\beta)\sin(\alpha-\gamma)}+\frac{\sin(\theta-\beta)}{\sin(\beta-\alpha)\sin(\beta-\gamma)}+\frac{\sin(\theta-\gamma)}{\sin(\gamma-\alpha)\sin(\gamma-\beta)}=0$.

12. 求證：$\tan(45°+A)-\tan(45°-A)=2\tan(2A)$.

13. 求證：$\sec^2\left(\frac{A}{2}\right)\sec(A)*\frac{\cot^2\left(\frac{A}{2}\right)-\cot^2\left(\frac{3A}{2}\right)}{1+\cot^2\left(\frac{3A}{2}\right)}=8$.

14. 求證：$\frac{\sin(A)+\sin(3A)+\sin(5A)+\sin(7A)}{\cos(A)+\cos(3A)+\cos(5A)+\cos(7A)}=\tan(4A)$.

15. 求證：$\cos(x+y+z)+\cos(x+y-z)+\cos(y+z-x)+\cos(z+x-y)$
$=4\cos(x)\cos(y)\cos(z)$.

16. 已知：$\Delta:=\begin{vmatrix} 1, & \sin(a), & \cos(a) \\ 1, & \sin(b), & \cos(b) \\ 1, & \sin(c), & \cos(c) \end{vmatrix}$,

求證：$\Delta=\sin(b-c)+\sin(c-a)+\sin(a-b)$
$=-4\sin\left(\frac{b-c}{2}\right)\sin\left(\frac{c-a}{2}\right)\sin\left(\frac{a-b}{2}\right)$.

17. 求證：$\cos^4\left(\frac{\pi}{8}\right)+\cos^4\left(\frac{3\pi}{8}\right)+\cos^4\left(\frac{5\pi}{8}\right)+\cos^4\left(\frac{7\pi}{8}\right)=\frac{3}{2}$.

18. 若△ABC 有

$$\sin(A)=\frac{\sin(B)+\sin(C)}{\cos(B)+\cos(C)},$$

則為直角三角形！（哪個是直角？）

19. 對於任意一個△ABC，均有：

$$\begin{vmatrix} 1, & 1, & 1 \\ \tan(A), & \tan(B), & \tan(C) \\ \sin(2A), & \sin(2B), & \sin(2C) \end{vmatrix}=0.$$

20. 對於任意一個△ABC，均有：

$$\frac{\tan(A)}{\tan(B)}+\frac{\tan(B)}{\tan(C)}+\frac{\tan(C)}{\tan(A)}+\frac{\tan(A)}{\tan(C)}+\frac{\tan(C)}{\tan(B)}+\frac{\tan(B)}{\tan(A)}=\sec(A)\sec(B)\sec(C)-2.$$

21. 設 $A+B+C=\frac{\pi}{2}$，試證：

$$\tan(A)+\tan(B)+\tan(C)=\tan(A)\tan(B)\tan(C)+\sec(A)\sec(B)\sec(C).$$

22. 設 $\left(\frac{\tan(\alpha)}{\sin(\theta)}-\frac{\tan(\beta)}{\tan(\theta)}\right)^2=\tan^2(\alpha)-\tan^2(\beta)$，試證：$\cos(\theta)=\frac{\tan(\beta)}{\tan(\alpha)}$。

23. 設 $\cos(\beta-\alpha)$, $\cos(\beta)$, $\cos(\beta+\alpha)$三者調和，（harmonic，也就是說：倒數成等差），試證：$\cos(\beta)=\sqrt{2}\cos\left(\frac{\alpha}{2}\right)$。

24. (i)若 $A+B+C+D=360°$：求證：

$$\cos(A)+\cos(B)+\cos(C)+\cos(D)=4\cos\left(\frac{A+B}{2}\right)\cos\left(\frac{B+C}{2}\right)\cos\left(\frac{C+A}{2}\right).$$

(ii)若 $A+B+C+D=360°$：求證：

$$\sin(A)+\sin(B)+\sin(C)+\sin(D)=4\sin\left(\frac{A+B}{2}\right)\sin\left(\frac{B+C}{2}\right)\sin\left(\frac{B+D}{2}\right).$$

第三章

三角形的幾何

§1　三角形的一些定律

Euler 的記號

在$\triangle ABC$中，三邊長記為$a=\overline{BC}$等，三個（幾何的）夾角記為$\angle A$等等。（它們都在0與$\pi=180°$之間！）

不論是銳角、直角或鈍角三角形，（我們證明過）都有如下定律：

$$\text{正弦律：}\frac{a}{\sin\angle A}=\frac{b}{\sin\angle B}=\frac{c}{\sin\angle C}\,(=2R)\,.$$

$$\text{餘弦律：}\begin{cases}a^2=b^2+c^2-2bc\cos(A),\\ b^2=c^2+a^2-2ca\cos(B),\\ c^2=a^2+b^2-2ab\cos(C).\end{cases}$$

$$\text{射影律：}\begin{cases}a=b\cos(C)+c\cos(B),\\ b=c\cos(A)+a\cos(C),\\ c=a\cos(B)+b\cos(A).\end{cases}$$

例 1　試由正弦定律導出餘弦定律！

解析　要注意「量綱」，量綱就是「物理量的單位」。這裡的餘弦定律，當然兩側的量綱都是面積，即長度平方。對於三個邊長a,b,c是「齊」「二次式」。「齊」字很重要！齊次式的要點在比例！

那麼，由（弱的）正弦定律，我們得到$a=k*\sin(A)$等三式，（不需要知道$k=$外接圓直徑！）就可以計算：

$$a^2=k^2\sin^2(A),$$
$$b^2+c^2-2b*c*\cos(A)=k^2*(\sin^2(B)+\sin^2(C)-2\sin(B)\sin(C)\cos(A))\,.$$

所以只要證明下式就好了：

$$\sin^2(B)+\sin^2(C)-\sin^2(A)=2\sin(B)\sin(C)\cos(A)\,.$$

現在用

$$\sin(B)=\sin(\pi-(A+C))=\sin(A+C),$$
$$\sin^2(C)-\sin^2(A)=\sin(C+A)*\sin(C-A)=\sin(B)*\sin(C-A),$$

則括出公因子，再和差化積：

$$\sin^2(B)+\sin^2(C)-\sin^2(A)=\sin^2(B)+\sin(B)*\sin(C-A)$$
$$=\sin(B)*(\sin(A+C)+\sin(C-A))=2\sin(B)\sin(C)\cos(A).$$

例 2 試由餘弦定律導出正弦定律！

解析 由餘弦定律得：

$$\cos(A)=\frac{b^2+c^2-a^2}{2bc},$$

就可以算出 $\sin^2(A)=1-\cos^2(A)$，（一切都用邊長 a, b, c 來計算！）於是就算出 $\sin(A)$，因為這裡沒有負號的疑慮！然後我們只要計算出 $\frac{\sin(A)}{a}$ 是 a, b, c 的對稱式就好了！

實際上，你不需要去開方！你只要算出 $\frac{\sin^2(A)}{a^2}$ 是 a, b, c 的對稱式就好了！

事實上：

$$\sin^2(A)=1-\cos^2(A)=\frac{(2bc)^2-(b^2+c^2-a^2)^2}{(2bc)^2},$$

$$故：\frac{\sin^2(A)}{a^2}=\frac{(2bc)^2-(b^2+c^2-a^2)^2}{(2abc)^2}.$$

右側分子是

$$(2bc+b^2+c^2-a^2)(2bc-b^2-c^2+a^2)=((b+c)^2-a^2)(a^2-(b-c)^2)$$
$$=(b+c+a)(b+c-a)(a+b-c)(a+c-b).$$

果然是 a, b, c 的對稱式！

註 實際上，這個計算就是：（記得前此的 Heron 公式！）

$$\frac{\sin^2(A)}{a^2}=\frac{2s*2(s-a)*2(s-b)*2(s-c)}{(2abc)^2}=\left(\frac{4*\triangle ABC}{2abc}\right)^2.$$

● 正切定律

（利用正弦定律導出！）

$$\frac{a+b}{a-b}=\frac{\tan\left(\frac{A+B}{2}\right)}{\tan\left(\frac{A-B}{2}\right)}.$$

註 這個定律，在古時候，是「解三角形」之後的驗算所用的！

§2　三角形的幾何量

我們如果知道三邊長 a, b, c，如何求得一切幾何量？

● 外接圓直徑

前面已經算得：

$$2R=\frac{abc}{2\triangle ABC}.$$

● 三角形的半角公式

令半周長 $s=\frac{a+b+c}{2}$，則

$$\cos\left(\frac{A}{2}\right)=\sqrt{\frac{s(s-a)}{bc}},$$
$$\sin\left(\frac{A}{2}\right)=\sqrt{\frac{(s-b)(s-c)}{bc}},$$
$$\tan\left(\frac{A}{2}\right)=\sqrt{\frac{(s-b)(s-c)}{s(s-a)}}.$$

證明 由餘弦定律出發，計算半角函數，而此地絕無正負號的困擾！

$$2\cos^2\left(\frac{A}{2}\right)=1+\cos(A)=\frac{2bc+b^2+c^2-a^2}{2bc}=\frac{2s*2(s-a)}{2bc},$$
$$2\sin^2\left(\frac{A}{2}\right)=1-\cos(A)=\frac{2bc-b^2-c^2+a^2}{2bc}=\frac{2(s-b)*2(s-c)}{2bc}.$$

● 助憶術

半角 $\frac{A}{2}$ 的三角函數公式，必須三個同時背！因為都是正值，根號不會有正負的曖昧。

根號內都是分子除以分母；分子及分母都是兩樣相乘。

一共有六樣東西：就是 Heron 公式中的四樣東西 $s, s-a, s-b, s-c$，以及夾角兩邊 b, c。

sin, cos，分母都是 $b*c$；分子就只能是 $(s-b)(s-c)$ 與 $s(s-a)$；你要注意到對 B, C 的對稱性！故只能這樣湊！

但是，啥給誰？你要注意增減性！就設 $2s=a+b+c$ 固定吧，那麼，A 的增加將使 $s(s-a)$ 減少，（給 $\cos\left(\frac{A}{2}\right)$，）而使 $(s-b)(s-c)$ 增加！（給 $\sin\left(\frac{A}{2}\right)$！）

這樣想之後，$\tan\left(\frac{A}{2}\right)$ 的式子也就顯然了！

你心裡盤算一下：$\sin(A)$ 就可以由此算出！

$$\sin(A)=2\frac{\sqrt{s(s-a)(s-b)(s-c)}}{b*c}\text{；因而 }\Delta=\frac{b*c}{2}\sin(A).$$

各邊上的高

利用面積，各邊上的高，也就算出來了：

$$h_C=\frac{2\triangle ABC}{c}=\frac{2\sqrt{s(s-a)(s-b)(s-c)}}{c}.$$

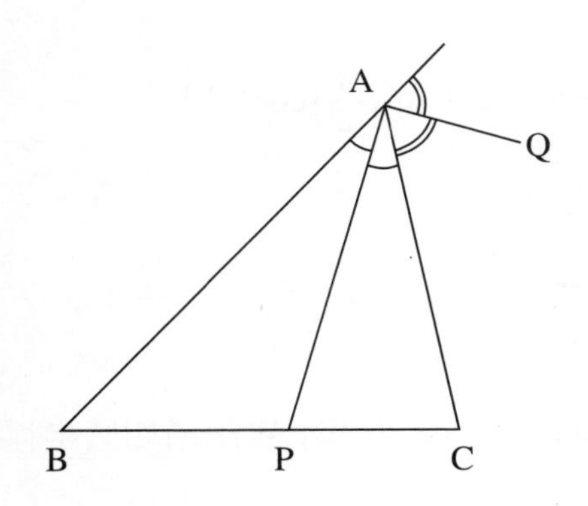

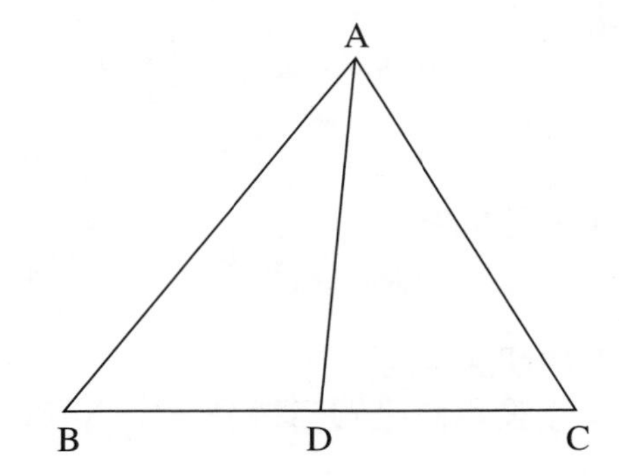

中線的長度

（上右圖 $\overline{AD}$）

$$m_A=\frac{1}{2}\sqrt{b^2+c^2+2bc\cos(A)}.$$

這是我們知道的平行四邊形定理：

$$(2m_A)^2 + a^2 = 2\,(b^2 + c^2),$$

再配合餘弦定律就好了！

● **分角線的長度**

$$t_A = AP = \frac{2bc}{b+c}\cos\left(\frac{A}{2}\right),$$
$$t'_A = \frac{2bc}{|b-c|}\sin\left(\frac{A}{2}\right).$$

如上左圖，利用兩邊夾角的面積公式：

$$\triangle PAB = \frac{t_A * c}{2}\sin\left(\frac{A}{2}\right),$$
$$\triangle PCA = \frac{t_A * b}{2}\sin\left(\frac{A}{2}\right),$$
$$\triangle ABC = \frac{b * c}{2}\sin(A).$$

於是，由：$\triangle PAB + \triangle PCA = \triangle ABC$，得到：

$$t_A * (b+c) * \sin\left(\frac{A}{2}\right) = b * c * \sin(A) = bc * 2 * \sin\left(\frac{A}{2}\right)\cos\left(\frac{A}{2}\right).$$

● **外分角線**

外分角線圖上畫不好，你可以自己導出吧！

● **內切圓半徑**

假設我們已知三邊長，由$\triangle ABC$的 Heron 面積公式，馬上導出內切圓半徑

$$r = \sqrt{\frac{(s-a)(s-b)(s-c)}{s}}.$$

● **傍切圓半徑**

這就是把上述公式中的s與$s-a$對調！

$$r_A = \sqrt{\frac{s\,(s-b)(s-c)}{(s-a)}}.$$

（當然，類似地，得到 r_B, r_C）。

§3 反正切與兩線交角

本節的主旨是回到第一章§5，澄清一些容易混淆的「角的概念」。

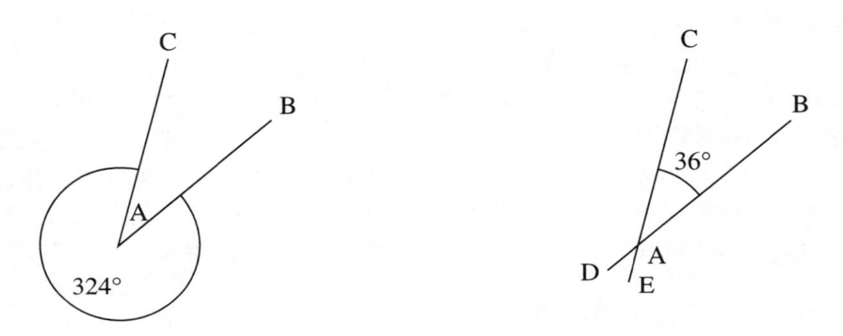

角與線段的比較

角和線段是幾何學中最重要的素材，它們有一些可以比較的地方。

- 線段 AB 有兩個「端點」，而角（角域）POQ 也一樣，有「兩邊」。
- 線段其實有兩種：有號（或有向）線段與無號（或無向的）線段；角則有兩三種！
- 無號的線段 $\overline{AB}$ 意思是：兩個端點是對稱的！沒有區辨！於是我們可以說它的度量，稱做「長度」。

  幾何中的（無號）角 $\angle POQ$，也是一樣：兩個邊（「半線」）$\overset{(\longrightarrow}{OP}, \overset{(\longrightarrow}{OQ}$，是對稱的！沒有區辨！於是我們可以說它的度量，稱做「角度」。

  註 只有一個麻煩：幾何中的（無號）角，有優劣之別！我們的規約是：寫 $\angle BAC$，意思是指劣角，如上圖的情形，寫 $\angle BAC$，則角度為

  $$|\angle BAC| = 36° .$$

  （我們杜撰了個記號 $c\!\!\angle$ 表示優角，故於上圖，寫 $c\!\!\angle BAC$，則角度為

  $$|c\!\!\angle BAC| = 324° .$$

- 有號線段的要點是：它的兩個端點是不對等的！必須區辨始點與終點！寫 $\overrightarrow{AB}$，則 A 為始點，B 為終點！

  同樣地，「有號角」的兩個「邊」（半線）不對等，須區辨始邊與終邊！在此地，我們為了討論的方便暫時引入一個杜撰的記號 $\vec{\angle}$ 來表示有號

角。$\vec{\angle} BAC$ 的始邊為 $\overrightarrow{AB}$，終邊為 $\overrightarrow{AC}$。

- 但是，物理學中的旋轉性的角，是更強一些的概念！它的角度是任意的實數！比「幾何上的有號角」更精細，如上圖的情形，知道始邊 $=\overrightarrow{AB}$，與終邊 $=\overrightarrow{AC}$，其實無法定出旋轉的角度！（只差一點點！）如圖，則這個旋轉角的角度 $=36° \bmod (360°)$。當然，此時，若把始邊與終邊對調，那麼，這個旋轉角的角度 $=-36° \bmod (360°)$。
- 幾何上還有另外一種角，我們將稱之為線轉角。它也是有號角，而必須區辨始邊與終邊；可是，它的兩個「邊」卻不是半線，而是直線！
  我們說過：半線的方向是「有正負號的方向」，（相差 180°看成是不同的方向！是反方向！）而「直線的方向」則是「沒有正負號的方向」！（相差 180°看成是相同的方向！）現在所說的線轉角，指的就是後者！

● 由一直線到一直線的線轉角

上面說過：「兩線的交角」這一詞有點危險，因為交點是角的頂點，而角的兩邊，通常指的是半線；所以，交角可能是 $\angle BAC, \angle CAD, \angle DAE, \angle EAB$ 四者之中的任一個！（上頁右圖。）

我們也說過：改為有號角，就變成有 8 個，因為要區別始邊（半線）與終邊（半線）。

$$\vec{\angle} BAC=36°，\vec{\angle} BAE=-144°，\vec{\angle} DAC=-144°，\vec{\angle} DAE=36°,$$
$$\vec{\angle} CAB=-36°，\vec{\angle} EAB=144°，\vec{\angle} CAD=144°，\vec{\angle} EAD=-36°.$$

此例子中，上面一列是同一個線轉角，始邊為直線 $DAB=BAD$，終邊為直線 $EAC=CAE$；下面一列也是同一個線轉角，始邊為直線 $EAC=CAE$，終邊為直線 $DAB=BAD$。同一個線轉角，有兩個幾何上的旋轉角度，即上面一列的

$$\vec{\angle} BAC=\vec{\angle} DAE=36°，\vec{\angle} BAE=\vec{\angle} DAC=-144°.$$

（幾何上不相等，因為相差並非 360°的整倍數！但相差 180°的整倍數。）下面一列，則是

$$\vec{\angle} CAB=\vec{\angle} EAD=-36°，\vec{\angle} EAB=\vec{\angle} CAD=144°.$$

（幾何上不相等，因為相差並非 360°的整倍數！）這兩列是兩種線轉角，恰好是互相把始邊與終邊對調！所以兩者的角度是相差個正負號！但若要講有號角度，則有四種，如前圖中的 $\pm 36°, \pm 144°$。（當然可以加上 360°的倍數。）

斜率與方向

我們說過，「直線的方向」是「無號的方向」，恰好就是用斜率來代表的方向。

事實上，我們是任取線上兩點，用縱橫座標差的商 $\frac{\Delta y}{\Delta x}$ 來計算斜率，這兩點若對調，則差的計算要變號，但是分子分母同時變號，當然不改變斜率！所以這兩點不分「始終」。

一直線的斜率就是：以橫軸或其平行線為始邊，以該直線為終邊的線轉角的正切。這個線轉角叫做該直線的斜角。因此，斜角就只能定到 mod 180°。

斜角公式

直線 $y=m*x+k$ 的斜角是：

$$\theta=\arctan(m).$$

兩直線的有號轉角公式

從直線 $y=m_0x+k_0$ 到直線 $y=m_1x+k_1$ 的有號轉角是：

$$\arctan\left(\frac{m_1-m_0}{1+m_0m_1}\right).$$

證明　兩直線的斜角各為：$\theta_j=\arctan(m_j)$，若轉角為 ψ 則：$\theta_1=\theta_0+\psi$，即：$\psi=\theta_1-\theta_0$，現在利用如下的反正切的加法定理就好了！

反正切的加法公式

三角函數的加法定理要反用，有點複雜！只有「反正切」值得談！

今設：$\tan(\theta_1)=m_1$，$\tan(\theta_2)=m_2$，則有：$\tan(\theta_1\pm\theta_2)=\frac{m_1\pm m_2}{1\mp m_1m_2}$。因此：

$$\arctan(m_1)\pm\arctan(m_2)=\arctan\left(\frac{m_1\pm m_2}{1\mp m_1m_2}\right).$$

例 1　兩直線垂直的條件為何？

解析　有號轉角須為 90°，其正切為∞（無限大），即分式 $\frac{m_1-m_0}{1+m_0m_1}$ 的分母 $1+m_0m_1=0$。

例2　證明圓周角定理。

解析　我們想硬算！設單位圓周上有三點

$$A=(\cos(\alpha), \sin(\alpha)) \text{，} B=(\cos(\beta), \sin(\beta)) \text{，} C=(\cos(\gamma), \sin(\gamma)) \text{。}$$

就可以計算斜率：$\sigma(\overline{CA}), \sigma(\overline{CB})$，再計算夾角$\angle ACB$。

$$\sigma(\overline{CA})=\frac{\sin(\alpha)-\sin(\gamma)}{\cos(\alpha)-\cos(\gamma)}=\frac{2\sin\left(\frac{\alpha-\gamma}{2}\right)\cos\left(\frac{\alpha+\gamma}{2}\right)}{-2\sin\left(\frac{\alpha-\gamma}{2}\right)\sin\left(\frac{\alpha+\gamma}{2}\right)}=-\cot\left(\frac{\alpha+\gamma}{2}\right).$$

那麼同理算出：

$$\sigma(\overline{CB})=-\cot\left(\frac{\beta+\gamma}{2}\right),$$

於是：

$$\tan(\angle ACB)=\frac{-\cot\left(\frac{\beta+\gamma}{2}\right)+\cot\left(\frac{\alpha+\gamma}{2}\right)}{1+\cot\left(\frac{\beta+\gamma}{2}\right)\cot\left(\frac{\alpha+\gamma}{2}\right)},$$

用上正切的加法公式，就得到：

$$=\tan\left(\frac{\beta-\gamma}{2}-\frac{\alpha-\gamma}{2}\right)=\tan\left(\frac{\beta-\alpha}{2}\right).$$

這答案與C點無關！

§4　補充：三角形諸心的割比

Vandermonde 定準

三元的基本交錯式是

$$\begin{vmatrix} 1, & 1, & 1 \\ a, & b, & c \\ a^2, & b^2, & c^2 \end{vmatrix} = (a-b)(b-c)(c-a).$$

要小心：唯一可能犯的錯，就是要命的正負號！你可以比較一下展開式中的 a^2b 的正負號！

平均

兩個數 x_1, x_2 的平均，就是 $\frac{x_1+x_2}{2}$。更多個數 $x_1, x_2, \cdots, x_n$ 的平均，就是

$$\frac{x_1+x_2+\cdots+x_n}{n}$$

重心

座標平面上有兩個點 P_1, P_2；$P_1=(x_1, y_1), P_2=(x_2, y_2)$，於是 P_1, P_2 兩點的重心（barycenter），$G=(\bar{x}, \bar{y})$，而 G 點的橫座標與縱座標，只是 P_1, P_2 兩點對應座標的平均，

$$\bar{x}=\frac{x_1+x_2}{2}，\bar{y}=\frac{y_1+y_2}{2}.$$

更多個點 $P_1=(x_1, y_1), P_2=(x_2, y_2), \cdots, P_n=(x_n, y_n)$的重心，也都是同法處理！我們根本就寫成：

$$G=\frac{P_1+P_2+\cdots+P_n}{n}.$$

注意 這樣是「向量的寫法」！此地一個式子，就等於兩個（標量的）式子：

$$\bar{x}=\frac{x_1+x_2+\cdots+x_n}{n}，\bar{y}=\frac{y_1+y_2+\cdots+y_n}{n}.$$

加權平均

以我們在學校考試的經驗，就知道：考了好幾次考試，依次得到的成績是

$$x_1, x_2, \cdots, x_n$$

可是教務處說：學期末計算學期成績時，並不是如上計算出來的平均，理由是：每次考試，重量可以不同，因為所謂「學期考試」，當然佔有最重的「權」（weight，份量）。如果第 j 次考試成績的絕對份量是 p_j，則必須要求：

$$p_j > 0，\Sigma p_j = 1（總絕對份量）.$$

於是加權平均（weighted average）就是

$$\bar{x} := \Sigma p_j * x_j .$$

● **相對份量**

如果有一些質點，其質量各為

$$m_1, m_2, \cdots, m_n$$

而位置各自在座標平面上的點 $P_j = (x_j, y_j)$處，則這個質點系（system of mass-points）的（重心 =）質心（mass-center），就是：$(\bar{x}, \bar{y})$，

$$\bar{x} = \sum_j \frac{m_j}{\Sigma_i m_i} * x_j \text{；} \bar{y} = \sum_j \frac{m_j}{\Sigma_i m_i} * y_j .$$

換句話說：質心的 x 與 y 座標，分別就是各個質點的 x 與 y 座標的加權平均，而各個質點的絕對份量是

$$p_j = \frac{m_j}{\Sigma_i m_i} .$$

所以我們都用相對份量的寫法：

$$\bar{x} := \frac{\Sigma m_j * x_j}{\Sigma m_j} .$$

註 古時候當然是重量等於質量，說「重心」比說「質心」更常見！

我們注意到：這裡講二維平面上的質點系，而其實這和維數無關，一維直線或三維空間，計算方式都一樣！

● **平均，形心**

平常說「平均」，大該都是等權的（equal-weight），即是各個 $m_j = 1$，因而

$$\bar{x} := \frac{1}{n}\sum_{j=1}^{n} x_j .$$

「等權時的質心」就說成「形心」，因為此時不涉及質量，只牽涉到形狀！

推廣

有一個無聊的推廣：其實允許某些「份量為零」。因此，我們對於「相對份量」的要求，只是：

$$m_j \geq 0；\Sigma m_j > 0 .$$

基本定理

「平均的平均還是平均」。好像是「繞口令」，其實，意思很簡單：

如果一個年級分成好多班，要計算全年級的平均，你可以先對各班算出平均，再拿這些平均來加權平均就好了！當然你知道這個時候各班的權該如何算！

例 1　有均勻同質的兩塊三角板$\triangle ABC, \triangle DEF$，已知：$A=(0, 2), B=(3, -9), C=(8, 8), D=(-9, 0), E=(-15, 6), F=(-20, -7)$。求此兩塊板子的重心。

解析　先計算面積：

$$\triangle ABC=53，\triangle DEF=54 .$$

$\triangle ABC$的重心$=\left(\frac{11}{3}, \frac{1}{3}\right)$，$\triangle DEF$的重心$=\left(\frac{-44}{3}, \frac{-1}{3}\right)$，因此整個系統的重心$=\left(\frac{-1813}{107}, \frac{-1}{107}\right)$。

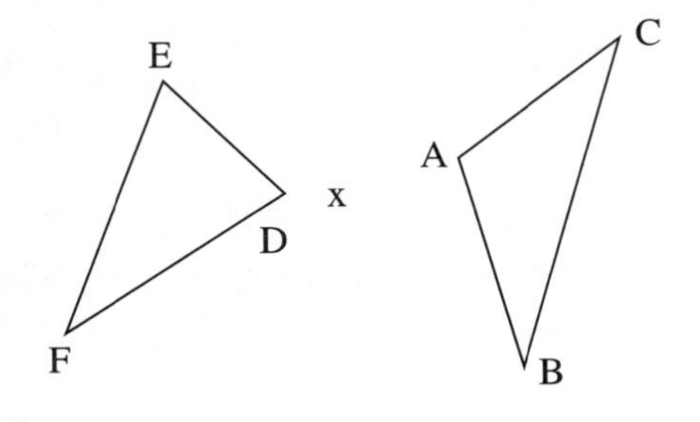

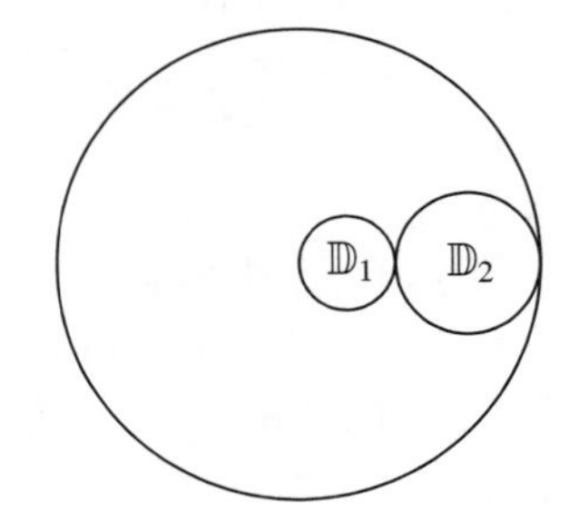

例 2　均勻圓板$\mathbb{D}_0$，挖掉兩塊小圓板 $\mathbb{D}_1, \mathbb{D}_2$之後，求重心，但是：

$$\mathbb{D}_0：x^2+y^2 \le 100；\mathbb{D}_1：(x-2)^2+y^2 \le 4；\mathbb{D}_2：(x-7)^2+y^2 \le 9 .$$

解析　挖掉後剩下 $\mathcal{D} := \mathbb{D}_0 \backslash \mathbb{D}_1 \backslash \mathbb{D}_2$。則：

$$\mathbb{D} = \mathbb{D}_1 \sqcup \mathbb{D}_2 \sqcup \mathcal{D} .$$

之重心為

$$\overline{\mathbb{D}_0} = [0, 0] = \frac{87}{100} * \overline{\mathcal{D}} + \frac{4}{100} * [2, 0] + \frac{9}{100} * [7, 0] .$$

因此：

$$\overline{\mathcal{D}} = [\frac{-71}{87}, 0] .$$

【注意】意思是：

$$\overline{\mathcal{D}} = \frac{m_0}{m_0+m_1+m_2}\overline{\mathbb{D}_0} + \frac{m_1}{m_1+m_2+m_3}\overline{\mathbb{D}_1} + \frac{m_2}{m_1+m_2+m_3}\overline{\mathbb{D}_2} .$$

只是改用：

$$m_0 = 100，m_1 = -4，m_2 = -7 .$$

甚至於可以用負的權重！

● 割比

所以我們就得到更廣義的概念，叫做<u>平直組合</u>。（平直的英譯是 affine，組合的英譯是combination。）如果$\alpha+\beta=1$，這兩個數就構成一組平直係數；於是對於兩點$A=(a_x, a_y)$, $B=(b_x, b_y)$，以這組平直係數，我們就可以作出它們的平直組合：

$$P = \alpha * A + \beta * B .$$

我們已經說過：這樣子的記號是<u>向量式的</u>，也就是說，用一個式子，就代表了兩個式子，因為我們要分別談它的x成分與y成分；其實在更高維數的情形，還可以代表更多個式子！（例如說z成分！）

我們已經說過：若$\alpha>0, \beta>0$，這樣子的平直組合，代表了A, B兩點的加權平均。而且，這個時候，P點一定在線段上：

$$P\in\overline{AB}；PB：AP=\alpha：\beta.$$

這個比例叫做割比，因為P點把線段分割為兩段，這是兩段的比例！（當然，在「質心」的說法，這就是權重的比。）

我們要注意一個要點：只要$\alpha+\beta=1$，放棄了$\alpha>0, \beta>0$的要求，我們照樣可以談平直組合！照樣可以講「割點」。如果$\beta<0$，則$\alpha=1-\beta>1$，這時候，P點在直線AB上，但是不在線段$\overline{AB}$上，是在線段的外方。比較靠近A，因為$|\alpha|>|\beta|$，而上述的比例式，照樣可以解釋！這時候，我們應該把式子中的長度PB, AP都解釋成為有號長度。我們不在乎，你要規定PB為正或為負，只要PB與AP的正負號的規定是一致的！（所以，當PB與AP的正負號相同時，比例為正，代表P在線段內！若PB與AP的正負號相異，比例為負，代表P在線段外。

$$P=\alpha*A+\beta*B \quad (\alpha+\beta=1)，\overrightarrow{PB}：\overrightarrow{AP}=\alpha：\beta；\alpha=\frac{\overrightarrow{PB}}{\overrightarrow{AB}}.$$

註　這裡的$\overrightarrow{PB}$等等，只是有號長度，方向不重要！

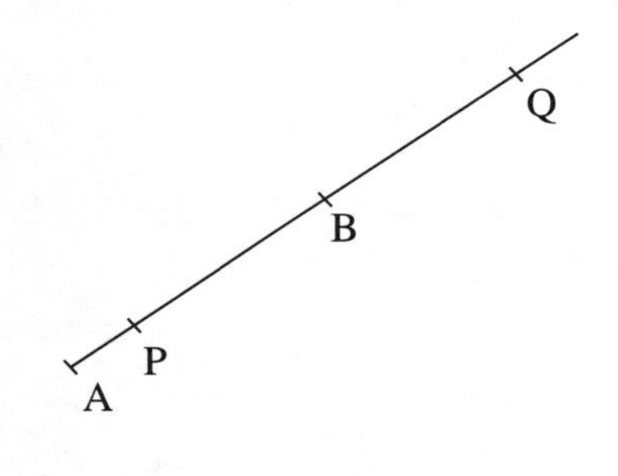

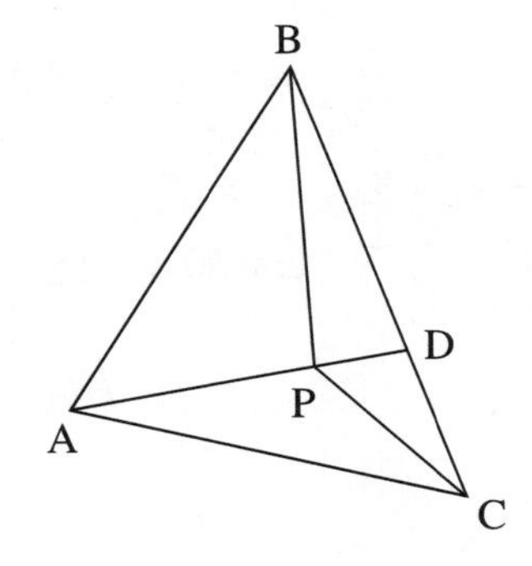

例題　如上左圖，$P=0.75*A+0.25*B$，而$Q=(-0.25)*A+1.25*B$。

● 對於三角形的凸組合與重心

假設有三個質點，質量各為m_1, m_2, m_3，而位置各為A, B, C。則此系的重心在

$$P=\alpha*A+\beta*B+\gamma*C\text{；}\alpha=\frac{m_1}{m_1+m_2+m_3}\text{，}\beta=\frac{m_2}{m_1+m_2+m_3}\text{，}\gamma=\frac{m_3}{m_1+m_2+m_3}.$$

這樣子是物理，那麼幾何呢？

我們可以先考慮，例如說，m_2, m_3，兩質點的重心，那當然是在：

$$D=\frac{m_2*B+m_3*C}{m_2+m_3}=\frac{\beta}{\beta+\gamma}*B+\frac{\gamma}{\beta+\gamma}*C.$$

請注意它的幾何解釋：

$$\overrightarrow{DC}:\overrightarrow{BD}=m_2:m_3=\beta:\gamma.$$

依照我們所說的基本定理，P 點其實可以看成：D 點與 A 點，依照權重比 (m_2+m_3)：m_1 的平均：

$$P=\alpha*A+(\beta+\gamma)*D.$$

因此，它的幾何解釋是：

$$\overrightarrow{AP}:\overrightarrow{PD}=(\beta+\gamma):\alpha.$$

質量都是正的，當然

$$\alpha>0, \beta>0, \gamma>0, \alpha+\beta+\gamma=1.$$

這樣的係數是三元的凸性係數，而 P 點是這三點 A, B, C，依照此凸性係數 (α, β, γ)所作的凸（convex）組合。並且我們已經知道：

$$DC:BD=m_2:m_3=\beta:\gamma,$$

因而：

$$DC:BD=\beta:\gamma=\triangle ADC:\triangle ABD=\triangle APC:\triangle ABP.$$

$\gamma=\dfrac{\triangle ABP}{\triangle ABC}$。當然同理可證其他。

例題 如上右圖，$A=(-6,-4), B=(4,12), C=(12,-8), P=(5,-2)$；於是算出：

$$P=\frac{92*A+80*B+156*C}{328}.$$

● **對於三角形的割比與平直組合**

同樣地，在上述，不必管正負，只要$\alpha+\beta+\gamma=1$，這一組係數就叫平直係數：而我們就說：$P=\alpha*A+\beta*B+\gamma*C$是此三點依照此組平直係數所做的平直組合，而且公式仍然成立！我們必須把$\triangle ABP$解釋為$\triangle ABP$的有號面積。（這是你在座標幾何中學過的！）

注意 我們怎麼背（寫）上述對於線段（或三角形）的割比與平直組合？

問 我們怎麼寫，在立體解析幾何學中，對於一個四面體的割比與平直組合？

三角形的諸心

周知三角形的有許多「心」，我們現在要計算其割比。

● **三角形之重心**

三角形ABC的重心是：

$$G=\frac{A+B+C}{3}，割比為 1:1:1.$$

解析 $\overline{BC}$的中點為$L=\frac{B+C}{2}$。而$\overline{AG}:\overline{GL}=2:1$。

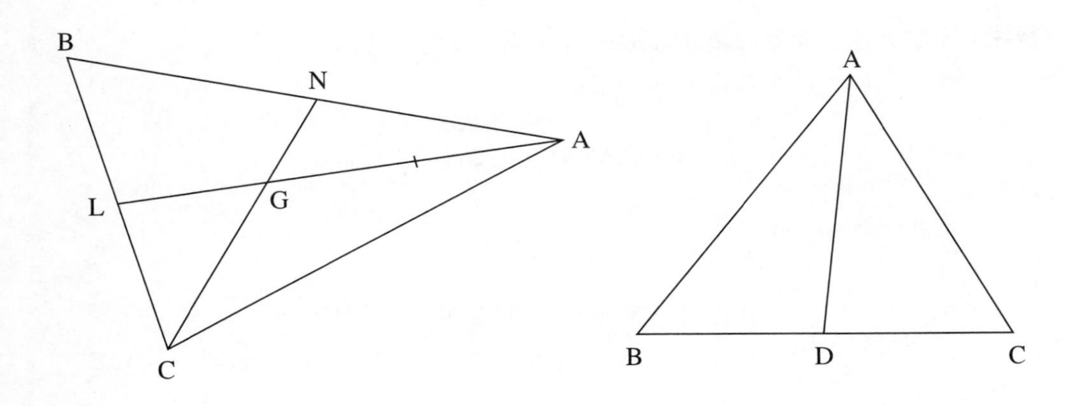

三角形之內心

三角形 ABC 的內心是：

$$I=\frac{a*A+b*B+c*C}{a+b+c}\text{，割比為 } a:b:c=\sin(A):\sin(B):\sin(C)\,.$$

解析　作內角平分線段 $\overline{AD}, \overline{BE}, \overline{CF}$，則：$I$ 為其交點，要算割比，只要算出：

$$\beta:\gamma=\overline{DC}:\overline{BD}=\triangle ADC:\triangle ABD\,.$$

但是因為 $\angle BAD=\angle DAC$，因此：

$$\triangle ADC=\frac{1}{2}\overline{AD}*\overline{AC}\sin(\angle DAC)\,.$$

因此：

$$\triangle ADC:\triangle ABD=\overline{AC}:\overline{AB}=b:c\,.$$

三角形之垂心

三角形 ABC 的垂心是：

$$H=\frac{\tan(A)*A+\tan(B)*B+\tan(C)*C}{\Sigma\tan(A)},$$

割比為 $\tan(A):\tan(B):\tan(C)$.

解析　（下左圖）作垂線段 $\overline{AU}, \overline{BV}, \overline{CW}$，則：$H$ 為其交點；要算割比，只要算出：

$$\beta:\gamma=\overline{UC}:\overline{BU}=h_a\cot(C):h_a\cot(B)\,,$$

因此：

$$\beta:\gamma=\cot(C):\cot(B)=\tan(B):\tan(C)\,.$$

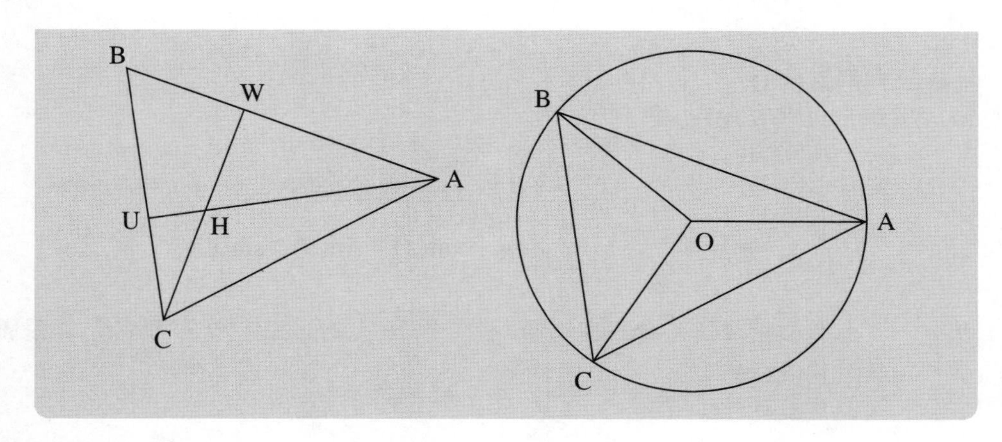

三角形之外心

三角形 ABC 的外心是：

$$O=\frac{\sin(2A)*A+\sin(2B)*B+\sin(2C)*C}{\Sigma\sin(2A)},$$

割比為 $\sin(2A):\sin(2B):\sin(2C)$.

解析 （上右圖）從外心 O，作 $\overline{OA}, \overline{OB}, \overline{OC}$，於是

$$\triangle OBC=\frac{1}{2}R*R*\sin\angle BOC=\frac{R^2}{2}*\sin(2A).$$

註解 在鈍角 $A\in(90°..180°)$的情形，

$$\sin(2A)<0，\tan(A)<0.$$

因此，外心 O、垂心 H，都是在$\triangle ABC$ 的外側！

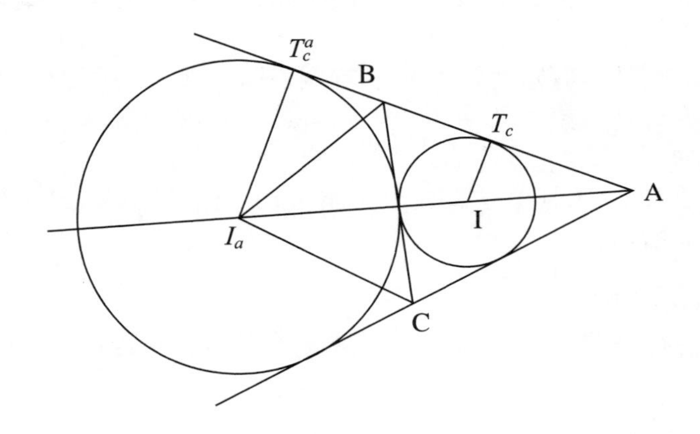

三角形之傍心

三角形 ABC 的傍心是：

$$I_a=\frac{b*B+c*C-a*A}{b+c-a},$$

割比為 $\quad -a:b:c=-\sin(A):\sin(B):\sin(C)$.

解析 （上圖）設傍切圓 I_a 與內切圓 I，在邊 $\overleftrightarrow{AB}$ 上的切點，各為 T_c^a 與 T_c；兩圓的半徑各為 r_a 與 r。

我們算出有號面積：

$$\begin{aligned}\triangle ABC&=\triangle IBC+\triangle ICA+\triangle IAB=\frac{r}{2}(b+c+a)\\&=\triangle I_aAB+\triangle I_aCA+\triangle I_aAB=\frac{r_a}{2}(b+c-a).\end{aligned}$$

圖中，有號面積 $\triangle I_aAB=-\dfrac{a*r_a}{2}<0$。

面積公式 $\triangle ABC=r*s=r_a*(s-a)$，意思就是：從內切圓 I 改為傍切圓 I_a，只是把 $2s=b+c+a$ 改為 $2(s-a)=b+c-a$。

§5 自由度

方程組的自由度原則

在解應用問題的時候，通常，設立了幾個未知數；就要有幾個獨立的方程式。每個方程式都是對於這些變數加以一個限制條件。

通常，限制條件太多，大概這些條件會導致互相矛盾，因而整個問題無解！如果，限制條件太少，大概這些條件不足以確定出答案，這個問題的解答有無限多個！

通常，當未知數的個數等於方程式的個數時，應該有解答，而且就只有一組解答；或者更清楚地說：即使不止一組解答，這些組解答也是「孤立的」，而非連續變化的。

註 例如：初速 12（S.I.制）垂直往上拋出一物，何時跨越高度 6？這有兩個答案，當然是相隔的。

物理學中的自由度

要描寫一個物理體系的狀態，我們需要幾個獨立的變數呢？這就叫做這個體系的自由度。

例如說，一定量的某種氣體；我們需要兩個量來講它的狀態，我們可以在「體積」V、「壓力」p、「溫度」T，三個之中選兩個！因此這個「體系」的自由度$=2$。

當然這是觀點的問題！如果在我們的實驗中，氣體的（質）量也是可以變動的，那麼，這個「體系」的自由度$=3$。

● 解析幾何的自由度

我們如果已經建立了座標系，那麼此平面上的點，就是用兩個座標來確定的，因此，「點」有兩個自由度！

「直線」呢？也是兩個自由度！你用斜截式，或者截距式，都是用兩個參數。如果你用「一般式」

$$a*x+b*y+c=0,$$

這裡有三個參數 a, b, c，可是「不獨立」！因為：$a=2, b=-3, c=4$，與 $a=2.000004, b=-3.000006, c=3.000009$，乃是完全相同的直線！要緊的是三個參數之間的比例！因此應該從 3 裡面扣去 1。

解析幾何的圓，自由度$=3$。你可以從「標準式」$x^2+y^2+ax+by+c=0$，或者「心徑式」$(x-h)^2+(y-k)^2-r^2=0$ 看出來！

解析幾何的有心錐線（橢圓與雙曲線），自由度$=5$。你可以從「標準式」$ax^2+bxy+cy^2+dx+ey+f=0$ 來看；有 6 個參數，可是，要緊的是 6 個參數之間的比例！因此應該從 6 裡面扣去 1。

那麼拋物線的自由度？

如果你從 $y=ax^2+bx+c$ 來看，說：自由度$=3$ 那是錯的！因為，拋物線的軸，不必是「正」的！你應該說：「限定了軸與縱軸平行之後，拋物線的自由度$=3$」。

● 平面綜合幾何學中的自由度

平面上的三角形有幾個自由度？

用解析幾何的說法，自由度$=3*2=6$，沒錯！你需要 $a_x, a_y, b_x, b_y, c_x, c_y$ 6 個座標。

可是，用平面綜合幾何學的觀點，三角形有 3 個自由度！

兩邊一夾角，兩角一夾邊，或者三邊，都是用三個參數。

理由是，在平面綜合幾何學中，我們有全等（congruent）的概念。所以在解析幾何學中，被認為不同的三角形，在平面綜合幾何學中，卻被我們認為是全等了。所以要把全等的操作之自由度也考慮進去！平移的操作，有兩個連續的參數（h 與 k）：把(x, y)變為$(x-h, y-k)$。另外有旋轉的操作，含有一個參數，即旋轉角 θ。

用平面綜合幾何學的觀點，圓只有1個自由度！半徑就決定了圓，因為半徑若相同，我們就可以把這個圓平移到那個圓去！

用平面綜合幾何學的觀點，n 邊形有 $2n-3$ 個自由度！若 $n>3$，我們先決定$\triangle P_1P_2P_3$（有三個自由度），以下，每多一點，就要多兩個自由度！

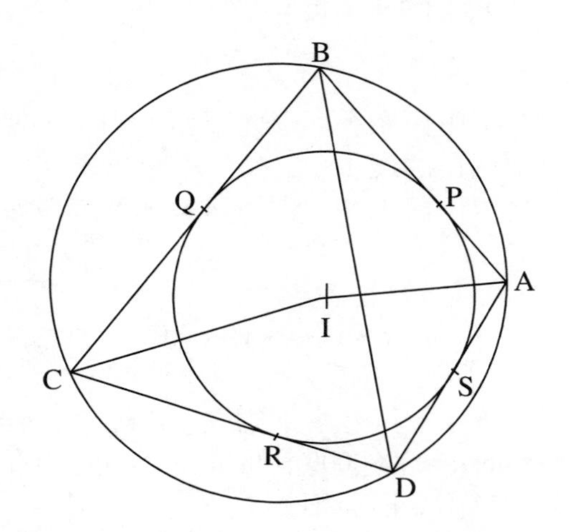

具有外接圓與內切圓的四邊形

我們先問：這樣子的四邊形（可稱為 Brahmagupta 四邊形）自由度為何？

- 一般的四邊形 $ABCD$，自由度$=5$。我們有三個自由度來確定$\triangle ABC$，現在要再多一點 D，（雖然是限定要與點 A 處於 BC 的同側！）那就需要再多兩個自由度。
- 一個具有外接圓的四邊形 $ABCD$，自由度為 4。首先，我們由三個自由度來確定$\triangle ABC$，於是，我們畫出其外接圓，那麼，D 點只能在這個圓上找了！
  大致說來：一般的四邊形 $ABCD$，自由度$=5$，現在用「必須有外接圓」來拘束它，因此損失了一個自由度！
- 一個具有內切圓的四邊形 $ABCD$，自由度為 4。首先，我們由三個自由度來確定$\triangle ABD$，現在作$\angle BAD$ 的分角線 $\overrightarrow{AI}$，任何一圓若與 $\overrightarrow{AB}$, $\overrightarrow{AD}$ 相切，且心 J 在 $ABCD$ 內部，則圓心 J 必定在 $\overrightarrow{AI}$ 上，相當任意地選 $J\in\overrightarrow{AI}$，以之為圓心，畫圓與 $\overrightarrow{AB}$, $\overrightarrow{AD}$ 相切，然後，自 B 與 D 各作另外的切線交於 C。由此可知：多出的一個自由度是指 J 的選擇！
  大致說來：一般的四邊形 $ABCD$，自由度$=5$，現在用「必須有內切圓」來拘束它，因此損失了一個自由度！

・現在思考一個具有外接圓與內切圓的四邊形 $ABCD$。
大致說起來：一般的四邊形 $ABCD$，自由度 $=5$，現在用「必須有外接圓」、「必須有內切圓」這兩句話來拘束它，因此損失了兩個自由度！換句話說，自由度是 $5-2=3$，恰好就是一個三角形的自由度！換句話說：當我們由三個自由度來確定 $\triangle ABD$ 之後，其實已經沒有自由了！$ABCD$ 應該已經「就此確定」了！

設：外接圓半徑 $=R$，連接 BD，設其長度 $=p$，對於 $\triangle ABD, \triangle CBD$，適用餘弦定律：

$$p^2 = a^2 + d^2 - 2ad\cos(A)$$
$$= b^2 + c^2 - 2bc\cos(C) = b^2 + c^2 + 2bc\cos(A).$$

這裡用到 $\angle DAB + \angle BCD = 180°$，而這是因為「具有外接圓」。
移項立得：

$$\cos(A) = \frac{(a^2+d^2)-(b^2+c^2)}{2(b*c+a*d)}.$$

因為「具有內切圓」，如圖（圓心 I，半徑 $r=OP=OQ=OR=OS$）

$$BP=BQ，CQ=CR，\cdots$$

因此：

$$b+d=a+c；記之為\ s=\frac{a+b+c+d}{2}.$$

如此，$b-c=a-d$，平方而得

$$b^2+c^2-2bc=a^2+d^2-2ad；(a^2+d^2)-(b^2+c^2)=2(ad-bc).$$

這就證明了

$$(i)：\cos(A)=\frac{ad-bc}{ad+bc}.$$

由此用上半角公式，$\tan^2\left(\frac{A}{2}\right)=\frac{1-\cos(A)}{1+\cos(A)}$，立得：

$$\text{(ii) } \tan^2\left(\frac{A}{2}\right)=\frac{bc}{ad}.$$

Brahmagupta 的面積公式

若四邊形 $ABCD$ 內接於一圓，而半周長為 $s=\frac{1}{2}(a+b+c+d)$，則

$$|ABCD|=\sqrt{(s-a)(s-b)(s-c)(s-d)}.$$

請注意到：若令 $d=0$，則得到 Heron 公式。
此地，$s-a=c, s-c=a, s-b=d, s-d=b$，因此證明了

$$\text{(iii)}：|ABCD|=\sqrt{a*b*c*d}.$$

如果把內切圓心 I 與各頂點相連，立知：

$$\triangle IAB=\frac{a*r}{2}，|ABCD|=\frac{a+b+c+d}{2}*r=s*r；r=\frac{|ABCD|}{s}.$$

習題

1. 若 $\triangle ABC$ 有 $A：B：C=3：4：5$，且 $a=5$，求解此△。
2. 若 $\triangle ABC$ 之夾 A 角兩邊為 $x+y\cos(A), y+x\cos(A)$，求證：

$$a=\sin(A)\sqrt{x^2+y^2+2xy\cos(A)}.$$

3. 若 $\triangle ABC$ 之內角平分線段為 $\overline{AD}, \overline{BE}, \overline{CF}$；且 $\angle ADB=\alpha, \angle BEC=\beta, \angle CFA=\gamma$，求證：

$$a\sin(2\alpha)+b\sin(2\beta)+c\sin(2\gamma)=0.$$

4. 若 $\triangle ABC$ 之三邊 a, b, c 成等差，且 $C-A=90°$，則：

$$a：b：c=\sqrt{7}-1：\sqrt{7}：\sqrt{7}+1.$$

5. 若 $\triangle ABC$ 之中，$C=60°$，試證：

$$\frac{1}{a+c}+\frac{1}{b+c}=\frac{3}{a+b+c}.$$

6. 若$\triangle ABC$之中，$2\cos(A)+\cos(B)+\cos(C)=2$，試證：$2a=b+c$。

7. 若$\triangle ABC$之三邊a, b, c為方程式$x^3-px^2+qx-r=0$之三根，試以p, q, r表達出：

(1)$\triangle ABC$之面積，

(2)$\dfrac{\cos(A)}{a}+\dfrac{\cos(B)}{b}+\dfrac{\cos(C)}{c}$.

8. 若$\triangle ABC$之外接圓半徑為R，則：

$$a\cos(A)+b\cos(B)+c\cos(C)=4R\sin(A)\sin(B)\sin(C).$$

9. 於$\triangle ABC$中，求證：

(1)$\dfrac{a\sin(B-C)}{b^2-c^2}=\dfrac{b\sin(C-A)}{c^2-a^2}=\dfrac{c\sin(A-B)}{a^2-b^2}$,

(2)$(b+c-a)\left(\cot\left(\dfrac{B}{2}\right)+\cot\left(\dfrac{C}{2}\right)\right)=2a\cot\left(\dfrac{A}{2}\right)$.

10. 若$\triangle ABC$之內切圓半徑為r，傍切圓半徑為r_a, r_b, r_c，周長$=2s$，則：

(1)$\triangle ABC=\sqrt{rr_ar_br_c}$.

(2)$r_ar_b+r_br_c+r_cr_a=s^2$.

11. 若$\triangle ABC$有$\cos\left(\dfrac{A}{2}\right):\cos\left(\dfrac{B}{2}\right)=\sqrt{a}:\sqrt{b}$，則：$a=b$。

12. 證明：

$$\Sigma a\,(b^2+c^2)\cos(A)=3abc.$$

13. 若$\triangle ABC$三邊等差，則：

$$\cos(A)\cot\left(\frac{A}{2}\right), \cos(B)\cot\left(\frac{B}{2}\right), \cos(C)\cot\left(\frac{C}{2}\right)$$，亦成等差。

14. 證明：

$$\begin{vmatrix} a, & b, & c \\ \sin^2\left(\frac{A}{2}\right), & \sin^2\left(\frac{B}{2}\right), & \sin^2\left(\frac{C}{2}\right) \\ \cos^2\left(\frac{A}{2}\right), & \cos^2\left(\frac{B}{2}\right), & \cos^2\left(\frac{C}{2}\right) \end{vmatrix}=\frac{(a+b+c)(a-b)(b-c)(c-a)}{2abc}.$$

15. 證明：$\triangle=r^2\Pi\cot\left(\dfrac{A}{2}\right)$，因而證明：

內切圓面積比三角形面積$=\pi:\Pi\cot\left(\dfrac{A}{2}\right)$.

16.證明：

$$\triangle = 2R^2\Pi\sin(A) = 4Rr\Pi\cos\left(\frac{A}{2}\right).$$

17.證明：

(1)$\Pi\ (r_a - r) = 4Rr^2$,

(2)$r^2 + \Sigma r_a^2 = 16R^2 - \Sigma a^2$.

18.若 $r_a = r + r_b + r_c$，則 $A = 90°$。

19.證明：$\Sigma\tan^2\left(\frac{A}{2}\right) = \frac{r(\Sigma r_a^2)}{\Pi r_a}$.

第四章

解三角形

§1　三角形之解法

● 單體

三角形域就是二維平面幾何中的單體（simplex），意思是：用許多的單體就可以拼湊成複體（complex），其他的領域都是複體的極限。

● 三角形之要素

$\triangle ABC$，三個角度 A, B, C，與三個邊長 a, b, c，合起來，叫做此△之要素。其中的三個角度只有兩個獨立，因為

$$A+B+C=180°\ (0<A, B, C).$$

● 解三角形

因為三角形在幾何上有 3 個自由度，因此，所謂解三角形，就是給你三個獨立要素，算出全部的 6 個要素。（實際上只剩兩個！）

理論上有兩個問題：

・存在性：有無解答？

・唯一性：解答最多只有一個嗎？

● 唯一解

初等幾何的全等定理有三個，就是：sss, sas, asa，這在解三角形的情形，就表示有唯一性！

● 三邊

給我們(a, b, c)，$a>0, b>0, c>0$，則：解答唯一。

三角形的兩邊和大於第三邊。這是解答存在的條件！實際驗證的時候，只是取最大邊，驗證它小於另外兩邊的和。

實際的計算可以用：

$$A=\arccos\left(\frac{b^2+c^2-a^2}{2bc}\right)\ （輪換！）$$

註（虛根）

如果 $a>b+c$，則 arccos 括號中的分數，將 <-1，數學上就是得到虛根！

註（極限）

如果 $a=b+c$，則 arccos 括號中的分數，將是 $=-1$，數學上就是得到 $A=\arccos(-1)=180°$，而同時 $B=\text{accos}(1)=0=C$。

● 兩邊一夾角

給我們(A, b, c)，$b>0$，$c>0$，$0<A<180°$，則：
解答存在唯一。

$$a^2 = b^2 + c^2 - abc\cos(A),$$
$$B = \arccos\left(\frac{c^2+a^2-b^2}{2ca}\right);\ C = \arccos\left(\frac{a^2+b^2-c^2}{2ab}\right).$$

因為在180°以內，arccos 的查表值都是唯一的！和 arcsin 的情形不一樣！（後者是有補角的曖昧。）

$$\sin(180° - \theta) = \sin(\theta),$$

古時候習慣用正弦定律：求出a之後，繼續用：

$$\sin(B) = \frac{b}{a}\sin(A),\ \sin(C) = \frac{c}{a}\sin(A).$$

因為「大角對大邊」，查表計算，不會有補角的曖昧！

● 兩角一夾邊

給我們(B, C, a)，$0<B, C, B+C<180°$，$a>0$，則：解答存在唯一。

$$A = 180° - (B+C);\ b = \frac{\sin(B)}{\sin(A)} * a,\ c = \frac{\sin(C)}{\sin(A)} * a.$$

● 一角及鄰邊對邊

給我們(A, c, a)，$0<A<180°$，$c, a>0$，這時候有點複雜！主要的是要注意「大角對大邊」，那麼，我們要：比較a, c的大小，以及看：A是銳角或鈍角。

當$a>c$，則：$A>C$，於是：$C\le 90°$，這就有唯一的解，因為

$$C = \arcsin\left(\frac{c}{a}\sin(A)\right) < 90°;\ B = 180° - A - C,\ b = \frac{\sin(B)}{\sin(A)} * a.$$

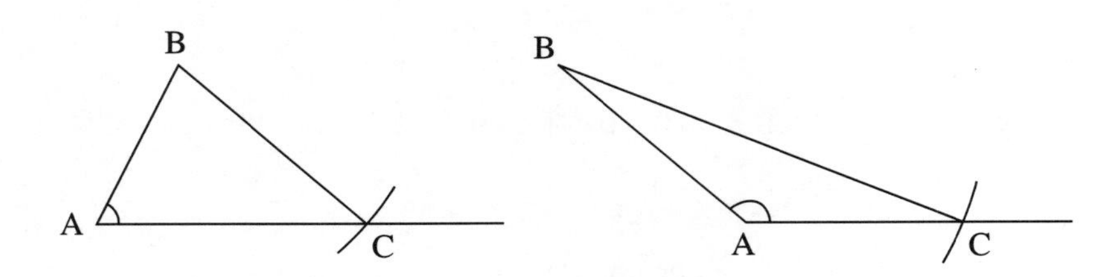

上面的左右二圖，分別給出 A 為銳角與鈍角的情形。

你當然要思考實際的作圖：

先畫出角 $A=\angle CAB$；於是截出鄰邊 $c=|\overline{AB}|$；然後，以 B 為心，對邊長 $a=|\overline{CB}|$ 為半徑，畫圓弧，交半線 $\overrightarrow{AC}$ 於點 C。

因為對邊長 $a=|\overline{CB}|>$ 鄰邊長 $c=|\overline{AB}|$，畫出來的圓弧，與半線 $\overrightarrow{AC}$ 只有一個交點！

當 $a<c$，則：$A<C$，於是，如果：$A<90°$，這就是最糟糕的狀況！

這是因為：關鍵的計算在於

$$\frac{c}{a}\sin(A)\overset{>}{\underset{<}{=}}1\,?$$

無解　如果 $\frac{c}{a}\sin(A)>1$，（換句話說，$\frac{a}{c}<\sin(A)$，）這就無解了！

一解　如果 $\frac{c}{a}\sin(A)=1$，（換句話說，$\frac{a}{c}=\sin(A)$，）這就是說 $C=90°$，接著可以算出 $B=180°-A-C=90°-A$，$b=\frac{\sin(B)}{\sin(A)}*a=a*\cot(A)$。

兩解　如果 $\frac{c}{a}\sin(A)<1$，（換句話說，$\frac{a}{c}>\sin(A)$，）查表計算 C 會有補角的曖昧，（可以是銳角，也可以是鈍角，）而接著可以算出 B, b。

$$C=\arcsin\left(\frac{c}{a}\sin(A)\right)<90°\text{；}B=180°-A-C\text{，}b=\frac{\sin(B)}{\sin(A)}*a\,.$$

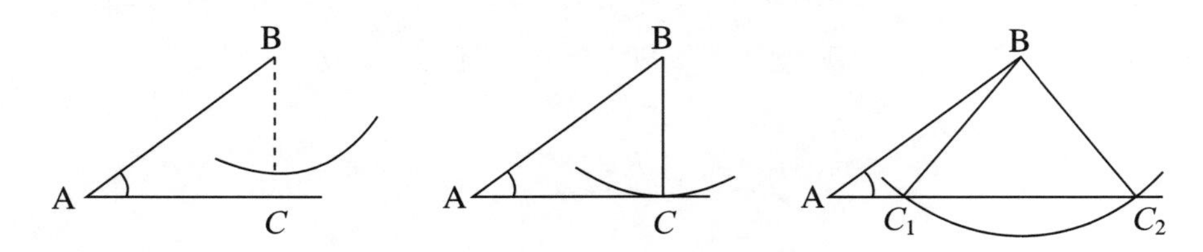

你當然要思考實際的作圖：（與前述完全一樣！？）

先畫出角 $A=\angle CAB$；於是在其一邊（半線）$\overrightarrow{AB}$ 上截出鄰邊長 $c=|\overline{AB}|$；這就得到一個頂點 B，然後，以 B 為心，「對邊長」$a=|\overline{CB}|$ 為半徑，畫圓弧，交

A 角的另一邊（半線）$\overrightarrow{AC}$ 於一點，那應該就是所要的頂點 C。

上左圖，因為「對邊長」$a=|\overline{CB}|<B$ 點到半線 $\overrightarrow{AC}$ 的垂距，因此沒有交點！所以頂點 C 不存在。作圖題無解。

上中圖，圓弧半徑恰好是 B 點到半線 $\overrightarrow{AC}$ 的垂距，因此恰好只有一個交點，也就是相切！所以此切點就是頂點 C。作圖題恰好有一解。

上右圖，當所作圓弧的半徑 a，介於垂距與 c 之間時，會有兩個交點 C_1, C_2，這就是上述 $\sin(C)=\sin(\angle AC_1B)=\sin(\angle AC_2B)<\frac{a}{c}$ 的情形！

§2 解應用題之要點

平面幾何當然要畫圖，立體幾何的畫圖（透視法），是有點困難！也許我們應該做做模型！

(解說) 這一章其實最簡單，應該在懂得三角函數的定義之後就開始練習！在 15 題中，有 10 題是平面幾何，另外的 5 題，雖然很簡單，但是很值得用心做！（養成立體觀！）最好也練習立體解析幾何的寫法！

註 「仰角」、「俯角」，大概可以望文生義。所謂「北 48°東」，意思是「面向北方，然後往東（故，順時針）轉 48°」，所以在座標幾何看來是輻角 $=42°$。

● 應考的注意

三角測量當然是古時候最有用的「應用數學」。題目中，如果出現的角度都是些 30°, 45°, 60°，這樣子根本就不用三角函數了！只是弄清楚幾何就夠了！

● 交角的正切

座標平面上，若有兩條直線 L_1, L_2，其斜率各為 m_1, m_2，那麼，交角的正切是

$$\tan(\widehat{L_1, L_2})=\frac{m_2-m_1}{1+m_1*m_2}.$$

我們要注意：它是交錯式！交角 θ 是「在交點處，從 L_1 轉到 L_2」。所以 θ 有正負號；可是：在用這個公式的時候，θ 的周期只是 $\pi=180°$，不是 $2\pi=360°$；因為正切 tan 的周期只是 $\pi=180°$。

例 一人沿著北 30°東直路前進，見其正北有一屋，前行 1 公里後，見屋在其正西，而路之他側，尚有一風車在東北方位。又前行 3 公里，則人在風車之正北。求證：風車與屋之連線，乃與直路成交角 $\arctan\left(\frac{48-25\sqrt{3}}{11}\right)$。

解析　現在站在A處，屋子在D；前行到B處，D在正西；風車在E處；顯然，以點$B=(0, 0)$為原點最方便！

則$A=\left(\frac{-1}{2}, \frac{-\sqrt{3}}{2}\right)$；$C=\left(\frac{3}{2}, \frac{3\sqrt{3}}{2}\right)$；

$E=\left(\frac{3}{2}, \frac{3}{2}\right)$，$D=\left(\frac{-1}{2}, 0\right)$.

直線$\overline{AC}$的斜率$=\sqrt{3}=\tan(60°)$.

直線$\overline{DE}$的斜率$=\frac{\frac{3}{2}-0}{\frac{3}{2}-\frac{-1}{2}}=\frac{3}{4}$.

交角$\theta=\angle EFC$的斜率

$$=\frac{\sqrt{3}-\frac{3}{4}}{1+\frac{3}{4}\sqrt{3}}=\frac{4\sqrt{3}-3}{4+3\sqrt{3}}.$$

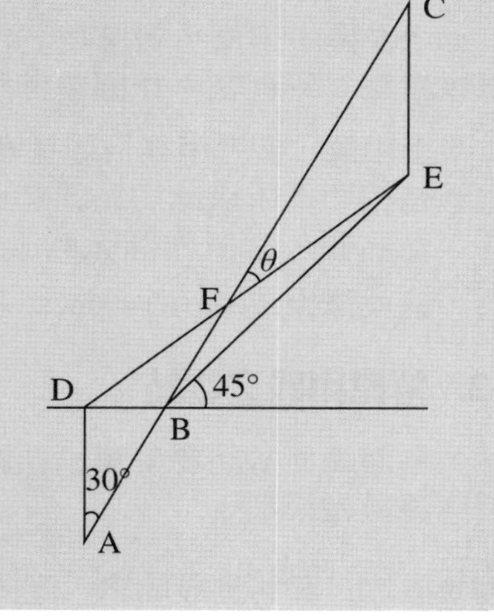

習題

1. 塔與電桿同立於地面上，自塔頂測得桿頂之俯角為A，自塔底測得桿頂之仰角為B，若塔高為h，問電桿高度若干？
2. 有 50 公尺長之一桿豎立於 49 公尺高之塔頂上，自地面上某點看去，塔頂之仰角與桿之視角相等，問測者距離塔底多遠？
3. 一山還比一山高！自此山巔看彼山之山頂，仰角為α，而其山底，俯角為β，已知兩山水平距離$=a$，求證彼山之高為$\frac{a\sin(\alpha+\beta)}{\cos(\alpha)\cos(\beta)}$。
4. 海上有一島。距島之中心 3 海浬之海面上有佈雷，今有一軍艦由西向東而行，其時刻望見該島在北48°東之方位。此艦是否涉險？
5. 山上有一塔，由某點看此塔之塔頂，仰角為α，塔底之仰角為β，向塔行d，則塔頂仰角變為θ，求證山之高$=d*\frac{\sin(\theta)\cos(\alpha)\tan(\beta)}{\sin(\theta-\alpha)}$。
6. 自某處測得一石岩仰角為47°，沿坡角為32°之斜坡，上行1000米，則仰角變為77°，求石岩對於原地之高。
7. 氣球由D點垂直上升。過D點之一直線上依次有A, B, C三點，由之所得氣球之仰角恰各為$\theta, 2\theta, 3\theta$。若已知：$AB=a$，$BC=b$，求證：氣球之高為$h=\frac{a}{2b}\sqrt{(a+b)(3b-a)}$。
8. 一直線上依次有A, B, C, D四點，由前三點所得D點處之塔頂，仰角恰各為$\theta, 2\theta, 4\theta$。若已知：$AB=30$，$BC=10\sqrt{3}$，求θ。
9. 某人看到兩尖塔A, B在同一視線上，仰角為α，二塔尖在靜水中倒影之俯角各為β, γ，若觀測者之眼睛，比水面高a，求證：二塔之水平距離$=$

$\dfrac{2a\cos^2(\alpha)\sin(\beta-\gamma)}{\sin(\alpha-\beta)\sin(\gamma-\alpha)}$。

10. 氣球由 D 點垂直上升。A 點在 D 點之北，B 點在 A 點之東 $a=AB$。由 A, B 所得氣球之仰角各為 x, y。求氣球之高。

11. 砲台甲在乙之西，相距 1000 公尺，甲發現正北方有敵機，仰角為 $20°$，將之擊落，而乙測知墜落點在北 $60°$ 西之方向，問敵機被擊中時之高度為何。

12. 一人於高 h 之塔之正南，測得其仰角 $=\alpha$，於是西行到 A 處，測得仰角 $=\beta$，繼續西行到 B 處，測得仰角 $=\gamma$，求 AB。

13. 一人於塔之正南 O 處，測得其仰角 $=\alpha$，於是西行到 A 處，測得仰角 $=\beta$，若 $OA=d$，求證：

$$\text{塔高 } h=\frac{d\sin(\alpha)\sin(\beta)}{\sqrt{\sin(\alpha-\beta)\sin(\alpha+\beta)}}.$$

14. 甲乙兩地，相距 1000 公尺，而所得塔之仰角各為 $30°, 45°$。今甲在塔之正東，乙在塔之東南，求塔高。

第五章

三角方程式與反三角函數

§1　反三角函數

註 這一節恰好是可以在讀完上第一章之後就接著的！雖然，通常是放在最後一章！

● 反三角函數

例如說，給了 θ，求 $\sin(\theta)=u$，當然有顛倒的問題：給了 u，要反求一個 θ。那這叫做反正弦函數，記做：$\theta=\arcsin(u)$。

當然這裡有些限制：必須 $|u|\leq 1$。才有解答！而且，如果有一個解答，那就一定有「無窮多個」解答！這是由於補角原則與周期原則：

$$\sin(\theta)=\sin(180°-\theta)=\sin(360°+\theta)\ .$$

註 （主值規約）

於是，在 $|u|\leq 1$ 的限制下，我們就規定在所有滿足 $\sin(\theta)=u$ 的角度 θ 當中，選一個，這就是計算器中的 $\arcsin(u)$。這樣子選定一個主值，當然只是「約定俗成」，並無絕對神聖的意義。

（arc 的原意是「弧」，但是在此，它就翻譯做「反」。）

所有的反三角函數也都有通行的規約！列表如下：

反函數	變數限制	主值範圍
arcsin	$-1\leq u\leq 1$	$-90°\leq\theta\leq 90°$
arccos	$-1\leq u\leq 1$	$0°\leq\theta\leq 180°$
arctan	$-\infty<u<\infty$	$-90°<\theta<90°$
arccot	$-\infty<u<\infty$	$0°<\theta<180°$
arcsec	$\|u\|\geq 1$	$0°\leq\theta<180°$，但 $\theta\neq 90°$
arccsc	$\|u\|\geq 1$	$0°<\|\theta\|\leq 90°$

註 我們必須練習 mod 的寫法，這是很方便的記號！我們用記號 $u\equiv v(\text{mod } s)$ 表示：「$(u-v)$ 為 s 的整數倍」，讀法是：「u 等於 v，加減 s 的整倍數」。所以，講 arcsin, arccos 都是 $\text{mod }(2\pi)=\text{mod }(360°)$；至於 arctan，則是只定到 $\text{mod }\pi=\text{mod }(180°)$ 而已！

● 一般值

用 F 表示三角函數之一，而 $\text{arc}F$ 表示其「主值反三角函數」，我們的問題是：給了 u，方程式

$$F(x)=u\ .$$

的解，除了 $x=\text{arc}\,F(u)$之外，還有哪些？這就叫做通式或一般值。

求解	通解
$\sin(x)=u$	$x=n*\pi+(-1)^n\arcsin(u)$
$\cos(x)=u$	$x=2n\pi\pm\arccos(u)$
$\tan(x)=u$	$x=n\pi+\arctan(u)$
$\cot(x)=u$	$x=n\pi+\text{arccot}(u)$
$\sec(x)=u$	$x=2n\pi\pm\text{arcsec}(u)$
$\csc(x)=u$	$x=n\pi+(-1)^n\text{arccsc}(u)$

註 代數地說，當然是有無窮個不連續（離散 discrete）的答案，但是，幾何地說，通常是有 2 個答案。
只有兩個例外，

$$\begin{aligned}
\cos(\theta)&=\ \ 1\text{，則}\quad \theta=2n*\pi &&(n\in\mathbb{Z})\\
\cos(\theta)&=-1\text{，則}\quad \theta=(2n+1)*\pi &&(n\in\mathbb{Z})\\
\sin(\theta)&=\ \ 1\text{，則}\quad \theta=\left(2n+\frac{1}{2}\right)*\pi &&(n\in\mathbb{Z})\\
\sin(\theta)&=-1\text{，則}\quad \theta=\left(2n-\frac{1}{2}\right)*\pi &&(n\in\mathbb{Z})\ .
\end{aligned}$$

幾何地說，此時只有 1 個答案。這是因為：±1 乃是正餘弦的極端值！

例 1 求解 $\sin(3\theta)=\dfrac{-1}{\sqrt{2}}$。

解析 這樣子，$3\theta=270^\circ\pm45^\circ+n*360^\circ$（$n\in\mathbb{Z}$），
於是：

$$\theta=90^\circ\pm15^\circ+n*120^\circ\ .$$

註 幾何上一共有 6 個答案。不止 2 個。

$$75^\circ, 105^\circ, 195^\circ, 225^\circ, 315^\circ, 345^\circ, (+n*360^\circ)\ .$$

最常見到的錯誤是：寫

$$\arcsin\left(\frac{-1}{\sqrt{2}}\right)=225°, 315° .$$

於是算出：$\theta=\frac{225°}{3}=75°, 105°$，就寫出幾何上的2個答案：

$$75°+n*360°, 105°+n*360° \ (n\in\mathbb{Z}) .$$

例2 $\tan(8\theta)=-\sqrt{3}$，求 θ。

解析 $8\theta=\frac{2\pi}{3}+n\pi$（$n\in\mathbb{Z}$），因此，（幾何上一共有16個答案，）

$$\theta=\frac{\pi}{12}+n*\frac{\pi}{8} \ (n\in\mathbb{Z}) .$$

例3 $\sin(2\theta-30°)=-\frac{\sqrt{3}}{2}$，求 θ。

解析 因為：$2\theta-30°=n*180°-(-1)^{n+1}*60°$，
所以：$\theta=n*90°+15°+(-1)^{n+1}*30°$.

問 $\tan(2\theta-45°)=\tan(35°)$，求 θ。
解 $\theta=n*90°+40°$。

§1-1　反函數的意義

這一節的主要目的是回答這個問題：「為何」，與「何謂」反函數的主值規約？

● 函數的意義：查表

首先我們思考函數的意義。函數最重要的意義是「機器」。如果 F 是個函數（function），它的涵義主要就呈現在它會把（例如說）3.2 變為 $F(3.2)$，它會把 -13.247 變為 $F(-13.247)$，它會把 0.3372 變為 $F(0.3372)$，它會把 -887.2 變為 $F(-887.2)$，（等等，說不完！）F 是有這個功能（function）的機器！當然，要呈現函數 F 的這個功能，有很多方法。其中之一是表列（tabulation）。

這個辦法，從古以來，一直是主流，非常重要：從前的高中生，一定要接觸到「三角函數表」、「對數函數表」。現代科技給我們計算器與電腦，大家對於這幾個函數，通常就不再使用函數表了。

查表有一些要點：

- 這個「機器」能夠應付的「原料」，集結起來說，就叫做函數 F 的定義域（domain of definition）。通常都是無限的範圍。

可是，如三角函數表，只是提供了一個範圍，從 0 到 90°而已，而「常用對數函數表」，則是從 1.0 到 10.0 而已。
為何可以如此？這是因為三角函數有種種「對稱性」！
sin, cos 有奇偶性，因此不必表列「負的 x」，

$$\sin(-x)=-\sin(x)，\cos(-x)=\cos(x) .$$

再由周期性，我們只要表列 $x\in[0..\pi]$的函數值就夠了！

$$\sin(x+\pi)=-\sin(x)；\cos(\pi+x)=-\cos(x) .$$

再由四分之一周期的鏡射性，$\sin(\pi-x)=\sin(x)$，$\cos(\pi-x)=-\cos(x)$，我們只要表列 $x\in\left[0..\frac{\pi}{2}\right]$ 的函數值就夠了！

註 至於常用對數函數，則是因為：

$$\log_{10}(10^m * x)=m+\log_{10}(x) .$$

- 所有的函數值 $F(x)$，表列的當然都是近似值；例如說，只是精確到四位有效數字而已。
- 我們不可能對於所有（無窮可能！）的 x，都表列出來，我們只好表列到一個精密度而已，例如說，精密到 $6'=0.1°$。
  那麼你必須熟悉比例內插法！

反函數的意義：由表反查

那麼我們馬上知道反函數的一個意義：arcsin(0.7796)的意思，就是由sin的表，去找出：哪個 θ，會給你 $\sin(\theta)=0.7796$。

那麼，arcsin的「定義域」，以查表的立場，應該是由 0 至 1 的區間。但是再由函數 sin 的奇性，可知 arcsin 的定義域是$[-1..1]$。arccos 也一樣！

函數的意義：圖解

既然有了正弦函數表，我們就可以將「表解」改造為「圖解」：

表上，共列了 $90*10=900$ 個角度 x 的正弦函數值 $\sin(x)$，例如 $\sin(51°0')=0.7771$，$\sin(51°6')=0.7782$，$\sin(51°12')=0.7793$，$\sin(51°18')=0.7804$，那麼，我們在座標平面上，先在 x 軸上，找到座標（「點」）$x=51.0°$，想像你就畫了一條縱線，然後又在 y 軸上，找到座標（「點」）$y=0.7771$，想像你就畫了一條橫線，那麼你就得到這兩條線的交點了！這一「交點」，在座標幾何的記號，就是（0.89012, 0.7771）；你可以再去計算下一個交點(0.89186, 0.7782)，

依此類推，你就可以想像，在座標平面上，點出 900 個點。

以我們人類的視覺「分辨能力」，這樣子的精密度與精確度所點出來的 900 個點，看起來就差不多是一條完美的「正弦函數曲線」。

如果你的視力太好，那麼你就想像，用更精密更精確的表，點出 900000 個點，看起來就一定是一條完美的「正弦函數曲線段」了。

這條曲線段含在長為 $0 \le x \le \frac{\pi}{2}$，寬為 $0 \le y \le 1$ 的矩形之中。

你還可以利用「四分之一周期性」：$\sin(90° + x) = \sin(90° - x)$，也就是說：對著縱線 $x = \frac{\pi}{2} = 90°$，作鏡射。那就得到另一段曲線，這是在 $\frac{\pi}{2} = 90° \le x \le \pi = 180°$ 的範圍；兩段銜接起來，則這條曲線段含在長為 $0 \le x \le \pi$，寬為 $0 \le y \le 1$ 的矩形之中。

你還可以利用奇函數性：想像把這一段，繞著原點轉 180°，那就得到另一段：這是在長 $-\pi = -180° \le x \le 0$，寬為 $-1 \le y \le 0$ 的矩形範圍；兩段銜接起來，這條曲線段就含在長為 $-\pi \le x \le \pi$，寬為 $-1 \le y \le 1$ 的矩形之中。

最後再用周期性，

$$\sin(x + 2\pi) = \sin(x) .$$

就得到長度無限的範圍內的一條完美的「正弦函數曲線」了。

（在 p.194 上方，有 sin, cos 的函數圖解。你當然知道何者正、何者餘。）

概念上，這個「正弦函數圖解」完全可以代替「正弦函數表解」！我們怎麼使用這個圖解作為機器呢：

人家要「求算」$\sin(0.8919) =$？在概念上，我們只是在 x 軸上，找到座標（點）$x = 0.8919$，想像你就此畫了一條縱線，它會與這條「正弦函數圖解曲線」相交於一點 $P = (0.8919, y)$，（它的 y 座標，就是你要的函數值！）故過此點 P，你畫一條橫線，與 y 軸有交點，你就可以讀出其座標 $y = 0.7783$，因此：$\sin(0.8919) = 0.7783$。

● 對於尺度的注解

我們要提醒大家：在一張紙上畫座標系，我們必須思考一下：兩個軸的尺度是否必須相同？

在大部分情形下，兩軸的尺度是不需要相同的！此地的正弦餘弦函數的圖解，就是如此！

● 反函數的意義：由圖解反查

那麼我們馬上知道反函數的另外一個意義！例如 $\arcsin(0.7796)$ 的意思就是：

先在 y 軸上，找到座標（「點」）$y = 0.7796$，你就此畫了一條橫線，它會與這條「正弦函數圖解曲線」相交於一點 $P = (x, 0.7796)$，（它的 x 座標，就是你要的反函數值！）故過此點P，你畫一條縱線，與x軸有交點，你就可以讀出其座標$x=0.8919$，因此：$\arcsin(0.7783)=0.8919$。

所以，由圖解（曲線）Γ：$y=\sin(x)$的立場，

求函數值$\sin(a)$時，先由x軸上的$x=a$點，沿著縱線，到達圖解（曲線）Γ上的點$P=(a, y)$，再沿著橫線，到y軸上的$y=b$，而讀出$b=\sin(a)$。

求反函數值 $\arcsin(b)$時，先由y軸上的$y=b$點，沿著橫線，到達圖解（曲線）Γ上的點$P=(x, b)$，再沿著縱線，到x軸上的$x=a$，而讀出$a=\arcsin(b)$。

立方函數的圖解

很糟糕：就像平方與立方這麼重要的函數，都沒有一個通用的記號，我們此地姑且用 Sq, Cb 來代表這兩個函數：

$$\mathrm{Sq}(x) := x^2\text{；}\mathrm{Cb}(x) := x^3 .$$

要畫立方函數，應該一點也不困難！我們就想像畫好了一條立方函數曲線段。標準的方式是畫出$-1 \le x \le 1$的這一段；那麼y軸上，也同樣是$-1 \le y \le 1$。我們已經提醒過：兩軸的尺度是不需要相同的！事實上，我們可以看需要，就把x軸上的單位，縮小為$\frac{1}{10}$，也就是變成畫$-10 \le x \le 10$，那麼，y軸上的單位，縮小為$\frac{1}{1000}$，也就是變成畫$-1000 \le x \le 1000$。反正我們現在的討論，純粹是概念的，不是真正要做度量！

那麼大家馬上懂得如何以這個立方函數的圖解（曲線）

$$\Gamma_1\text{：}y=\mathrm{Cb}(x) .$$

來解釋立方函數（做為機器）的涵義。例如說，如何算得 Cb(1.2)？

在概念上，我們只是在x軸上，找到座標（「點」）$x=1.2$，想像你就此畫了一條縱線，它會與這條「立方函數圖解曲線$y=\mathrm{Cb}(x)$」相交於一點$P=(1.2, 1.728)$，（它的y座標，就是你要的函數值！）故過此點P，你畫一條橫線，與y軸有交點，你就可以讀出其座標$y=1.728$，因此：$\mathrm{Cb}(1.2)=1.728$。那麼我們也可以由「圖解反查」來解釋立方函數 Cb 的反函數 CbRt 如何操作。例如說，CbRt(166.375)的意思就是：

♠：先在y軸上，找到座標（「點」）$y=166.375$，你就此畫了一條橫線，它會與這條「正弦函數圖解曲線」相交於一點$P=(x, 166.375)$，（它的x座標，就是你要的反函數值！）故過此點P，你畫一條縱線，與x軸有交點，你就可以讀出其座標$x=5.5$，因此：$\mathrm{CbRt}(166.375)=5.5$。

反立方函數的圖解

上面我們用 CbRt 來表示立方函數的反函數，也就是立方根函數

$$\mathrm{CbRt}\,(x) \coloneqq \sqrt[3]{x}\,.$$

事實上，古來都有通行的立方根函數表！那麼我們可以由這個函數表，畫出其函數圖（曲線）：

$$\Gamma_2：y = \mathrm{CbRt}\,(x)\,.$$

我們當然可以用這個立方根函數的圖解（曲線）

$$\Gamma_2：y = \mathrm{CbRt}\,(x)\,;$$

來解釋立方根函數（做為機器）的涵義。例如說，如何算得 CbRt(166.375)？

♡：在概念上，我們只是在 x 軸上，找到座標（「點」）$x = 166.375$，想像你就此畫了一條縱線，它會與這條「立方根函數圖解曲線 $y = \mathrm{CbRt}\,(x)$」相交於一點 $P = (166.375, y)$，（它的 y 座標，就是你要的函數值！）故過此點 P，你畫一條橫線，與 y 軸有交點，你就可以讀出其座標 $y = 5.5$，因此：$\mathrm{CbRt}(166.375) = 5.5$。

如果我們比較這兩段♠, ♡的敘述，你就發現到：兩者幾乎一樣，只是「縱橫顛倒」！

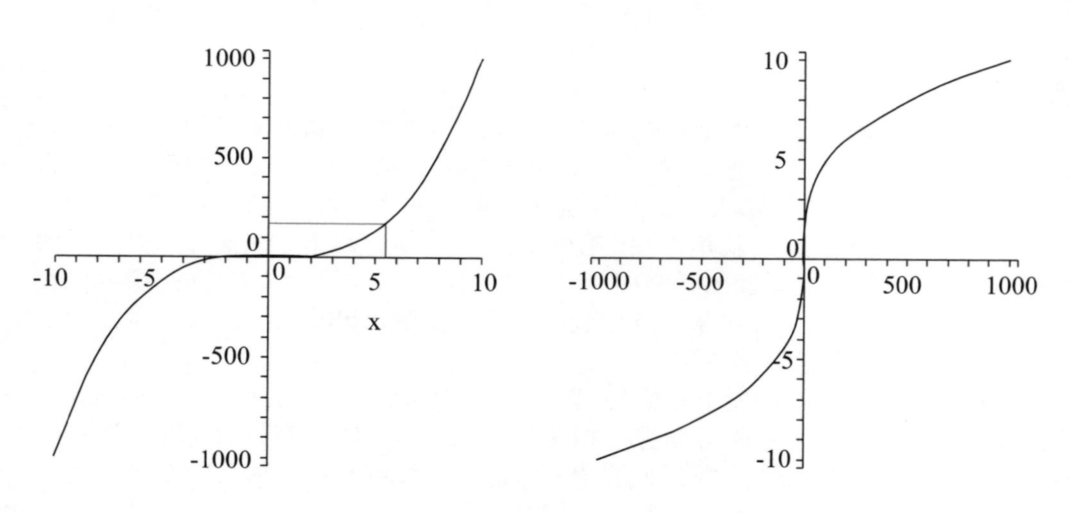

這是因為，在♠，我們使用了函數Cb的圖解Γ_1：$y=\mathrm{Cb}(x)=x^3$，而在♡，我們使用了函數 CbRt 的圖解Γ_2：$y=\mathrm{CbRt}(x)=\sqrt[3]{x}$。而這兩個函數 Cb, CbRt 恰好是「反函數」！

圖解Γ_1中如果有一點(x_1, y_1)，（則$y_1=\mathrm{Cb}(x_1)=x_1^3$，）那麼，圖解$\Gamma_2$中就有一點$(x_2, y_2)$，是$x_2=y_1=x_1^3$，$y_2=\mathrm{CbRt}(x_2)=x_1$。

換句話說：如果有人已經畫好了曲線Γ_1，我們這樣子來（對直線$x=y$）做「鏡射」：把這張座標紙正反面翻轉，同時讓原先正面橫向向右的x軸，在現在變成縱向向上，而原先正面縱向向上的y軸，在現在變成橫向向右。假設座標紙可以透光，原先畫的曲線圖γ_1，現在從背面看，就是曲線Γ_2。

平方函數

我們可以把以上所說的「立方」，都改為「平方」！特別地，我們可以畫出「平方函數圖」，那是個拋物線。而且我們知道它的意義：原則上，我們可以用它來計算平方函數值，例如說：如何計算 Sq(3025)$=55^2$。那就是：先 x 軸尋 3025，再縱向到曲線的點，最後橫向到y軸得 Sq(3025)$=55$。我們也知道如何用「平方函數圖」，來顛倒計算 sqrt(30.25)$=\sqrt{30.25}$。那要反其道而行！

先 y 軸尋 30.25，再橫向到曲線的點，最後縱向到 x 軸得 sqrt(30.25)$=5.5$。

但是，平方函數與立方函數還是有個大不同！前者是偶函數，後者是奇函數。

後者是（狹義）遞增的：只要$x_1<x_2$，則：$\mathrm{Cb}(x_1)<\mathrm{Cb}(x_2)$。

前者是：「在右半」是（狹義）遞增的：只要$0\le x_1<x_2$，則$\mathrm{Sq}(x_1)<\mathrm{Sq}(x_2)$.

但是：在左半是（狹義）遞減的：只要$x_1<x_2<0$，則$\mathrm{Sq}(x_1)>\mathrm{Sq}(x_2)$.

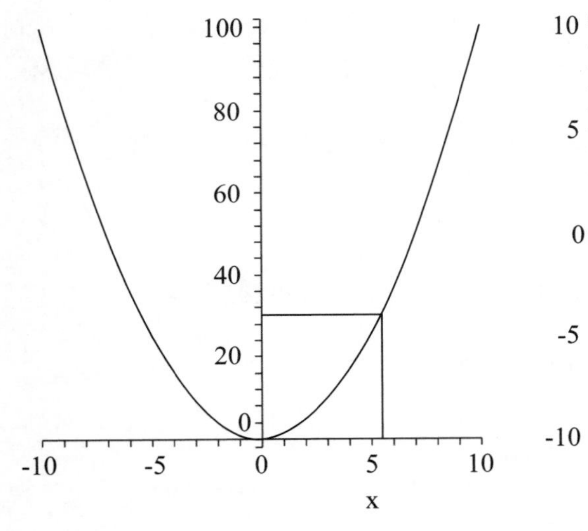

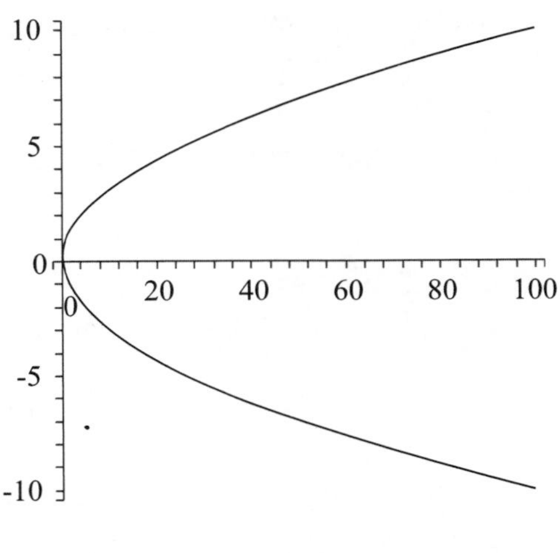

反平方函數的曖昧不明

所以，「反立方函數」沒有問題，而「反平方函數」卻是有些問題！要計算 30.25 的反平方函數值，先在 y 軸上尋得 30.25，「再橫向到曲線的點」，這時候有兩點！一點(5.5, 30.25)在右，一點(−5.5, 30.25)在左。

然則，「然後縱向到x軸」，其實有兩個選擇，可以選右方，得 5.5，也可以選左方，得 −5.5，事實上

$$\mathrm{Sq}(5.5)=30.25=\mathrm{Sq}\,(-5.5)\,.$$

±5.5 都可以說是 30.25 的「反平方函數值」，因為它們的平方函數值都是 $30.25=\mathrm{Sq}(5.5)=\mathrm{Sq}\,(-5.5)$。

在立方函數的情形，是絕對不可能發生這種情形的！因為：

只要 $x_1\neq x_2$，就保證 $\mathrm{Cb}(x_1)\neq \mathrm{Cb}(x_2)$。（我們稱之為「嵌射性」。）意思是：座標平面上任意的一條橫線，都「不可能」與這條立方函數曲線 $y=\mathrm{Cb}(x)$「不止一個交點」！

當 $x_1\neq x_2$ 時，當然一大一小，我們不妨設 $x_1<x_2$，所以只要是狹義遞增，或者是狹義遞減，都可以保證「嵌射性」。

這樣說，我們就知道：「反平方函數」會有些問題，就因為平方函數 Sq 不是嵌射。而這是由於它在某些地方（「右半」）是狹義遞增，而在某些地方（「左半」）是狹義遞減。

這樣說，我們就知道：該如何解決「反平方函數」的曖昧。

我們就限制在「左半」$x\leq 0$，或者就限制在右半 $x\geq 0$。

如果做了這樣的限制，要做反函數的操作就沒有問題了。這是因為：限制在左半面或者右半面時，我們任意畫橫線，與平方函數圖解曲線，都是最多只有一個交點。

那麼我們通常就規定選擇右半面，也就是選擇正的平方根，這就是反平方函數的主根規約。

反函數的幾何解釋

我們再思考一個簡單的例子。試證明三次函數 f 是個嵌射：

$$f(x):=-5x^3+60x^2-250x+375\,.$$

相關聯的問題是：請畫出它的函數圖。

看看係數，我們改寫成：$f\,(x)=5*f_1(x)$，$f_1(x):=-x^3+12x^2-50x+75$。（稍稍減輕些壓力！因為「係數繁」，就讓人「心煩」。）

實際上，「畫函數圖 $y=f(x)=5*f_1(x)$」，與「畫函數圖 $y=f_1(x)$」，根本是

一樣的工作！如果某人已經畫好了後者，我只要影印下來，然後把 y 軸上的所有「刻寫」，全部乘以 5，（這樣子的動作，叫做對於 y 軸，作伸縮。）就可以交出去了！

現在要用到配方。此地就是把 x 改寫為 $X+4$，因而，（利用綜合除法計算！）得到：

$$f_1(x)=-(x-4)^3-2(x-4)+3=f_2(X)+3\text{；}f_2(x)\coloneqq -x^3-2x\text{；}X\coloneqq x-4\,.$$

實際上，「畫函數圖 $y=f_1(x)$」，與「畫函數圖 $y=f_2(x)$」，根本是一樣的工作！如果某人已經畫好了後者，我只要影印下來，然後把 x 軸上的所有「刻寫」，全部加上 4，又把 y 軸上的所有「刻寫」，全部加上 3，（這樣子的動作，叫做對於 x 軸與 y 軸，分別作平移，）就可以交出去了！

平移與伸縮，當然不會影響到函數的遞增遞減。

我們馬上看出：函數 $y=f_2$ 確實是個狹義遞減的函數：只要 x 增加，$f_2(x)$一定跟著變小！所以，函數 $y=f$ 也一樣確實是個狹義遞減的函數。因此當然是個嵌射。（實際上我們現在討論的嵌射，只有狹義遞增與狹義遞減兩種情形！）

於是函數 f 就有反函數了！

一個很大的困擾是這個反函數的記號是啥？有一個很通行很方便的記號就是 f^{-1}。但是我不要！我用一個杜撰的記號 $f^{\dashv}$。

反函數 $f^{\dashv}$ 的意思是啥？這就是說，對於任何一個 u，我們只能夠找到一個 v，使得 $f(v)=u$。我們就寫：$v=f^{\dashv}(u)$。函數 f 是個機器，而 $f^{\dashv}$ 就是它的反用！

根據這個解釋，我們就知道：如何從函數 f 的圖解 $y=f(x)$，得到函數 $f^{\dashv}$ 的圖解 $y=f^{\dashv}(x)$。我們只是將這條曲線，「對於 $x=y$ 直線作鏡射」，也就是說：把整張座標紙翻轉到背面，（假定曲線圖可以透過來！）旋轉一直角，把原先

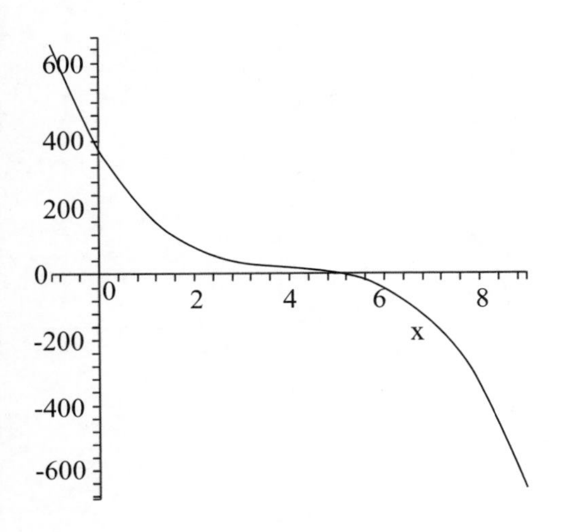

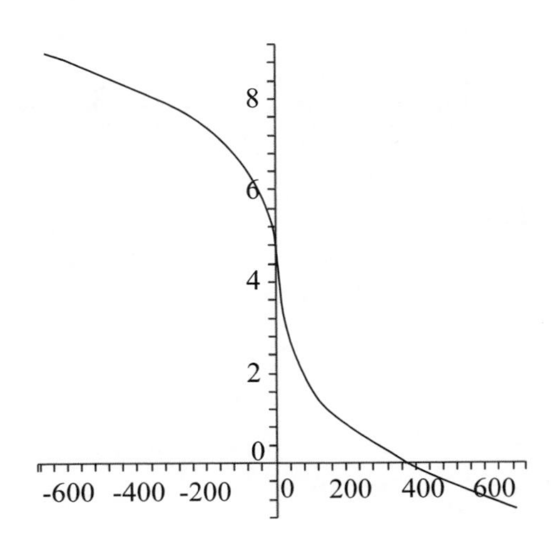

的 x 軸（現在是縱向，）改註寫為 y 軸，又把原先的 y 軸（現在是橫向，）改註寫為 x 軸。這樣子當然符合函數 $f^{\dashv}$ 的圖解的意義！

如果要計算 $f^{\dashv}(u)$，我們是要畫縱線 $x=u$，交曲線 $y=f^{\dashv}(x)$ 於一點 (u, v)，（不可以有兩個交點！）再畫橫線 $y=v$，從 y 軸上讀出 $f^{\dashv}(u)=v$。

如果翻轉回到原來的函數圖 $y=f(x)$ 的座標紙面來看，則那條縱線 $x=u$ 是原紙面的橫線 $y=u$。必須與原曲線 $y=f(x)$ 只有一個交點！(這就是所需的 f 的嵌射性。)

為何需要主根規約

現在我們來思考一個非嵌射的函數 g，如平方函數Sq，或者正弦函數sin，或者餘弦函數 cos。看它的圖解就有起伏，也就是說：x 軸分成幾段，有些段 I，在那範圍內 g 是狹義遞增的，有些段 I，在那範圍內 g 是狹義遞減的。例如說：Sq 只有兩段：$(-\infty..0]$ 與 $[0..\infty)$，剛剛的 f 也是分成兩段而已：$(-\infty..4]$ 與 $[4..\infty)$。

若是 sin，則有無限多段，從 $\left(n-\frac{1}{2}\right)\pi$ 到 $\left(n+\frac{1}{2}\right)\pi$，是遞減或遞增，依 n 是奇是偶而定。

若是cos，則有無限多段，從 $(n-1)\pi$ 到 $n\pi$，是遞減或遞增，依 n 是奇是偶而定。

那麼，原則上，我們可以自由地選擇這樣子的一段 I，作為 g 的「反函數」。例如，對於 cos，我們可以選 $I=[7\pi..8\pi]$ 這一段，這是 cos 遞增的一段。

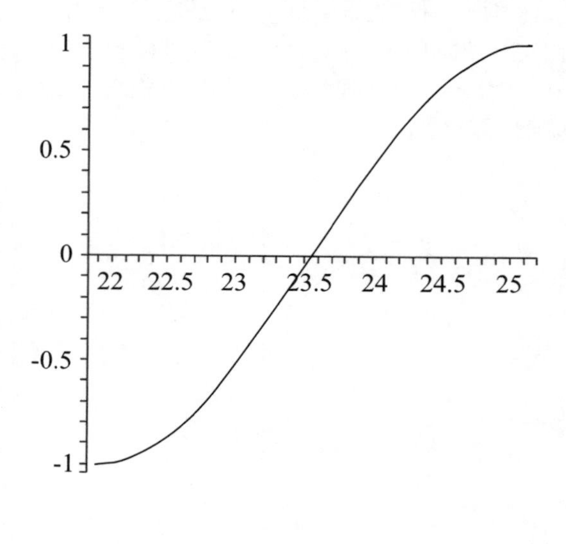

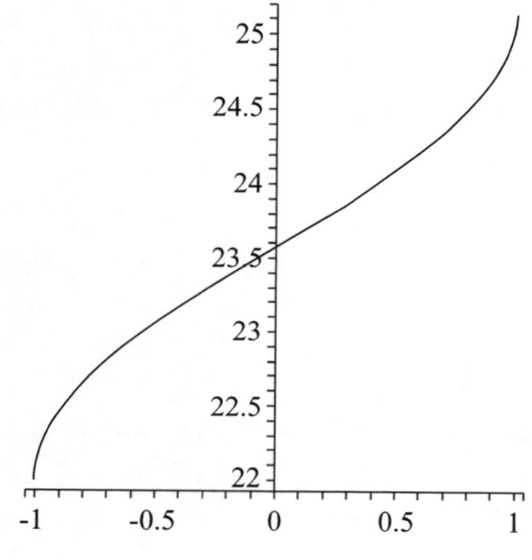

那麼就可以定義一個 cos 的「反函數」，姑且記做 $\mathrm{arc}_7\cos$ 吧，使得：

$$\mathrm{arc}_7\cos(0.5)=8\pi-\frac{\pi}{3}，\mathrm{arc}_7\cos\left(\frac{-1}{\sqrt{2}}\right)=7\pi+\frac{\pi}{4},$$
$$\mathrm{arc}_7\cos(0)=\left(7+\frac{1}{2}\right)\pi，\mathrm{arc}_7\cos(1)=8\pi，\mathrm{arc}_7\cos\left(\frac{1}{\sqrt{2}}\right)=8\pi-\frac{\pi}{4}.$$

在此，cos 的「反函數」，恰好有無限種可能的選擇！但是，國際上都選擇取值於$[0..\pi]$這段的「反函數」，那麼，所有的計算器，或者函數表，永遠不會有不能溝通的困擾。這就叫做反餘弦函數的主值規約。別的反三角函數也有通用的主值規約。如反正弦取值於$\left[\frac{-\pi}{2}..\frac{\pi}{2}\right]$，反正切取值於$\left(\frac{-\pi}{2}..\frac{\pi}{2}\right)$。

同樣地，反平方函數的主值規約就是取正值（或零）。偶數次乘方函數的反函數，我們都採用這個主值規約。

§2 反三角函數的基本公式

● 不同的反三角函數之互相轉換

若 $0<u<1$，則：

$$\text{(i)}：\arcsin(u)=\arccos\left(\sqrt{1-u^2}\right)=\arctan\left(\frac{u}{\sqrt{1-u^2}}\right)$$
$$=\mathrm{arccsc}\left(\frac{1}{u}\right)=\mathrm{arcsec}\left(\frac{1}{\sqrt{1-u^2}}\right)=\mathrm{arccot}\left(\frac{\sqrt{1-u^2}}{u}\right).$$
$$\text{(ii)}：\arcsin(-u)=-\arccos\left(\sqrt{1-(-u)^2}\right)=\arctan\left(\frac{-u}{\sqrt{1-(-u)^2}}\right)$$
$$=\mathrm{arccsc}\left(\frac{1}{-u}\right)=-\mathrm{arcsec}\left(\frac{1}{\sqrt{1-(-u)^2}}\right)=\mathrm{arccot}\left(\frac{\sqrt{1-(-u)^2}}{-u}\right).$$

證明 令：$\alpha=\arcsin(u)$，因而：$\sin(\alpha)=u>0$：$-\alpha=\arcsin(-u)$.
以下，(i)只是計算：

$$\cos(\alpha)=\sqrt{1-u^2}，\tan(\alpha)=\frac{u}{\sqrt{1-u^2}}；\cot(\alpha)=\frac{\sqrt{1-u^2}}{u},$$
$$\sec(\alpha)=\frac{1}{\sqrt{1-u^2}}；\csc(\alpha)=\frac{1}{u}.$$

(i')是什麼意思？給你的其實是arcsin(v)，其中$v=-u<0$，於是，公式成為：

$$(\mathrm{i'})：\arcsin(v)=-\arccos(\sqrt{1-v^2})=\arctan\left(\frac{v}{\sqrt{1-v^2}}\right)$$
$$=\mathrm{arccsc}\left(\frac{1}{v}\right)=-\mathrm{arcsec}\left(\frac{1}{\sqrt{1-v^2}}\right)=\mathrm{arccot}\left(\frac{\sqrt{1-v^2}}{v}\right).$$

到了這個地步，請你再把公式(i')中的v，改為u，（只是此地$0>u>-1$，）則：

$$(\mathrm{i'})：\arcsin(u)=-\arccos(\sqrt{1-u^2})=\arctan\left(\frac{u}{\sqrt{1-u^2}}\right)$$
$$=\mathrm{arccsc}\left(\frac{1}{u}\right)=-\mathrm{arcsec}\left(\frac{1}{\sqrt{1-u^2}}\right)=\mathrm{arccot}\left(\frac{\sqrt{1-u^2}}{u}\right).$$

所以我們寫的公式，意思是說：若$|u|<1$，不論正負，都有：

$$\arcsin(u)=\arctan\left(\frac{u}{\sqrt{1-u^2}}\right)=\mathrm{arccsc}\left(\frac{1}{u}\right)=\mathrm{arccot}\left(\frac{\sqrt{1-u^2}}{u}\right).$$

可是：

$$\arcsin(u)=\mathrm{sign}(u)*\arccos(\sqrt{1-u^2})=\mathrm{sign}(u)*\mathrm{arcsec}\left(\frac{1}{\sqrt{1-u^2}}\right).$$

記得（規範化函數的定義）：

$$\mathrm{sign}(u)=\begin{cases}+1, & \text{當 } u>0\\ 0, & \text{當 } u=0\\ -1, & \text{當 } u<0\end{cases}$$

我們就可以重新寫一遍：

$$(\mathrm{i})：\arcsin(u)=\mathrm{sign}(u)*\arccos(\sqrt{1-u^2})=\arctan\left(\frac{u}{\sqrt{1-u^2}}\right)$$
$$=\mathrm{arccsc}\left(\frac{1}{u}\right)=\mathrm{sign}(u)*\mathrm{arcsec}\left(\frac{1}{\sqrt{1-u^2}}\right)$$
$$=\mathrm{arccot}\left(\frac{\sqrt{1-u^2}}{u}\right).$$

這樣寫，是相當漂亮，（假定你程度很好！）但若是 arccos 呢？
太麻煩了，不值得！
若 $0'<u<1$，則：

$$\text{(ii)}：\arccos(u)=\arcsin(\sqrt{1-u^2})=\text{arccot}\left(\frac{u}{\sqrt{1-u^2}}\right)$$

$$=\text{arcsec}\left(\frac{1}{u}\right)=\text{arccsc}\left(\frac{1}{\sqrt{1-u^2}}\right)=\arctan\left(\frac{\sqrt{1-u^2}}{u}\right).$$

$$\text{(ii')}：\arccos(-u)=\pi-\arcsin(\sqrt{1-(-u)^2})=\pi+\text{arccot}\left(\frac{-u}{\sqrt{1-(-u)^2}}\right)$$

$$=\text{arcsec}\left(\frac{1}{-u}\right)=\pi-\text{arccsc}\left(\frac{1}{\sqrt{1-(-u)^2}}\right)$$

$$=\pi+\arctan\left(\frac{\sqrt{1-(-u)^2}}{-u}\right).$$

例 1 試證：

$$\arcsin\left(\frac{4}{5}\right)+\arccos\left(\frac{2}{\sqrt{5}}\right)=\text{arccot}\left(\frac{2}{11}\right).$$

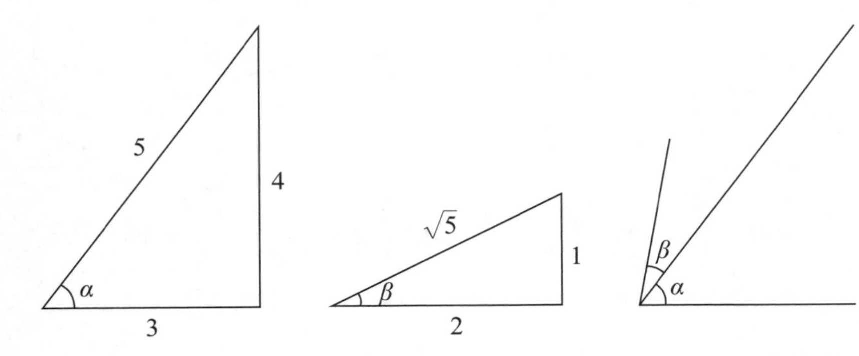

解析 令：$\alpha:=\arcsin\left(\frac{4}{5}\right)$；$\beta=\arccos\left(\frac{2}{\sqrt{5}}\right)$；畫兩個直角三角形！於是：

$$\sin(\alpha)=\frac{4}{5}，\cos(\alpha)=\frac{3}{5}；\tan(\alpha)=\frac{4}{3}，$$
$$\cos(\beta)=\frac{2}{\sqrt{5}}，\sin(\beta)=\frac{1}{\sqrt{5}}，\tan(\beta)=\frac{1}{2}.$$

那麼：

$$\cot(\alpha+\beta)=\frac{1-\tan(\alpha)\tan(\beta)}{\tan(\alpha)+\tan(\beta)}=\frac{1-\frac{4}{3}*\frac{1}{2}}{\frac{4}{3}+\frac{1}{2}}=\frac{2}{11}.$$

註 每個直角三角形互不相干！而且要緊的是 Pythagoras 的計算！因此，圖不必是忠實的！

習題 證明：

$$\text{(i)}：\arcsin\left(\frac{1}{\sqrt{82}}\right)+\arccos\left(\frac{5}{\sqrt{41}}\right)=\frac{\pi}{4},$$
$$\text{(ii)}：\arccos\left(\frac{4}{5}\right)+\arccos\left(\frac{12}{13}\right)=\arccos\left(\frac{33}{65}\right).$$

例 2 證明：

$$\arccos\left(\frac{63}{65}\right)+2\arctan\left(\frac{1}{5}\right)=\arcsin\left(\frac{3}{5}\right).$$

解析 令

$$\alpha:=\arccos\left(\frac{63}{65}\right)；\beta:=\arctan\left(\frac{1}{5}\right),$$

於是：

$$\cos(\alpha)=\frac{63}{65}，\sin(\alpha)=\frac{16}{65}；\tan(\beta)=\frac{1}{5}，\sin(\beta)=\frac{1}{\sqrt{26}}，\tan(\beta)=\frac{5}{\sqrt{26}},$$

那麼：

$$\sin(2\beta)=\frac{5}{13}；\cos(2\beta)=\frac{12}{13}.$$

於是就可以算出：

$$\sin(\alpha+2\beta)=\frac{63}{65}*\frac{5}{13}+\frac{16}{65}*\frac{12}{13}=\frac{3}{5}.$$

例3 證明：

$$\sin(\text{arccot}(\cos(\arctan(x)))) = \sqrt{\frac{x^2+1}{x^2+2}}.$$

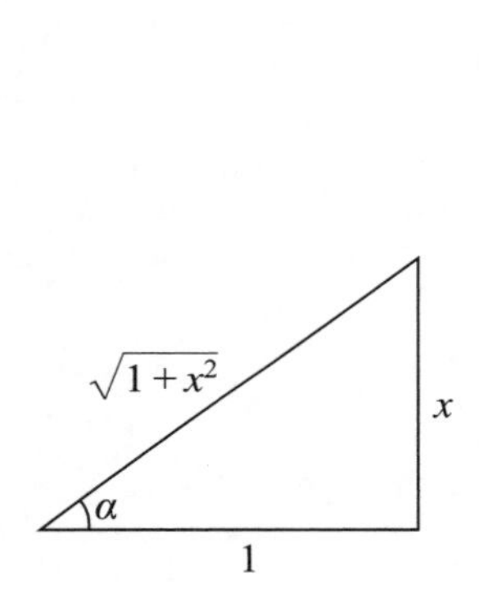

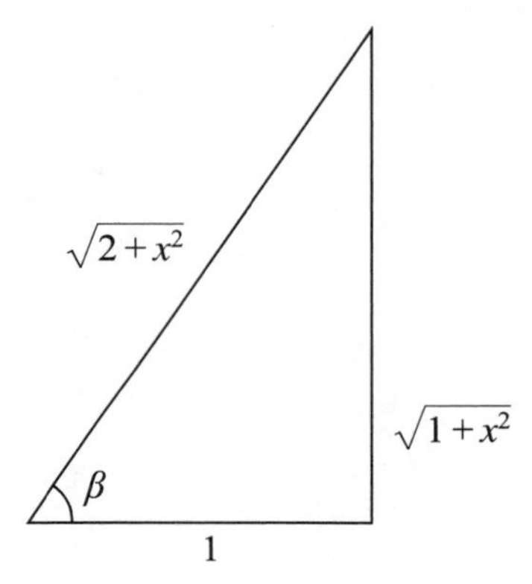

解析 令 $\alpha := \arctan(x)$，則得：$\cos(\alpha) = \dfrac{1}{\sqrt{1+x^2}}$，

再令 $\beta := \text{arccot}\left(\dfrac{1}{\sqrt{1+x^2}}\right)$，則得：$\sin(\beta) = \dfrac{\sqrt{1+x^2}}{\sqrt{(x^2+1)+1}}$.

註 不論 x 之正負，$|\alpha| < 90°$，而恆有 $90° > \beta \geq 45°$。

習題 若 $u = \text{arccot}(\sqrt{\cos(\alpha)}) - \arctan(\sqrt{\cos(\alpha)})$，試證明：$\sin(u) = \tan^2\left(\dfrac{\alpha}{2}\right)$。

註 如圖，令：

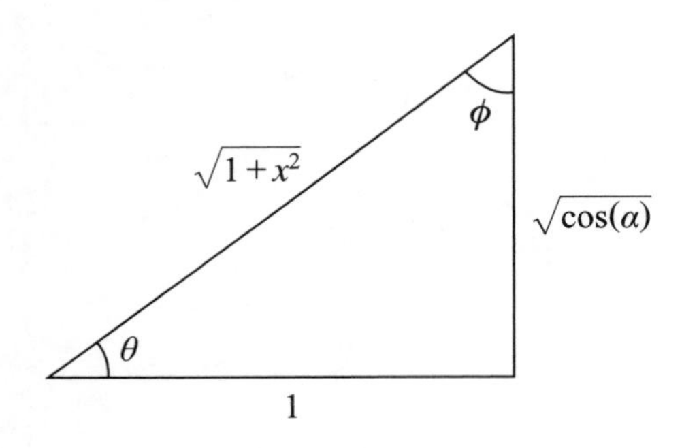

$\text{arccot}(\sqrt{\cos(\alpha)}) = \phi$.

$\arctan(\sqrt{\cos(\alpha)}) = \theta$.

則：$\cot(\phi) = \tan(\theta) = \sqrt{\cos(\alpha)}$

$\sin(\phi) = \cos(\theta) = \dfrac{1}{\sqrt{1+\cos(\alpha)}}$

$\cos(\phi) = \sin(\theta) = \dfrac{\sqrt{\cos(\alpha)}}{\sqrt{1+\cos(\alpha)}}$

$u = \phi - \theta$.

例題 解反三角方程式 $\arccos\left(\dfrac{1-a^2}{1+a^2}\right) - \arccos\left(\dfrac{1-b^2}{1+b^2}\right) = 2\arctan(x)$.

解析 你不要被「解反三角方程式」嚇壞了！這裡只是用到反三角函數的意義而已！這裡出現了三個角度：

$$\alpha := \arccos\left(\frac{1-a^2}{1+a^2}\right)，\beta := \arccos\left(\frac{1-b^2}{1+b^2}\right)；\theta := 2\arctan(x).$$

意思就是：

$$\cos(\alpha)=\frac{1-a^2}{1+a^2}；\cos(\beta)=\frac{1-b^2}{1+b^2}；\tan\left(\frac{\theta}{2}\right)=x.$$

那麼只要算出 $\tan\left(\frac{\theta}{2}\right)=\tan\left(\frac{\alpha-\beta}{2}\right)$ 就好了！但是由半角公式，

$$\tan\left(\frac{\alpha}{2}\right)=a，\tan\left(\frac{\beta}{2}\right)=b,$$

於是：$x=\frac{a-b}{1+ab}$，證明完畢。

反正切的加法公式

$$\arctan(x)+\arctan(y)=\arctan\left(\frac{x+y}{1-xy}\right).$$

註（利弊）

其他的 arcsin, arccos，當然沒有這麼方便的公式！

唯一的缺點則是：它只是 mod π，確定到相差 180°的整倍數而已。但是幾何上，只准許相差 360°的整倍數而已。

因此你必須注意這個 180°的曖昧！

反正切的兩倍角公式

$$2*\arctan(x)=\arctan\left(\frac{2x}{1-x^2}\right).$$

習題 算出反正切的三倍角公式！

例題 證明：$2\arctan\left(\frac{1}{2}\right)+3\arctan\left(\frac{1}{3}\right)=\arctan(-3).$

解析　$2\arctan\left(\frac{1}{2}\right)=\arctan\left(\frac{4}{3}\right)$；如果你已經有了反正切的三倍角公式，就知道：

$$3\arctan\left(\frac{1}{3}\right)=\arctan\left(\frac{13}{9}\right),$$

如果你忘掉了公式，你可以先算兩倍角公式：

$$2\arctan\left(\frac{1}{3}\right)=\arctan\left(\frac{3}{4}\right),$$

再加一倍：

$$\arctan\left(\frac{1}{3}\right)+\arctan\left(\frac{3}{4}\right)=\arctan\left(\frac{13}{9}\right),$$

於是由加法公式，算出：

$$\arctan\left(\frac{4}{3}\right)+\arctan\left(\frac{13}{9}\right)=\arctan(-3).$$

註　查表算出：

$$\arctan\left(\frac{1}{2}\right)=26.565°，\arctan\left(\frac{1}{3}\right)=18.435°，\arctan(-3)=-71.57°,$$

$$2\arctan\left(\frac{1}{2}\right)+3\arctan\left(\frac{1}{3}\right)=108.43°\neq-71.57°=108.43°-180°.$$

這就是我所說的 180°的曖昧！

例題　證明：$\arccos\left(\frac{63}{65}\right)+2\arctan\left(\frac{1}{5}\right)=\arcsin\left(\frac{3}{5}\right)$.

解析　改為反正切！

$$\arccos\left(\frac{63}{65}\right)=\arctan\left(\frac{16}{63}\right)；\arcsin\left(\frac{3}{5}\right)=\arctan\left(\frac{3}{4}\right),$$

而兩倍角公式給出

$$2\arctan\left(\frac{1}{5}\right)=\arctan\left(\frac{5}{12}\right).$$

註　（Machin）

令 $\beta=\arctan\left(\frac{1}{5}\right)$，則有

$$2\beta=\arctan\left(\frac{5}{12}\right).$$

$$4\beta=\arctan\left(\frac{120}{119}\right).$$

$$4\arctan\left(\frac{1}{5}\right)-\frac{\pi}{4}=\arctan\frac{1}{239}.$$

這個式子有何意義呢？將來更高深一些，有 Gregory 的反正切的冪級數：

$$\arctan(x)=x-\frac{x^3}{3}+\frac{x^5}{5}-\frac{x^7}{7}+-+\cdots$$

這樣就可以迅速地計算 π。Machin 在 1706 年已經算出 π 到 100 位小數！

§3　三角方程式

含有未知數的三角函數的方程式，都叫做三角方程式。

§3-1　通式

● 反三角函數

最簡單的三角方程式，就是

$$F(x)=u\ (F=\sin, \cos, \tan, \cot, \sec, \csc).$$

答案就是反三角函數。要點是：除了主值 arc $F(u)$之外，要會寫通式！

例1　解 $\cos(3\theta)=\cos(\theta)$。

解析　$3\theta=n*360°\pm\theta$,

因此得：$\theta=n*180°$，或 $\theta=n*90°$；前者包含於後者！

因此，答案是：$\theta=n*90°$.

問　解方程式

$$\text{(i)}\ \cos(3\theta)=\sin(\theta).$$

$$\text{(ii)}\ \tan(3\theta)=\cot(\theta).$$

$$\text{(iii)}\ \sin(3\theta)=-\cos(\theta).$$

§3-2　三角一次方程式

三角一次方程式

這是求解：

$$a * \cos(x) + b * \sin(x) = c .$$

我們求出[a, b]的絕對值 $\sqrt{a^2+b^2}$ 與輻角 α，於是：

$$a = \sqrt{a^2+b^2}\cos(\alpha)，b = \sqrt{a^2+b^2}\sin(\alpha)；\sqrt{a^2+b^2} * \cos(x-\alpha) = c .$$

答案是：

$$x = \alpha + n * 360° \pm \arccos\left(\frac{c}{\sqrt{a^2+b^2}}\right).$$

註 當然，若是 $|c| > \sqrt{a^2+b^2}$，則此為虛根（無實解）。你要養成好習慣！不要「背公式」，看到題目

$$3\cos(x) - 4\sin(x) = 6 ,$$

馬上「寫下答案」

$$x = 53.13° + n * 360° \pm \arccos\left(\frac{6}{5}\right).$$

例2 解 $3\cos(x) - 4\sin(x) = 3$。

解析 $5\cos(x+\beta) = 3$，$\beta := \arcsin\left(\frac{4}{5}\right)$。即是：

$$\cos(x+\beta) = \frac{3}{5} = \cos(90° - \beta) , \beta \approx 53.13° .$$

因此：

$$x = -\beta + n * 360° \pm (90° - \beta) .$$

問 解方程式

(i) $\cos(\theta)+\sin(\theta)=1$.
(ii) $\cos(\theta)-\sin(\theta)=\sqrt{2}$.
(iii) $\sqrt{3}\cos(\theta)+\sin(\theta)=1$.
(iv) $\cos(\theta)-\sin(\theta)=\sqrt{2}$.

§3-3　正餘弦的方程式

和差化積

解 $\cos(3\theta)=\cos(\theta)$。

解析　$\cos(3\theta)-\cos(\theta)=-2\sin(\theta)\sin(2\theta)=0$.
因此得：$\theta=n*180°$，或 $2\theta=n*180°$；前者包含於後者！
因此，答案是：$\theta=n*90°$

問　解方程式

(i) $\sin(5\theta)=\sin(\theta)$.
(ii) $\sin(\theta)+\sin(3\theta)+\sin(5\theta)=0$.
(iii) $\sin(7\theta)-\sin(\theta)=\sin(3\theta)$.
(iv) $\cos(\theta)-\cos(7\theta)=\sin(4\theta)=0$.
(v) $\sin(5\theta)-\sin(3\theta)=\sqrt{2}\cos(4\theta)$.
(vi) $\cos(7\theta)+\cos(\theta)=3\cos(4\theta)$.
(vii) $\cos(\theta)+\cos(2\theta)=\sin(3\theta)$.
(viii) $\cos(\theta)-\cos(\theta)=\sin(3\theta)$.

例題　（4 項）
解 $\sin(\theta)+\sin(2\theta)=\sin(3\theta)+\sin(4\theta)$。

解析　兩側都和差化積：

$$2\sin\left(\frac{3\theta}{2}\right)\cos\left(\frac{\theta}{2}\right)=2\sin\left(\frac{7\theta}{2}\right)\cos\left(\frac{\theta}{2}\right).$$

變成：

$$2\cos\left(\frac{\theta}{2}\right)*\left(\sin\left(\frac{3\theta}{2}\right)-\sin\left(\frac{7\theta}{2}\right)\right)=-4\cos\left(\frac{\theta}{2}\right)*\sin(\theta)\cos\left(\frac{5\theta}{2}\right)=0 .$$

答案是：

甲：$\theta=n*360°+180°$；乙：$n*180°$；丙：$n*72°+36°$

當然，甲可以合併到乙之內！

問 解方程式：

(i) $\sin(\theta)+\cos(\theta)=\sin(2\theta)+\cos(2\theta)$.
(ii) $\sin(7\theta)+\sin(5\theta)=1+\cos(2\theta)$.
(iii) $\sin(\theta)+\sin(3\theta)+\sin(5\theta)+\sin(7\theta)=0$.
(iv) $\sin(\theta)+\sin(2\theta)+\sin(3\theta)+\sin(4\theta)=0$.

§3-4 變數代換

變數代換當然是數學中最根本的技巧，尤其對於含一個未知角度的三角方程式，常常可以利用種種的三角恆等式，化為此角度的正弦或餘弦的代數方程式，因而得解。

例 1 解 $2\cos^2(\theta)+3\sin(\theta)=3$。

解析 要點只是變數代換！你應該

令：$x=\sin(\theta)$，因而原方程式變成：

$$2(1-x^2)+3x=3\text{；}2x^2-3x+1=0\text{；}x=1\text{ 或 }\frac{1}{2}.$$

答案是：

$$x=n*360°+90°\text{；}x=n*180°+(-1)^n*30°.$$

例 2 解 $\cos(2\theta)-5\cos(\theta)=-3$。

解析 變數代換，用：$x=\cos(\theta)$，因而原方程式變成：

$$(2x^2-1)-5x+3=0\text{；}2x^2-5x+2=0\text{；}x=2\text{ 或 }\frac{1}{2}.$$

這裡要小心：$x=\cos(\theta)=2$ 是不合理的虛根，因此捨去！答案是：

$$x=n*360°\pm60°.$$

例 3 解 $\cos(2\theta)+\cos^2(\theta)+\sin(\theta)-\frac{7}{4}=0$。

解析　令：$x=\sin(\theta)$，因而解得：

$$\theta=n*180°+(-1)^n*30°；n*180°+(-1)^{n+1}*\arcsin\left(\frac{1}{6}\right).$$

例 4　解 $6\sin(\theta)+\csc(\theta)=5$。

解析　令：$x=\sin(\theta)$，因而方程式變成

$$6x+\frac{1}{x}=5,$$

解得：$x=\frac{1}{2},\frac{1}{3}$；$\theta=n*\pi+(-1)^n*\frac{\pi}{6}$，$n*\pi+(-1)^n*\arcsin\left(\frac{1}{3}\right)$.

例 5　解 $3\tan(\theta)+\cot(\theta)=5\csc(\theta)$。

解析　化為正餘弦而通分，又令：$x=\cos(\theta)$，因而方程式變成

$$3(1-x^2)+x^2=5x；x=\frac{1}{2}\text{ 或 }-3\text{（不合理）}.$$

答案是：$\theta=n*360°\pm60°$.

例 6　解 $\sin(\theta)\sin(3\theta)=\frac{1}{2}$。

解析　積化和差：

$$\cos(2\theta)-\cos(4\theta)=1,$$

當然令：$x=\cos(2\theta)$，因而方程式變成：

$$u*(2u-1)=0，\cos(2\theta)=u=0\text{ 或 }\frac{1}{2}.$$

答：$\theta=n*90°\pm45°$，或者 $n*180°\pm30°$

例 7　解 $\tan^2(\theta)+\cot^2(\theta)=2$。

解析　令 $u=\tan^2(\theta)$，$u+\frac{1}{u}=2$，$u=1$，$\theta=n*180°\pm45°$.

例 8　解 $3\tan^2(\theta)-4\sin^2(\theta)=1$。

解析　利用倍角公式，令 $u=\cos(2\theta)$，$\tan^2(\theta)=\frac{1-2u}{1+2u}$，$\sin^2(\theta)=\frac{1-u}{2}$；整理成：$2u^2-4u=0$；$u=0$ 或 2（不合理！）　答：$\theta=n*90°+45°$.

習題 解下列方程式：

(i) $3\sin^3(x)+3\sin(x)\cos^2(x)+2\cos^2(x)=0$.
(ii) $7\cos(3\theta)=\sin^2(\theta)+\cos(2\theta)$.
(iii) $\sin^2(2\theta)-\sin^2(\theta)=\frac{1}{4}$.
(iv) $\sin^2(2\theta)+2\sin^2(\theta)=2$.
(v) $\sin^4(\theta)+\cos^4(\theta)=\frac{7}{8}$.
(vi) $6\cot^2(\theta)=1+4\cos^2(\theta)$.
(vii) $2\cos(\theta)\cos(3\theta)+1=0$.

§3-5 雜題

解法並不唯一

例如：解

$$\cos(2\theta)=\cos(\theta)+\sin(\theta) .$$

你如果想到倍角公式，則

$$\cos(2\theta)=\cos^2(\theta)-\sin^2(\theta)=\cos(\theta)+\sin(\theta) .$$

那麼就括出因子：

$$[\cos(\theta)+\sin(\theta)]*[\cos(\theta)-\sin(\theta)]=[\cos(\theta)+\sin(\theta)]$$
$$[\cos(\theta)+\sin(\theta)][\cos(\theta)-\sin(\theta)-1]=0 .$$

因此得到：

$$\cos(\theta)+\sin(\theta)=0\text{，或 }\cos(\theta)-1=\sin(\theta) .$$

前者是

$$\sqrt{2}\cos(\theta-45^\circ)=0\text{；}\theta=45^\circ+n*360^\circ\pm 90^\circ=m*180^\circ-45^\circ .$$

後者變成：

$$\sin\left(\frac{\theta}{2}\right) * \left[\cos\left(\frac{\theta}{2}\right) + \sin\left(\frac{\theta}{2}\right)\right] = 0\ ,$$

即是

$$\sin\left(\frac{\theta}{2}\right) * \cos\left(\frac{\theta}{2} - 45°\right) = 0\ ,$$
$$\theta = n * 360°\ ;\ n * 360° - 90°\ .$$

另外一個解法是：

$$\cos(2\theta) - \cos(\theta) = \sin(\theta)\ ,$$
$$-2\sin\left(\frac{\theta}{2}\right)\sin\left(\frac{3\theta}{2}\right) = 2\sin\left(\frac{\theta}{2}\right)\cos\left(\frac{\theta}{2}\right).$$

於是，或者：

$$\sin\left(\frac{\theta}{2}\right) = 0\ ;\ \theta = n * 360°\ ;$$

或者：

$$-\sin\left(\frac{3\theta}{2}\right) = \cos\left(\frac{\theta}{2}\right),$$

即是；

$$\cos\left(\frac{3\theta}{2} + 90°\right) = \cos\left(\frac{\theta}{2}\right),$$
$$\frac{3\theta}{2} + 90° = n * 360° \pm \frac{\theta}{2}\ ,$$

亦即：$\theta = n * 180° - 45°$；或 $n * 360° - 90°$.

例 1　解方程式組：

$$\text{(i)}\ a\sin^4(\theta) - b\sin^4(\phi) = a\ ,$$
$$\text{(ii)}\ a\cos^4(\theta) - b\cos^4(\phi) = b\ .$$

解析 要熟悉：

$$\sin^4(t)-\cos^4(t)=\sin^2(t)-\cos^2(t)=-\cos(2t)=2\sin^2(t)-1\ .$$

那麼，(i)－(ii)，得到：

$$\text{(iii)：}-2a\cos^2(\theta)+2b\cos^2(\phi)=0\ .$$

那麼，(ii), (iii)就是 $\cos^2(\theta)$, $\cos^2(\phi)$的二元二次聯立方程式，因此解出

$$\cos^2(\theta)=\sqrt{\frac{b^2}{a(b-a)}}\text{，}\cos^2(\phi)=\sqrt{\frac{a}{b-a}}\ .$$

例 2 解方程式組：

$$\text{(i)}r\sin\left(x+\frac{\pi}{3}\right)=\sqrt{3}\ ,$$
$$\text{(ii)}r\sin\left(x+\frac{\pi}{6}\right)=1\ .$$

解析 (i) ÷ (ii)：

$$\sin\left(x+\frac{\pi}{3}\right)=\sqrt{3}*\sin\left(x+\frac{\pi}{6}\right).$$

於是算得：$\sin(x)=0$。從而求出：

$$r\sin\left(n\pi+\frac{\pi}{3}\right)=\sqrt{3}\text{；}r=\pm 2\ .$$

§4 反三角方程式

含有未知數的反三角函數的方程式，都叫做反三角方程式。

● 善用（反）正切的公式

這是很平常的想法！

例 1 解 $\arctan(x-1)+\arctan(x)+\arctan(x+1)=\arctan(3x)$。

解析 移項：$\arctan(x-1)+\arctan(x)=\arctan(3x)-\arctan(x+1)$。
這樣子可以左右同時運用正切的加法公式！

$$\frac{2x}{2-x^2}=\frac{2x}{1+3x^2},$$

則有：$x=0, x=\frac{\pm 1}{2}$.

註 此地，我們是用「正切的加法公式！」我們不是用「反正切的加法公式」，後者是說：

$$\arctan\left(\frac{2x}{2-x^2}\right)=\arctan\left(\frac{2x}{1+3x^2}\right).$$

這樣子是太死板了，而且並不很對。

例 2 解方程組：

$$\begin{cases}\cos(x)+\cos(y)=a, \\ \sin(x)+\sin(y)=b.\end{cases}$$

解析 和差化積，則：

$$\text{(i) } 2\cos\left(\frac{x+y}{2}\right)*\cos\left(\frac{x-y}{2}\right)=a,$$
$$\text{(ii)} 2\sin\left(\frac{x+y}{2}\right)*\cos\left(\frac{x-y}{2}\right)=b.$$

因此：$\frac{1}{2}\sqrt{(\text{i})^2+(\text{ii})^2}$：

$$\cos\left(\frac{x-y}{2}\right)=\frac{\sqrt{a^2+b^2}}{2}, \frac{x-y}{2}=\arccos\left(\frac{\sqrt{a^2+b^2}}{2}\right).$$

$\frac{(\text{ii})}{(\text{i})}$：

$$\tan\left(\frac{x+y}{2}\right)=\frac{b}{a}, \frac{x+y}{2}=\arctan\left(\frac{b}{a}\right).$$

當然就可以用和差問題法而解決！

$$x=\arctan\left(\frac{b}{a}\right)+\arccos\left(\frac{\sqrt{a^2+b^2}}{2}\right); y=\arctan\left(\frac{b}{a}\right)-\arccos\left(\frac{\sqrt{a^2+b^2}}{2}\right).$$

如果你寫的答案不一樣，仍然可以是對的！事實上，原來兩式的平方和，給出：

$$\cos(x-y)=\frac{a^2+b^2-2}{2}\text{；}(x-y)=\arccos\left(\frac{a^2+b^2-2}{2}\right).$$

原來兩式的平方差，就可以導出：

$$\cos(x+y)=\frac{b^2-a^2}{b^2+a^2}\text{；}x+y=\arccos\left(\frac{b^2-a^2}{b^2+a^2}\right).$$

你要思考一下：可解（解答存在）的條件為何？答案是：$a^2+b^2\leq 4$。
又，對稱性如何？

例 3 解

$$\begin{cases}(i)\text{：}\cos(x)+\cos(y)=a,\\(\text{ii})\text{：}\cos(2x)+\cos(2y)=b.\end{cases}$$

解析 想法之一是：由(ii)可以得出：

$$(\text{iii})\text{：}\cos^2(x)+\cos^2(y)=1+\frac{b}{2}.$$

那麼

$$2*(\text{iii})-(\text{i})^2:=(\cos(x)-\cos(y))^2=b-a^2+2.$$

於是

$$\{\cos(x),\cos(y)\}=\left\{\frac{a\pm\sqrt{b+2-a^2}}{2}\right\}.$$

習題 解下列聯立方程式組：

1. (i) $\sin(2x-y)=\dfrac{1}{2}$.

(ii) $\cos(x+2y)=\dfrac{\sqrt{3}}{2}$.

2. (i) $\sin(x+y)=\dfrac{\sqrt{3}}{2}$.

(ii) $\cos(x-y)=\dfrac{\sqrt{2}}{2}$.

3. (i) $x+y=\dfrac{5\pi}{6}$,

(ii) $\tan(x)+\tan(y)=\dfrac{-2}{\sqrt{3}}$.

例 4 解聯立方程式組：

$$\text{(i)}\ \frac{x+y}{1-xy}=1\ ,$$

$$\text{(ii)}\ \frac{(1-x^2)(1-y^2)+4xy}{(1+x^2)(1+y^2)}=\frac{1}{2}\ .$$

解析 這是代數的題目！我們卻可以利用（反）三角來解決！

令：$x=\tan(\theta)$，$y=\tan(\phi)$，於是：

$$\text{(i')}：\tan(\theta+\phi)=1,$$

$$\text{(ii')}：\cos(2\theta-2\phi)=\frac{1}{2}\ .$$

終於：

$$\theta+\phi=m\pi+\frac{\pi}{4}\ ；\theta-\phi=n\pi\pm\frac{\pi}{6}.$$

答案是：$\{x, y\}=\left\{\tan\left(\dfrac{75^\circ}{2}\right), \tan\left(\dfrac{15^\circ}{2}\right)\right\}$ 或 $\left\{-\cot\left(\dfrac{15^\circ}{2}\right), -\cot\left(\dfrac{75^\circ}{2}\right)\right\}$.

§5　消去法

自由度與消去

假設這裡有變數 u, v 都倚賴於變數 t，如果 t 變化，那麼 u 與 v 也跟著變化；通常，我們可以反過來：由 u 的變化，就可以導致 t 的變化；或者，對稱地說，由v的變化，就可以導致t的變化。

這樣子，應該是只有一個自由度！u, v之間一定是互相牽制！

舉個例子來說，如果：$u=4\cos(t)$，$v=3\sin(t)$，那麼，一定有：

$$\frac{u^2}{4^2}+\frac{v^2}{3^2}=1 .$$

的關係式。這就叫做消去法：「由含有t, u, v三個變數的這兩個式子，消去t」所得到的式子叫做「結式」（resultant），這是對於u, v的牽制式。

記得我們說過：自由度的原理，也就是「解方程式組的原理」：有幾個未知數，應該有幾個方程式。所以，有一個由t定u的式子；應該，（把t看成未知數！）可以由u定出t，這一來，v也就被牽制了！

現在更進一步說，如果有牽涉到s, t, u, v, w的三個式子，我們要「由此消去s, t」，意思就是說：u, v, w三者應該是互相有一個牽制！因為，如果它們隨便取定，我們把s, t看成未知數，由i, ii兩個方程式，應該就可以解出s, t。那麼代入iii，通常就不能滿足了。可見，(u, v, w)三者不能那麼隨意！

例 0 消去θ。

$$\text{(i) } x\cos(\theta)+y\sin(\theta)=u ,$$
$$\text{(ii) } y\cos(\theta)+x\sin(\theta)=v .$$

解析 我們基本上就是解出$\cos(\theta), \sin(\theta)$：

$$\cos(\theta)=\frac{ux-vy}{x^2-y^2} ; \sin(\theta)=\frac{vx-uy}{x^2-y^2} ;$$

於是得到：

$$(ux-vy)^2+(vx-uy)^2=(x^2-y^2)^2 .$$

問 消去θ。

$$p=\cos(\theta-\alpha) ,$$
$$q=\cos(\theta-\beta) .$$

例 1 消去θ。

$$\text{(i) } x\cos(\theta)+y\sin(\theta)=z\sin(\theta).$$
$$\text{(ii) } y\cos(\theta)-x\sin(\theta)=z\cos(2\theta).$$

解析　我們基本上就是從(i)解出 θ，或者說，解出 $\cos(\theta), \sin(\theta)$：

$$\tan(\theta)=\frac{x}{z-y}\text{；}\sin(\theta)=\frac{x}{\sqrt{(z-y)^2+x^2}}\text{，}\cos(\theta)=\frac{z-y}{\sqrt{(z-y)^2+x^2}}.$$

代入(ii)就好了！（當然要化簡！）

$$[y(z-y)-x^2]^2[x^2+(z-y)^2]=z^2[(z-y)^2-x^2]^2.$$

註　由這些例子，可以看出：平方關係是最常被利用的恆等式！

例2　由 $x=a\sec(t)$，$y=b\tan(t)$，消去 t。（但 a, b 是給定的非零常數。）

解析

$$\frac{x^2}{a^2}-\frac{y^2}{b^2}=1.$$

問　消去 θ。

$$5\sec(\theta)-x\tan(\theta)=y,$$
$$4\sec(\theta)+y\tan(\theta)=x.$$

答　聯立解出：

$$\sec(\theta)=\frac{x^2+y^2}{5y+4x}\text{，}\tan(\theta)=\frac{5x-4y}{5y+4x}.$$

得到結式：

$$1+\left(\frac{5x-4y}{5y+4x}\right)^2=\left(\frac{x^2+y^2}{5y+4x}\right)^2.$$

其實可以整理成為

$$x^2+y^2=5^2+4^2=41.$$

例3　消去 θ。

$$\frac{x}{5}=\cos(\theta)+\cos(2\theta),$$
$$\frac{y}{4}=\sin(\theta)+\sin(2\theta).$$

解析

$$\text{(i)}：\frac{x}{5}=2\cos\left(\frac{3\theta}{2}\right)*\cos\left(\frac{\theta}{2}\right),$$
$$\text{(ii)}：\frac{y}{4}=2\sin\left(\frac{3\theta}{2}\right)\cos\left(\frac{\theta}{2}\right).$$

於是

$$\cos^2\left(\frac{\theta}{2}\right)=\left(\frac{x}{5}\right)^2+\left(\frac{y}{4}\right)^2,$$

代入(i)，

$$\frac{x}{5}=2\left(4\cos^2\left(\frac{\theta}{2}\right)-3\right)*\cos^2\left(\frac{\theta}{2}\right).$$

就好了：

$$\frac{x}{5}=2\left(4\left(\left(\frac{x}{5}\right)^2+\left(\frac{y}{2}\right)^2\right)-3\right)*\left(\left(\frac{x}{5}\right)^2+\left(\frac{y}{4}\right)^2\right).$$

例 4 消去θ,ϕ。

(i) $x\sin^2(\theta)+y\cos^2(\theta)=m$.
(ii) $y\sin^2(\phi)+x\cos^2(\phi)=n$.
(iii) $x\tan(\theta)=y\tan(\phi)$.

解析 因為(i), (ii)各自只含有一個變數θ,ϕ，最簡單的辦法，就是：分別由之解出θ,ϕ，再代入(iii)。
當然不是要解出θ，而是解出$\sin^2(\theta)$，或者$\cos^2(\theta)$，（對於兩者而言，都是一次方程式！）但是考慮到(iii)，毋寧說是解出$\tan^2(\theta)$，

$$\tan^2(\theta)=\frac{m-y}{x-m}.$$

注意對稱性！你就可以減少計算了：(i)改為(ii)時，只是對調x, y，對調m, n，而且對調$\cos^2, \sin^2$。換句話說：把$\tan(\theta)$改為$\cot(\phi)$：

$$\tan^2(\theta)=\frac{n-x}{y-n}.$$

結式就是：

$$\frac{x^2(m-y)}{x-m}=\frac{y^2(n-x)}{y-n}.$$

最漂亮的寫法是：

$$\frac{1}{m}+\frac{1}{n}=\frac{1}{x}+\frac{1}{y}.$$

例 5 消去θ, ϕ。

(i) $\tan(\theta)+\tan(\phi)=x$.

(ii) $\cot(\theta)+\cot(\phi)=y$.

(iii) $\theta-\phi=z$.

解析 把(ii)寫成：

$$\frac{\tan(\theta)+\tan(\phi)}{\tan(\theta)*\tan(\phi)}=y.$$

因而得：

$$\text{(ii')}\ \tan(\theta)*\tan(\phi)=\frac{x}{y}.$$

由(i), (ii')，可知：$\tan(\theta), \tan(\phi)$是一元二次方程式

$$t^2-x*t+\frac{x}{y}=0.$$

的兩個根，於是兩個根的差是；

$$|\tan(\theta)-\tan(\phi)|=\sqrt{x^2-\left(\frac{x}{y}\right)^2}.$$

那麼代入$\tan^2(\theta-\phi)$，就得到：

$$\tan^2(z)(x+y)^2=xy\,(xy-4).$$

習題

1. 證明：$4\arctan\left(\frac{1}{5}\right)-\arctan\left(\frac{1}{70}\right)+\arctan\left(\frac{1}{99}\right)=\frac{\pi}{4}$。

2. 不論 α, β 如何，

$$\arctan(\alpha)+\arctan(\beta)+\arctan\left(\frac{1-\alpha-\beta-\alpha*\beta}{1+\alpha+\beta-\alpha*\beta}\right)=\left(n+\frac{1}{4}\right)\pi .$$

3. 證明：$\arccos\left(\frac{20}{29}\right)-\arctan\left(\frac{16}{63}\right)=\arccos\left(\frac{1596}{1885}\right)$。

4. 證明：$\arcsin\left(\frac{3}{5}\right)-\arccos\left(\frac{12}{13}\right)=\arcsin\left(\frac{16}{65}\right)$。

5. 證明：$\arcsin\left(\frac{3}{5}\right)+\arcsin\left(\frac{8}{17}\right)+\arcsin\left(\frac{36}{85}\right)=\frac{\pi}{2}$

6. 若方程式 $x^4-x^3*\sin(2\beta)+x^2*\cos(2\beta)-x*\cos(\beta)-\sin(\beta)=0$ 之四根為：x_j（$j=1, 2, 3, 4$），則：

$$\sum_{j=1}^{4}\arctan(x_j)=n\pi+\frac{\pi}{2}-\beta .$$

7. 解方程式 $\arctan(x)+\arctan(1-x)=2\arctan(\sqrt{x-x^2})$。

8. 解方程式 $\arcsin(x)+\arctan(x)=\frac{\pi}{2}$。

9. 解方程式 $\arcsin(x)-\arccos(x)=\arcsin(x(3x-2))$。

10. 解方程式 $\arcsin(x)+\arcsin(2x)=\frac{\pi}{3}$。

11. 求方程式 $\arctan(x)+\arctan(y)=\frac{3\pi}{4}$ 之正整數解。

12. 若有 $\sin(A)+\sin(B)+\sin(C)=0=\cos(A)+\cos(B)+\cos(C)$，試證：$3(B-C)$, $3(C-A)$, $3(A-B)$均為周角之整倍數。並求算 $\cos^2(A)+\cos^2(B)+\cos^2(C)$。

13. 解方程式$(1+\cos(\theta))(\cos(\theta)-\sin(\theta))=(1+\cos(\theta)+\sin(\theta))\sin(\theta)$。

14. 解方程式 $\sin(x)+\sin(2x)+\sin(3x)+\sin(4x)=0$。

15. 解方程式 $3\tan(x-15°)=\tan(x+15°)$。

16. 解方程式 $\tan(\theta)+\tan(2\theta)+\tan(3\theta)=0$。

17. 如果下列方程組有個有聊的解（也就是說：不是全為零），求θ。

$$\begin{aligned}
x &+ y &+ z &= 0 ,\\
x\cos(2\theta) &+ y\cos(4\theta) &+ z\cos(6\theta) &= 0 ,\\
x\sin(\theta) &+ y\sin(2\theta) &+ z\sin(3\theta) &= 0 .
\end{aligned}$$

18. 如果下列方程組有個有聊的解（也就是說：不是全為零），求 A, B, C 之間

的關係。

$$
\begin{aligned}
x \quad & - y\cos(C) & - z\cos(B) & = 0, \\
-\cos(C)x \quad & + y & - z\cos(A) & = 0, \\
-\cos(B)x \quad & - y\cos(A) & + z & = 0,
\end{aligned}
$$

尤其當$A+B+C=180°$時，此解(x, y, z)恰好就是$\triangle ABC$的三邊！

19.解方程式

$$
\begin{aligned}
\sin(x)+\sin(y) &= 2m\sin(\alpha), \\
\cos(x)+\cos(y) &= 2n\cos(\alpha).
\end{aligned}
$$

20.解方程式

$$
\begin{aligned}
\sin(x)+\sin(y) &= a, \\
\cos(x)+\cos(y) &= b.
\end{aligned}
$$

21.由下列關係式中，消去θ：

$$
\begin{aligned}
x &= \sin(\theta)+\cos(\theta), \\
y &= \tan(\theta)+\cot(\theta).
\end{aligned}
$$

22.由下列關係式中，消去A：

$$
\begin{aligned}
m &= \tan(A)+\sin(A), \\
n &= \tan(A)-\sin(A).
\end{aligned}
$$

23.由下列關係式中，消去θ：

$$
\begin{aligned}
a &= \sin(\theta)+\cos(\theta), \\
b &= \sin(2\theta)+\cos(2\theta).
\end{aligned}
$$

24.由下列關係式中，消去θ：

$$
\begin{aligned}
x &= \cot(\theta)+\tan(\theta), \\
y &= \csc(\theta)-\sin(\theta).
\end{aligned}
$$

25.由下列關係式中，消去θ：

$$\begin{aligned} a\sec(\theta)x \qquad\qquad & -b\csc(\theta)y=a^2-b^2\,, \\ a\tan(\theta)\sec(\theta)x \quad & +b\cot(\theta)\csc(\theta)y=0\,. \end{aligned}$$

26.由下列關係式中，消去θ：

$$\frac{x}{a}\cos(\theta)-\frac{y}{b}\sin(\theta)=\cos(2\theta)\,,$$
$$\frac{x}{a}\sin(\theta)+\frac{y}{b}\cos(\theta)=\sin(2\theta)\,.$$

27.由下列關係式中，消去θ：

$$x=a\cos(\theta)+b\cos(2\theta)\,,$$
$$y=a\sin(\theta)+b\sin(2\theta)\,.$$

28.由下列關係式中，消去θ, ϕ：

$$c=a\cos(\theta)+b\cos(\theta)\,,$$
$$c=a\cos(\phi)+b\sin(\phi)\,,$$
$$m=\tan(\theta)\tan(\phi)\,.$$

29.由下列關係式中，消去x, y：

$$a=\cos(x)+\cos(y)\,,$$
$$b=\cos(2x)+\cos(2y)\,,$$
$$c=\cos(3x)+\cos(3y)\,.$$

30.由下列關係式中，消去α, β, γ：

$$a\cos(\alpha)+b\cos(\beta)+c\cos(\gamma)=0\,,$$
$$a\sin(\alpha)+b\sin(\beta)+c\sin(\gamma)=0\,,$$
$$a\sec(\alpha)+b\sec(\beta)+c\sec(\gamma)=0\,.$$

31.由下列關係式中，消去θ, ϕ：

$$\text{(i, ii) } x\cos(\theta)+y\sin(\theta)=2z=x\cos(\phi)+y\sin(\phi)\,,$$

$$\text{(iii) } 2\sin\left(\frac{\theta}{2}\right)\sin\left(\frac{\phi}{2}\right)=1\,.$$

32. 由下列關係式中，消去 θ,ϕ：

$$\text{(i) } x\cos(\theta)+y\sin(\theta)=2z\sqrt{3}\,,$$

$$\text{(ii) } x\cos(\theta+\phi)+y\sin(\theta+\phi)=4z\,,$$

$$\text{(iii) } x\cos(\theta-\phi)+y\sin(\theta-\phi)=2z\,.$$

第六章

三角函數在物理學中的應用

我們說過；「角度」有三種意義：

- 其一是兩個方向的夾角，或者說由同一個頂點 O 出發的兩個半線 $\overrightarrow{OP}, \overrightarrow{OQ}$ 的夾角 $\angle POQ$。
- 另一是兩個方向的轉角，或者說由同一個頂點 O 出發的兩個半線 $\overrightarrow{OP}, \overrightarrow{OQ}$ 的轉角。
- 最後還有一個：兩條相交直線的轉角。

如果三角函數是幾何地出現，大概都跟向量脫不了關係！

§1　內積

§1-1　夾角餘弦與成分

夾角餘弦

最有用的角度概念，大概是夾角 $\angle POQ$。它對於半線 $\overrightarrow{OP}, \overrightarrow{OQ}$ 是對稱的！基本上，這樣子的夾角，必然在$[0..\pi]$內。而且這樣子的角度純粹由其餘弦決定：

$$\theta = \arccos(\cos(\theta)) \ (\theta \in [0..\pi]) .$$

投影成分

對於任意兩個非零向量 $\mathbf{u}, \mathbf{v}$，$\mathbf{u}$ 在 $\mathbf{v}$ 的方向上的成分，就是：$\mathbf{u}$ 的大小，乘上夾角的餘弦

$$|\mathbf{u}|\cos(\widehat{\mathbf{u}, \mathbf{v}}) .$$

這個定義適用於：$\mathbf{v}$ 為零向量，而 $\mathbf{u}$ 非零向量的時候：我們就令此投影成分為零。

內積

剛剛的概念對於兩個向量「不對稱」，對稱的概念是：

$$\mathbf{u} \cdot \mathbf{v} = |\mathbf{u}| * |\mathbf{v}| * \cos(\widehat{\mathbf{u}, \mathbf{v}}) .$$

這個定義適用於：$\mathbf{u}, \mathbf{v}$ 兩者之一為零向量的時候：我們就令此內積為零，如果兩個向量 $\mathbf{u}, \mathbf{v}$ 非零，那麼內積是「$\mathbf{u}$ 在 $\mathbf{v}$ 方向上的投影，乘上$|\mathbf{v}|$」，也等於「$\mathbf{v}$ 在 $\mathbf{u}$ 方向上的投影，乘上$|\mathbf{u}|$」。

● 分量＝部分向量

固定了一個非零向量 $\mathbf{v}$，那麼對於任意一個向量 $\mathbf{u}$，我們都可以談它在 $\mathbf{v}$ 方向上的「成分」，如前所述；這裡 $\mathbf{u}$ 是否為零向量，都無所謂，但是 $\mathbf{v}$ 必須非零。於是我們就把 $\mathbf{v}$ 的規範化（normalization）

$$\text{sign}\,(\mathbf{v}) := \frac{\mathbf{v}}{|\mathbf{v}|},$$

稱為 $\mathbf{v}$ 的方向，然後，以之乘上 $\mathbf{u}$ 在 $\mathbf{v}$ 方向上的投影成分，

$$|\mathbf{u}|\cos(\mathbf{u}, \mathbf{v})\ \text{sign}(\mathbf{v}) = \frac{\mathbf{u}\cdot\mathbf{v}}{|\mathbf{v}|^2}\mathbf{v}\,.$$

這就稱為：向量 $\mathbf{u}$ 在非零向量 $\mathbf{v}$ 的方向上的部分向量。

註 這個「部分向量」，當然是向量，它的大小就是：「向量 $\mathbf{u}$ 在 $\mathbf{v}$ 的方向上的投影成分的絕對值。

我們非常小心地分辨「向量 $\mathbf{u}$ 在 $\mathbf{v}$ 的方向上的部分向量」與「向量 $\mathbf{u}$ 在 $\mathbf{v}$ 的方向上的投影成分」。

- 前者是向量，後者是標量（scalar），也就是無方向可言者。
- 兩者同樣都有「對於 $\mathbf{v}$ 的伸縮不變性」。意思是說：將 $\mathbf{v}$ 伸縮成 α 倍，（倍率 $\alpha>0$。）亦即將 $\mathbf{v}$ 改為 $\mathbf{w}=\alpha*\mathbf{v}$，結果，「向量 $\mathbf{u}$ 在 $\mathbf{w}$ 的方向上的部分向量」＝「向量 $\mathbf{u}$ 在 $\mathbf{v}$ 的方向上的部分向量」；「向量 $\mathbf{u}$ 在 $\mathbf{w}$ 的方向上的投影成分」＝「向量 $\mathbf{u}$ 在 $\mathbf{v}$ 的方向上的投影成分」。
- 但是要注意：如果上述伸縮的倍率 $\alpha<0$，那麼，兩者的行為就不同了，前者是偶性的向量，後者是奇性的標量。如果 $\mathbf{w}=\alpha*\mathbf{v}$，$\alpha<0$，則：「向量 $\mathbf{u}$ 在 $\mathbf{w}$ 的方向上的部分向量」＝「向量 $\mathbf{u}$ 在 $\mathbf{v}$ 的方向上的部分向量」；「向量 $\mathbf{u}$ 在 $\mathbf{w}$ 的方向上的投影成分」＝「向量 $\mathbf{u}$ 在 $\mathbf{v}$ 的方向上的投影成分」，乘上負號！

大部分的書不想要有太多概念，都只是選擇兩者之中的一個來定義，於是要用到另一個概念的時候，（因為堅持不再引入一個新的定義，）就需要「繞了一個好大的彎」。我覺得兩個概念都是很有用的，雖然非常接近，容易混淆。「成分」＝component；部分向量＝component-vector；簡譯作分量，我也不反對，但是你仍然要拿它與「成分」相區辨。

● 正交基底

如果，在平面上有兩個非零向量 $\mathbf{a}, \mathbf{b}$，互相垂直，$\mathbf{a}\cdot\mathbf{b}=0$；（此時我們說兩者合為平面上的一個正交基底，）那麼，這個平面上的任何一個向量 $\mathbf{u}$ 都是它在這兩個向量的方向上的部分向量的和：

$$\mathbf{u}=\frac{\mathbf{u}\cdot\mathbf{a}}{|\mathbf{a}|^2}\mathbf{a}+\frac{\mathbf{u}\cdot\mathbf{b}}{|\mathbf{b}|^2}\mathbf{b}\,.$$

平面向量的成分計算

如果，在平面上有兩個非零向量 **a**, **b**，大小各為 a, b 而兩者之夾角為 C。（$\cos^2(C)<1$；）那麼，這個平面上的任何一個向量 **u** 都可以由它在這兩個向量的方向上的成分而決定：

令　$\mathbf{u}=p*\mathbf{a}+q*\mathbf{b}$，$a=\sqrt{\mathbf{a}\cdot\mathbf{a}}=|\mathbf{a}|$，$b=|\mathbf{b}|$,

則　$p=\dfrac{1}{a^2b^2\sin^2(C)}*(b^2(\mathbf{u}\cdot\mathbf{a})-ab\cos(C)(\mathbf{u}\cdot\mathbf{b}))\,.$

$q=\dfrac{1}{a^2b^2\sin^2(C)}*(a^2(\mathbf{u}\cdot\mathbf{b})-ab\cos(C)(\mathbf{u}\cdot\mathbf{a}))\,.$

證明　將向量 **a**, **b** 分別與 **u** 作內積：

$$p*a^2+q*ab*\cos(C)=\mathbf{a}\cdot\mathbf{u}\,,$$
$$p*ab*\cos(C)+q*b^2=\mathbf{b}\cdot\mathbf{u}\,,$$

解(p, q)的聯立方程式，就好了。

註　當 $\mathbf{a}\cdot\mathbf{b}=0$ 時，$C=90°$，這就回到正交基底的情形了！

單正基底

如果 **a**, **b** 不但正交（orthogonal），而且又是么範（unimodular）（單位長的，）

$$a^2=\mathbf{a}\cdot\mathbf{a}=1=b^2=\mathbf{b}\cdot\mathbf{b}\,;\,\mathbf{a}\cdot\mathbf{b}=0\,,$$

我們就說它是此平面的一個單正基底（＝單位正交的基底）。於是：若(a, b)是此平面的一個單正基底，則對於這個平面上的任何一個向量 **u** 都有：

$$\mathbf{u}=(\mathbf{u}\cdot\mathbf{a})\mathbf{a}+(\mathbf{u}\cdot\mathbf{b})\mathbf{b}\,.$$

也就是說：**u** 在 **a** 方向上的成分，就是 $\mathbf{u}\cdot\mathbf{a}$，等等。

註　所有上面所述，在空間的情形，也有類似的定義！也有類似的公式。

● **基本公式**

如果 $\mathbf{a}$ 是平面上的單位向量，我們將它正轉 $90°$，得到向量 $\mathbf{b}$，那麼，$(\mathbf{a}, \mathbf{b})$ 構成此平面的一個右手單正基底。此時，若向量 $\mathbf{u}$ 的大小為 $u = |\mathbf{u}|$，而方向是由 $\mathbf{a}$ 正轉 θ 而得，則：

$$\mathbf{u} = u * (\mathbf{a}\cos(\theta) + \mathbf{b}\sin(\theta)).$$

● **功**

一個質點，受力 $\mathbf{F}$，其間它作了位移 $\mathbf{s}$，則此力對此質點所作的功是內積

$$\mathbf{F} \cdot \mathbf{s}.$$

這大概是內積最重要的例子！它的一個延伸是功率。

● **功率**

一個質點，受力 $\mathbf{F}$，其時它的速度是 $\mathbf{v}$，則此力對此質點所作的功率是內積

$$\mathbf{F} \cdot \mathbf{v}.$$

● **功的累積**

如果一個質點，處在一個力之場中作運動，質點所受的力，（隨時）隨地在變化，但是我們就把它的移動，分成一小段一小段，就把它在作此一小段的位移時的受力，看成沒有太大的變化，那麼，我們就可以計算（差不多的）這一小段位移之中，力場所作的功，當然，這個計算只是差不多。我們就把這些小段的功，全部加起來。積分學告訴我們：如果我們讓那個「分割成一小段一小段」的這件事，無限精細地做下去，那麼，所計算出來的總功，會趨近一個極限。這就是我們所說的精確的功（的累積）。

§1-2　面積向量與通量

● **面積向量**

談到三角函數當然會出現夾角；談到夾角，就必然涉及向量與方向。物理科學中的向量，有一類，如：速度、加速度、動量、力，這些物理上的向量，其「有向」的概念，可以說都是由「有向線段」延伸而來。

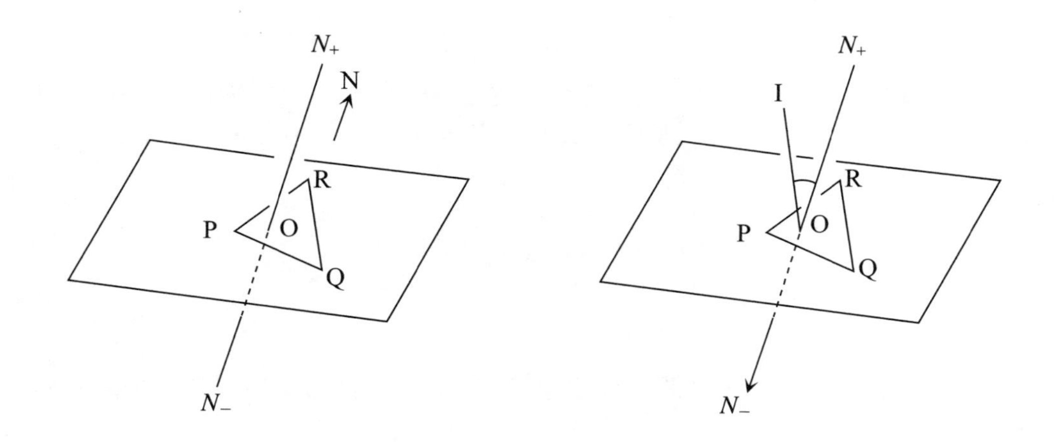

我們現在介紹另外一種向量的概念，叫做面積向量（areal vector）。這是在某一個平面上，畫出一塊區域，例如上左圖中的一個三角形區域$\triangle PQR$。過這個區域上的任意一點O，我們可以畫一條直線與這個平面相垂直，例如上左圖中的直線N_-ON_+）。這條直線叫做此平面的，（或者此區域的，）過O點的法線（normal）。它有兩條「半線」，$\overrightarrow{ON_+}$與$\overrightarrow{ON_-}$，於是有兩個法向（normal direction）。我們知道：方向的概念很麻煩：有時方向是「不管正負號的」，那麼這個平面的方向就是這條法線（直線！）的方向；有時，方向是「必須連同正負號一起考慮的」，那麼，我們就必須在兩條「半線」中，選一個當作正，另一個當作負。例如在圖中，我們選擇$\overrightarrow{ON_+}$，於是，用這個正法向

$$\mathrm{N} := \frac{\overrightarrow{ON_+}}{|ON_+|}.$$

為方向，用這塊面積的大小為大小，我們就得到面積向量的概念！

我們可以用記號$\overrightarrow{\triangle}PQR$來表示這個面積向量

$$\overrightarrow{\triangle}PQR := |\triangle PQR| * \mathrm{N}.$$

對於這個平面外的一點I，我們可以由內積$\overrightarrow{OI}\cdot\overrightarrow{ON_+}$的正負，來決定$I$是在平面的哪一側。（與$N_+$同側或異側。）如上右圖，是同側。如果$\overrightarrow{IO}$代表光線，那麼$\angle ION_+$叫做入射角。

光量與光度

光是能量的一種，就是所謂的電磁波。但是大部分的電磁波不是在人類的

視覺範圍內，因此，我們特別把「光的能量」，另外用一個名稱，叫做光量（light quantity）。那麼，有些東西，就是所謂的「光源」，會放射出光量。所謂發光強度，簡稱光度（intensity of light），就是指「在單位時間內能夠發出的光量」，它的單位叫做燭光（cd = candella）。這樣子的用詞是站在光源的立場來說的。若用「流通」的立場，也有另外一個單位是 lumen（典雅的譯詞是流明），簡寫為 lm。這是「光通量」（= 單位時間內通過的光量）的單位。

$$1\ lumen = \frac{1}{4\pi} cd\ .$$

流量與通量

現在想像：在上右圖，沿著方向 $\overrightarrow{IO}$，有均勻平行的光線射過來。那麼我們就可以定義一個向量 **q**，稱為光通量密度。它的方向就是 $\overrightarrow{IO}$ 的方向，而它的大小，就是與這些光線相垂直的截面上，每單位面積在單位時間內通過的「光量」。它的單位，就是 lux，簡寫為 lx。

$$lux = lm/m^2\ .$$

那麼就有一個結論：「光通量」，或即，「在單位時間內，通過這個區域△*PQR*的光量」，就是：

$$-\mathbf{q} \cdot \overrightarrow{\triangle PQR} = q * |\triangle PQR| * \cos(\angle ION)\ .$$

註 這個負號是我不幸的選擇！我們是選擇了迎向光源的法向為正。以上這個概念在物理上經常出現，另外一個例子就是：「熱量」、「熱流量」、「熱流量密度」。

「熱」是能量的一種，古時的人，以為它是一種物質，就是所謂的熱質。因此，我們特別把「熱能量」，另外用一個名稱，叫做卡（calorie）。那麼，原則上，我們也可以講一個熱源（heat source）的散熱本領，也就是熱流量，= 單位時間內通過的熱量的單位。其單位應該是每秒卡。

更重要的是講熱流量密度（heat flux density）**q**，這是一個向量，它的方向就是熱量流動的方向，例如上右圖中的 $\overrightarrow{IO}$ 的方向，而它的大小，就是與這熱流垂直的截面上，每單位面積在單位時間內通過的「熱量」。那麼剛剛的公式照樣成立！

註 微分法

在上面定義的「流量」、「流量密度」，都假設了均勻性，否則就必須用到微積分。

習題 除了「光能的流」、「熱能的流」之外，當然還有「物質的流」、「電量的流」，請給出適當的定義！

解析 當我們說：在空間的某一點 O 處，「流量密度是向量 $\mathbf{J}$」，意思就是：在此點 O，畫個平面與這個向量 $\mathbf{J}$ 相垂直，（利用 $\mathbf{J}$，我們就可以對於平面的兩側分辨正負了，）然後，在這個平面上，環繞著 O 點，畫個小小的區域，例如小三角形域 $\triangle PQR$，（或者圓盤，）那麼，在一段很小的時間 Δt 內，有些物質從正側移動到負側，也有的是顛倒；我們「淨算起來」，發現有淨質量 Δm 的物質，從負側移到正側，而

$$\frac{\Delta m}{|\triangle PQR| * \delta t} \approx |\mathbf{J}|.$$

註 微分法的意思就是說：當時間 Δt 趨近零，面積 $|\triangle PQR|$ 也趨近零的時候，上式左邊的商，會趨近右邊。

習題 如何把以上三維的概念改為二維的概念？

解析 「平面上一點 O 處，熱流量密度是（平面）向量 $\mathbf{J}$」，意思就是說：過 O 點，畫一條直線，與 $\mathbf{J}$ 相垂直，（利用 $\mathbf{J}$，我們就可以對於直線的兩側分辨正負了，）然後，在這個直線上，環繞著 O 點，（例如以 O 為中點，）畫個小小的線段 $\overline{PQ}$，那麼，在一段很小的時間 Δt 內，有熱量 ΔH，從負側移到正側，而

$$\frac{\Delta H}{|\overline{PQ}| * \Delta t} \approx |\mathbf{J}|.$$

習題 請思考一下，我們是否也可以講「人口的流」？（這是二維的概念。）這裡的困難在於「尺度」。必須時間 Δt 夠長，線段 $\overline{PQ}$ 夠長，人口 ΔP 也夠多，這樣子講流量密度才有意義。

● Lambert 定律

假設在整個空間只有一個點光源（point light-source），光度為 I（燭光），在距離為 $r = |\overline{OP}|$ 處，有個小小面積，其法線為 $\overline{Pn}$ 而夾角 $\angle OPn = \theta$，則此面上的照度（intensity of illumination）就是

$$I * \frac{\cos(\theta)}{r^2}.$$

證明 光度I，則均勻地放射出去，在半徑r的球面上，如果有塊面積是$\mathcal{S}$，則每單位時間內，它可以得到光量

$$4\pi I * \frac{\mathcal{S}}{4\pi r^2}.$$

現在想像P處的一小塊平面區域，面積為$\mathcal{A}$，則在O點，斜斜地看過去，只是等於正面看到面積$\mathcal{S}$，這是要從$\mathcal{A}$打個折扣，也就是乘上$\cos(\theta)$。

光度計

上述平方反比定律是古老的光度計的原理。中間都是儀器可以左右移動的部分，而光源是I_A, I_B。（其中之一是已知，）下左圖為Ritchie氏設計者，由眼睛判斷：由兩個光源分別射到AC, BC的面板上的照度相等時，則光度正比於距離平方。下右圖為Bunsen氏設計者，白紙在兩光源之間間隔。但是紙的中央有半透明圓斑，由此可以判定紙張兩側照度相等否。

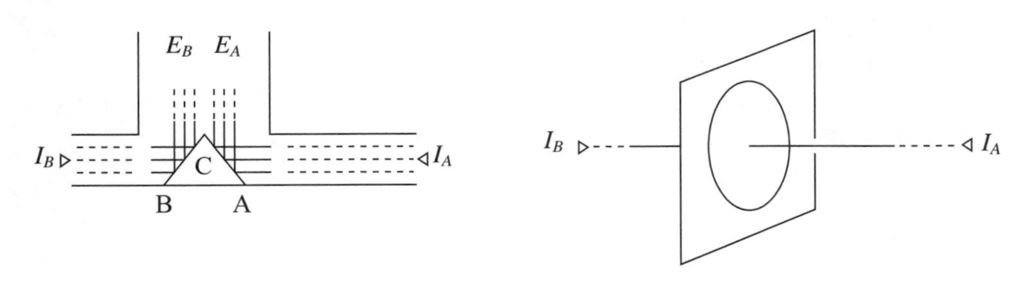

例 1 兩個光源各為 8cd, 2cd，相距 6 米，請問，在它們的連線上何處放置一張紙版，會使得兩面的照度相同？

解析 （當然這就是 Bunsen 光度計的一例。）若距兩光源的距離各為x，$6-x$，則：

$$\frac{8}{x^2}=\frac{2}{(6-x)^2} \quad (x=4，6-x=2).$$

例 2 地板上方高度h處有光度I之點狀光源O，試證：在地板上之一點P處，照度為$E=\frac{I*h}{|\overline{OP}|^3}$，與距離$|\overline{OP}|$之立方反比。

例 3 我們有一些人體工學的考慮！譬如說：要閱讀，應該有$E_0=50\,\text{lux}$的照度。現在想像用一張正方桌，邊長x；在桌子中心點上方，高h處，若有光源I，則：在方桌四個角落上的照度為何？如果這個照度必須是E_0，則

$h=u$ 與 x, I 有何關係？又，在方桌四邊中點的照度為何？如果這個照度必須是 E_0，則 $h=v$ 與 x, I 有何關係？

設計師當然要會這個計算，更重要的是：這些變數一方面必須滿足一些條件，另一方面又牽涉到費用。

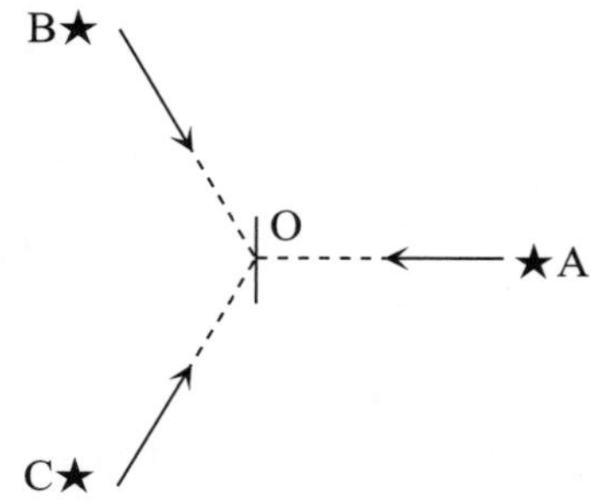

問　平面上有等強度的三個點狀光源 A, B, C，形成正三角形。

今在 $\triangle ABC$ 的中心點 O 處，有一小片木板，其法線恰為 $\overrightarrow{OA}$，試比較此板兩面的照度。（前面受到 A 的光照，後面受到 B 與 C 的光照。）

§2　運動學

● Gibbs 的基底

在題目中，平面上的基本單位向量，通常用 **i**, **j**。例如說，講到方位，我們通常用 **i**, **j** 分別指向東方與北方。（而鉛垂向上的基本單位向量用 **k**）。或者說，我們用 **i**, **j** 分別表示 x, y 兩軸的正向。

偶而有必要使用別的基本單位向量，這時候，我們大概都是把 **i**, **j** 正轉 α 角，得到基本單位向量 **a**, **b**，於是：

$$\mathbf{a} = +\mathbf{i} * \cos(\alpha) + \mathbf{j} * \sin(\alpha)\text{；}$$
$$\mathbf{b} = -\mathbf{i} * \sin(\alpha) + \mathbf{j} * \cos(\alpha).$$

● 向量

討論空間中質點的位置、速度、加速度、動量、力量，都要寫三個成分，（若是限制在一個平面上，那麼就要寫兩個成分，）它們的計算應該用向量的算術。

● 抽象化的思考

（我們暫時都只討論二維的也就是平面的情況。）

向量概念最自然的出現是「位移」。我們如果建立平面Descartes座標系，那麼，由一點 $P=(p_1, p_2)$ 與一點 $Q=(q_1, q_2)$，我們就得到位移向量

$$\overrightarrow{PQ} = [q_1 - p_1, q_2 - p_2] = (q_1 - p_1)\mathbf{i} + (q_2 - p_2)\mathbf{j}.$$

如果這個「位置的移動」，是在時間 Δt 內達成的，那麼「平均速度」就

是向量

$$\frac{1}{\Delta t}((q_1-p_1)\mathbf{i}+(q_2-p_2)\mathbf{j}).$$

我們必須再三強調：「速度向量」與「位移向量」是活在不同的空間！位移向量活在「位移向量（的）空間」，「速度向量」活在「速度向量（的）空間」！我們現在專討論二維的的情況，那麼就分別稱做「位移向量（的）平面」，與「速度向量（的）平面」；或者簡略得更厲害些，就稱做「位移平面」（displacement plane，與「速度平面」（velocity plane）。那麼，完全同樣的理由，還有：（「加速度空間」、「動量空間」、「力量空間」、）「加速度平面」、「動量平面」、「力量平面」。同樣是向量，但是物理的屬性（「量綱」）不同，它們就活在不同的世界！

如果像前面所說的，我們已經在平面上建立了座標系，又點出了兩點 P, Q，我們連接此兩點：就得到幾何學上的「線段」，$\overline{PQ}$；於是只要用箭頭標示方向，就得到「有向線段」$\overrightarrow{PQ}$，那麼我們就很可以用它來代表那個位移向量。

（所以我們可以說：「點」與「位移向量」，差不多是活在同一個世界！因為可以在同一張座標紙上表現。）

但是，如果在剛剛的例子中，時間 $\Delta t=4$ 秒，我們並不是把那個（有向）線段，長度除以 4，（= 乘上 0.25，）用這樣子的線段來代表平均速度 $\bar{\mathbf{v}}$。這是因為速度與長度單位不同！（否則，4 秒 $=\frac{1}{15}$ 分鐘，那麼應該把線段長乘上 15 倍。）因為速度向量 $\bar{\mathbf{v}}$ 是活在不同的平面，所以，你可以就影印那張畫了有有向線段 $\overrightarrow{PQ}$ 的座標紙，然後標記現在需要的速度單位，那麼在這張座標紙上的有向線段 $\overrightarrow{PQ}$ 就可以代表這個速度向量了，因為現在的這張座標紙，已經是個「速度向量平面」了，與原版的座標紙不同！

● 運動學

只討論質點的位置、速度，與加速度，不討論力，那麼這是運動學（kinematics）；運動學的根本原理，就是 Newton 與 Galilei 的「相對論」，也就是如下的兩個原理。我們這裡是假定有一個絕對的觀測者能夠觀測得到：任何質點在某一瞬間的位置、速度、加速度，等等。

● 相對位置

甲乙兩個質點在某一瞬間的位置各為 $\mathbf{p}$ 與 $\mathbf{q}$，則：當時乙相對於甲的位置，就是 $\mathbf{q}-\mathbf{p}$。

● 相對速度

甲乙兩個質點在某一瞬間的速度各為 $\mathbf{u}$ 與 $\mathbf{v}$，則：當時乙相對於甲的速度，

就是 $\mathbf{v}-\mathbf{u}$。

例題 雨滴垂直下降，它的穩定的速度是 6 m/sec。車子的速度是 2 m/sec。請問在車上的「雨滴收集器」應該怎樣擺放，可使得雨滴會直接降落到收集器的底部？

解析 雨滴的速度是 $\mathbf{v}=-6\mathbf{k}$，車子的速度是 $\mathbf{u}=2\mathbf{i}$，雨滴相對於車子的速度是 $\mathbf{v}-\mathbf{u}=-6\mathbf{k}-2\mathbf{i}$，收集器的開口方向就是其反向

$$\text{sign}(6\mathbf{k}+2\mathbf{i})=\frac{6}{\sqrt{40}}\mathbf{k}+\frac{2}{\sqrt{40}}\mathbf{i}.$$

仰角是 $\arctan(3)=71.565°$。

例題 河流由東向西，A, B兩點隔岸南北相對。（如下左圖。）今若駕小船，取向北方向，自 A 點出發，則由於水流的緣故，將於 10 分鐘後，在 B 點下方 120m 處之 C 點靠岸；若同樣自 A 點出發，有同樣的動力速度，但是改變方向，由北轉東 α角，那就可以於 12.5 分鐘後，在 B 點靠岸。試求：河寬$\ell=\overline{AB}$、船的動力速度 u、河水流速 v，以及新轉的角度 α。

註 船的動力速度 u，指的是它在靜水中的速率。

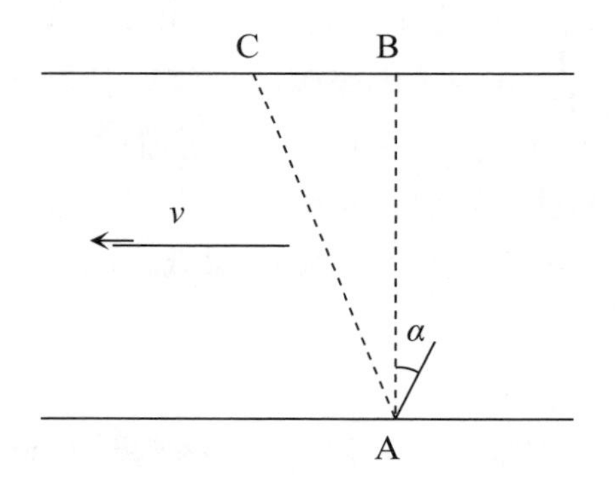

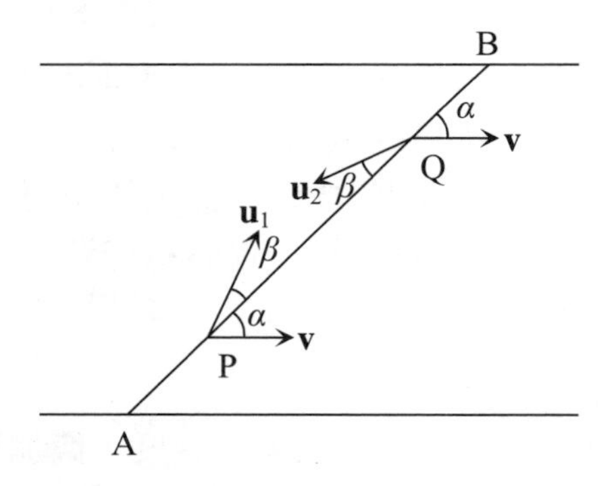

解析 河水的速度向量是 $-v\mathbf{i}$；
原先，船的動力速度向量是$u\mathbf{j}$；因此真正的船速（向量）是 $-v\mathbf{i}+u\mathbf{j}$；經過 10 分鐘的位移是

$$\overrightarrow{AC}=-120\mathbf{i}+\ell\mathbf{j}=(-v\mathbf{i}+u\mathbf{j})*10.$$

分解成兩個成分式子：

$$\text{(i)}：-10v=-120；\text{(ii)}：10u=\ell .$$

故：河水流速 $v=\dfrac{120}{10}=12(\text{m/sec})$。
採取新方向，則船的動力速度向量是 $u(\cos(\alpha)\mathbf{j}+\sin(\alpha)\mathbf{i})$；
真正的船速（向量）是

$$u(\cos(\alpha)\mathbf{j}+\sin(\alpha)\mathbf{i})-v\mathbf{i}=u\cos(\alpha)\mathbf{j}+(u\sin(\alpha)-v)\mathbf{i} .$$

而經過 12.5 分鐘後，位移是：

$$\ell\mathbf{j}=12.5*(u\cos(\alpha)\mathbf{j}+(u\sin(\alpha)-v)\mathbf{i}) .$$

因此（分解成兩個成分式子）：

$$\text{(iii)}：u\sin(\alpha)-v=0；\text{(iv)}：u*\cos(\alpha)=\frac{\ell}{12.5} .$$

由(ii), (iv)，得到：$\cos(\alpha)=\dfrac{10}{12.5}=0.8$，$\alpha=36.87°$；由(i), (iii)，得到：

$$u\sin(\alpha)=v，u=v\csc(\alpha)=12\frac{1}{0.6}=20(\text{m/sec})；\ell=200(\text{m}) .$$

例題 河流由西向東，A, B 兩點各在南北岸，且 B 在 A 點之北轉東 30°方向，相距 1200m。（如上右圖。）今若有小船，自 A 點出發，取直線路徑到達 B 點，立即再以直線路徑回到 A 點。（扣除其轉頭等的操作時間不算，）總計費時 300 秒。水流的速率 = 1.9(m/sec)。船的動力速度 u 始終一致，而且動力方向，來去都是與實際路線保持相同的角度 β。試求：船的動力速度 u，以及角度 β。

解析 這一題我們要解說向量的分解組合，因此，我們就
用 α 來表示 $\overrightarrow{AB}$ 方向對於河流方向的轉角。（題目的意思是 60°。）
用 v 表示水流的速率。（題目的意思是 $v=1.9$ m/sec。）
用 ℓ 表示直線距離。（題目的意思是 $\ell=1200$ m。）
用 T 表示總費時。（題目的意思是 $T=300$ sec。）
我們取 $\overrightarrow{AB}$ 的方向為基準向量，$\mathbf{a}:=\text{sign}(\overrightarrow{AB})$，將它正轉 90°後，就得到基準向量 $\mathbf{b}$。
於是，河水流速向量，來回都是：

$$\mathbf{v} = v\cos(\alpha)\mathbf{a} - v\sin(\alpha)\mathbf{b}\text{。}$$

但是由 A 到 B 時，

船的動力速度為 $\mathbf{u}_1 = u\cos(\beta)\mathbf{a} + u\sin(\beta)\mathbf{b}$.

船的實際速度為 $(u\cos(\beta)\mathbf{a} + u\sin(\beta)\mathbf{b}) + (v\cos(\alpha)\mathbf{a} - v\sin(\alpha)\mathbf{b})$。

乘上所費的時間 t_1 之後，必須是

$$t_1 * (u\cos(\beta) + v\cos(\alpha))\mathbf{a} + t_1 (u\sin(\beta) - v\sin(\alpha))\mathbf{b} = \overrightarrow{AB} = \ell * \mathbf{a}.$$

分解為兩個成分，則得：

$$\text{(i)}: t_1 [u\cos(\beta) + v\cos(\alpha)] = \ell,$$
$$\text{(ii)}: u\sin(\beta) = v\sin(\alpha).$$

而由 B 到 A 時，

船的動力速度為 $\mathbf{u}_2 = -u\cos(\beta)\mathbf{a} + u\sin(\beta)\mathbf{b}$,

船的實際速度為 $(-u\cos(\beta)\mathbf{a} + u\sin(\beta)\mathbf{b}) + (v\cos(\alpha)\mathbf{a} - v\sin(\alpha)\mathbf{b})$,

乘上所費的時間 t_2 之後，必須是

$$t_2 * (-u\cos(\beta) + v\cos(\alpha))\mathbf{a} + t_2 (u\sin(\beta) - v\sin(\alpha))\mathbf{b} = \overrightarrow{AB} = -\ell * \mathbf{a}.$$

分解為兩個成分，則得：((ii)之外，還有)

$$\text{(iii)}: t_2 [u\cos(\beta) - v\cos(\alpha)] = \ell.$$

另外我們有：

$$\text{(iv)}: t_1 + t_2 = T.$$

有四個未知數 u, β, t_1, t_2，四個方程式。

註 對於小孩子，最困擾的是：已知數與未知數分辨不清！
此地如果直接寫出 v, ℓ, α, T 的數值，你鐵定不會弄錯！我存心不良！
由(iii) − (i)，得到：

$$\text{(v)}: (t_2 - t_1) * u\cos(\beta) = (t_2 + t_1) * v\cos(\alpha).$$

再代入(i)，故：

$$(\text{vi}): \frac{t_1 * t_2}{t_2 - t_1} = \frac{\ell}{v\cos(\alpha)}.$$

此式右側是已知的，可以與(iv)聯立，就解出 $t_2 > t_1$ 那一組解。
代入(i)，就解出$u\cos(\beta)$；於是，與(ii)聯立，就解出β, u。
我計算的結果是：$t_2 = 158.9$，$t_1 = 141.1$；$u = 8.6608$，$\beta = 10.95°$。

§2-1 等加速運動

等加速運動

我們把質點在 $t = 0$ 時的（初）位置，記做 $\mathbf{x}_0$，（初）速度記做 $\mathbf{v}_0$。（寫成足碼，讀做sub zero，寫在括弧中，讀做of zero。實質上，是同樣的意思。）如果它在 t 時刻，瞬時位置在 $\mathbf{x}(t)$，而瞬時速度為 $\mathbf{v}(t)$，那麼就知道：在這段時間[0..t]內，質點的

$$\text{平均速度} = \frac{\mathbf{x}(t) - \mathbf{x}_0}{t}；\text{平均加速度} = \frac{\mathbf{v}(t) - \mathbf{v}_0}{t}.$$

「等加速」的意思是：平均加速度是個定常不變的向量，我們記之為 $\mathbf{a}$，那麼：

$$\mathbf{v}(t) = \mathbf{v}_0 + \mathbf{a} * t.$$

而且：平均速度 = 初速度 $\mathbf{v}_0$ 與末速度 $\mathbf{v}(t)$相加除以 2，因此：

$$\mathbf{x}(t) = \mathbf{x}_0 + \mathbf{v}_0 * t + \frac{\mathbf{a}}{2} * t^2.$$

各向獨立的原理

對於等加速運動，我們把所有的向量都分解為各個方向上的成分；例如：

$$\mathbf{x} = (x, y)，\mathbf{v} = (u, v)，\mathbf{a} = (a_x, a_y).$$

於是得到：

	位置	速度
橫	$x(t) = x_0 + u_0 * t + a_x \frac{t^2}{2}$	$u(t) = u_0 + t * a_x$
縱	$y(t) = y_0 + v_0 * t + a_y \frac{t^2}{2}$	$v(t) = v_0 + t * a_y$

x, y 兩個方向上的運動，變成毫不相關！

● 地面上的重力加速度

假設地面上的一個質點，除了地心引力之外不受到任何力量的作用，那麼它會在一個鉛垂面上作等加速運動。我們取 x 軸以水平方向，而 y 軸鉛垂向上，則加速度是 $-g\mathbf{j}$，其中的常數，通常就約定為 9.8 m/sec^2。

和三角學有關係的只是一句話：假設初速度的仰角記做 α。那麼：

$$\mathbf{v}_0 = v_0\cos(\alpha)\mathbf{i} + v_0\sin(\alpha)\mathbf{j}\,,$$
$$y = y_0 + v_0\sin(\alpha)t - \frac{g}{2}t^2\;;\; x = x_0 + v_0\cos(\alpha)t\,.$$

例 1　著地距與最高度

砲彈自地面以初速 u、仰角 α 射出，求其著地距 R 與最高度 H。

解析　當然，你通常以初位置為原點！於是：

$$y = u\sin(\alpha)t - \frac{g}{2}t^2\;;\; x = u\cos(\alpha)t\,.$$

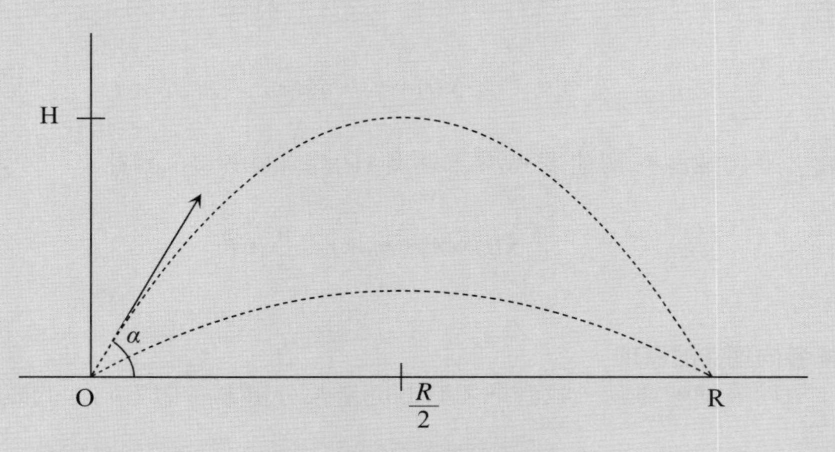

則：（再）著地的時刻為 $t = T_R > 0$，需滿足：

$$0 = u\sin(\alpha)t - \frac{g}{2}t^2\,.$$

因此得到：$T_R = \frac{2u}{g}\sin(\alpha)$，代入計算 x，就得到：著地距 R。

另外，由配方法可以求出：y 之極大時刻 T_H，與極大值 H（即是最高度），

$$T_R=\frac{2u}{g}\sin(\alpha)\text{；}R=\frac{u^2}{g}\sin(2\alpha)\text{；}$$

$$T_H=\frac{u}{g}\sin(\alpha)\text{；}H=\frac{u^2\sin^2(\alpha)}{2g}.$$

你當然看得出來：

$$T_R=2*T_H\text{；}\frac{R}{H}=4\cot(\alpha)\text{；}$$

問 求最大射程 $\max_\alpha R$ 及其仰角。

答 $\sin(2\alpha)=1$；$\alpha=45°$；$R_{\max}=\frac{u^2}{g}$。

問 求最大高度 $\max_\alpha H$ 及其仰角。

答 $\sin(\alpha)=1$；$\alpha=90°$；$H_{\max}=\frac{u^2}{2*g}=\frac{1}{2}R_{\max}$。

問 同樣的射距 R，有兩個仰角，請問其最高度之比。

答 同樣的射距 $R=\frac{u^2}{g}\sin(2\alpha)$，有兩個仰角，互餘！

一個 $\alpha_1<45°$，一個 $\alpha_2=90°-\alpha_1>45°$，因此：

$$\frac{H_2}{H_1}=\frac{\sin^2(\alpha_2)}{\sin^2(\alpha_1)}=\cot^2(\alpha_1).$$

例2 很實用的問題是：於上例題中，已經知道初速 u，又給定著地距 $R\le R_{\max}=\frac{u^2}{g}$，求其射出之仰角 α。

解析 $\alpha=\frac{1}{2}\arcsin\left(\frac{gR}{u^2}\right)$。

注意到：如上所說，這裡有兩個解，互餘。（這是因為取arcsin時，有互補兩個角度！）

問 射距 R = 最高度 H，求其射出仰角。

答 $\alpha=\arcsin(2)\approx76°$。

例3 拋射於斜坡上

斜坡之坡度為 α，今以初速 v_0、仰角 $\beta>\alpha$ 拋射一石頭，請問於斜坡上何處著地？距離多遠？

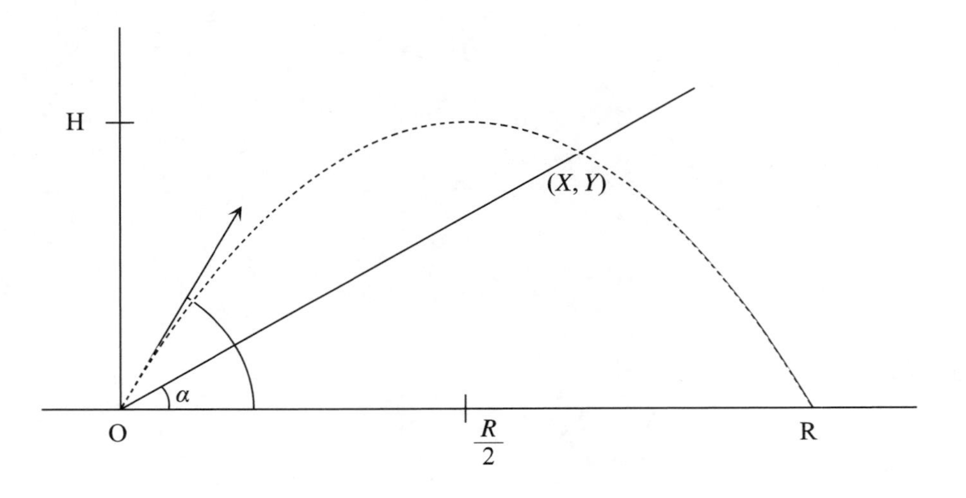

解析　石頭之路徑為：

$$x=v_0*\cos(\beta)*t\text{，}y=v_0*\sin(\beta)*t-\frac{g}{2}t^2 .$$

以 t 為自由參數；但是，斜坡之方程式為：

$$y=x*\tan(\alpha) ,$$

聯立，就可以求出 t, x, y；(x, y)就是著地處。
今化為純 t 之方程式：

$$v_0*\sin(\beta)*t-\frac{g}{2}t^2=x*\tan(\alpha)=v_0*\cos(\beta)*\ t*\tan(\alpha) .$$

因此，棄去 $t=0$ 之一根，得到：

$$t=\frac{2*v_0*\cos(\beta)}{g}(\tan(\beta)-\tan(\alpha)) .$$

著地處(X, Y)：

$$X=\frac{2*v_0^2*\cos^2(\beta)}{g}(\tan(\beta)-\tan(\alpha)) ,$$

$$Y=X*\tan(\alpha)=\frac{2*v_0^2*\cos^2(\beta)}{g}(\tan(\beta)-\tan(\alpha))*\tan(\alpha) .$$

$$距離 = \sqrt{X^2+Y^2} = X * \sec(\alpha) = \frac{2 * v_0^2 * \cos^2(\beta)}{g}(\tan(\beta) - \tan(\alpha)) * \sec(\alpha) .$$

§2-2 圓周運動

角速度原理

質點作等速度圓周運動的時候，任何時刻，它的速度向量**v**總是與圓心到質點處的半徑垂直，也就是沿著切線方向。令T表示周期，也就是質點繞一周所需的時間，則質點的速率是

$$v = \frac{2\pi R}{T} = \omega * R；\omega = \frac{2\pi}{T} 稱為角速度 .$$

（當然，這時候的角度是用弧度制：以一周角為 2π。）

在圓周所在的平面設置座標系，以圓心為原點，質點的位置向量 **x**，變成旋轉的半徑；我們採用的規約是：逆時鐘的旋轉，角速度定為正；而順時鐘的旋轉，角速度定為負。

於是，任何時刻，瞬時速度向量 **v**，就是瞬時位置向量 **v**，正轉 90°，再乘上（有號的！）角速度 ω。

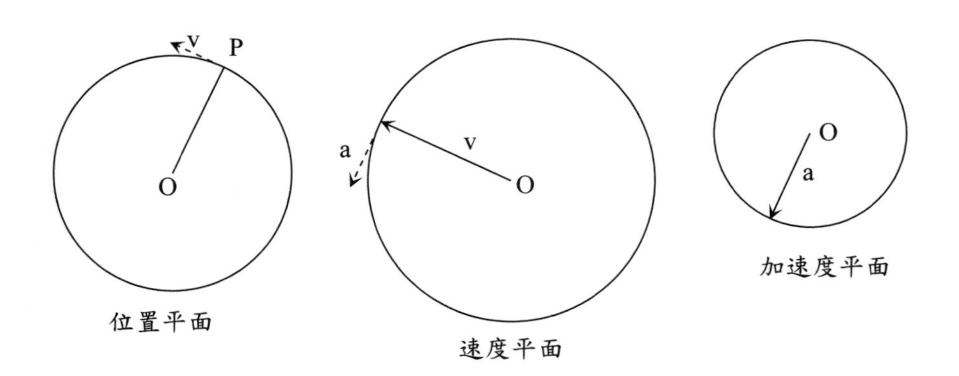

不同的空間

我們上面已經說過：不同量綱的物理量，活在不同的抽象世界。上左圖的P點是繞著圓心O作等速圓周運動的質點在某一瞬間的位置；其時的速度向量**v**，我們以虛線表示，它只是虛的存在，因為它不屬於這個平面！大小表現不出來！但是方向是對的！它是P點處的切線方向。（由半徑方向，正轉一個直角。）

然後，我們把剛剛那個瞬時速度 **v** 表達在上中圖，這個圓是速度平面的圓，圓心是（這個速度平面的！）「原點」O，也就是「零速度」，（因此與左圖的O，意義不同！）而「半徑」是

$$v=|\mathbf{v}|=R*\omega .$$

也就是「這個等速圓周運動的（固定不變的！）速度。不過，我們雖然講「這個等速圓周運動的速度」，但是這時候的「速度」=「速率」，記號是v，而不是具有向量身分的「速度」（向量），後者的記號是**v**。等速圓周運動的等「速」，「速」=「速率」，絕對不是指後者，因為既然是「圓」，方向就一直在變化！

這個**v**，當然就是左圖的**v**。但是這裡的圖有它的單位，因此它有大小可言，又有方向，於是在此向量**v**是真實的存在！

我們把其時的加速度向量**a**，也以虛線表示於這個圖中，它只是虛的存在，因為它不屬於這個平面！大小表現不出來！但是方向是對的！它是點**v**處的切線方向。（由半徑方向，正轉一個直角。）

然後，我們把剛剛那個瞬時加速度**a**表達在上右圖，這個圓是加速度平面的圓，圓心是（這個加速度平面的！）「原點」O，也就是「零加速度」，（因此與左圖、中圖的O，意義不同！）而「半徑」是

$$a=|\mathbf{a}|=v*\omega=\omega^2*R .$$

也就是「這個等速圓周運動的（固定不變的！）加速度」。不過，我們雖然講「這個等速圓周運動的加速度」，但是這時候的「加速度」=「加速率」，記號是a，而不是具有向量身分的「加速度」（向量），後者的記號是**a**，方向也是一直在變化！

這個**a**，當然就是中圖的**a**。但是這裡的圖有它的單位，因此它有大小可言，又有方向，於是在此向量**v**是真實的存在！

位置P，因而向徑$\overrightarrow{OP}=\mathbf{x}$，一直在（隨著時間）變化，於是速度向量**v**也一直在（隨著時間）變化，不過它的方向是將**x**正轉一個直角而得，大小則是乘以角速度ω；同樣地，加速度向量**a**也一直在（隨著時間，）變化，不過它的方向是將**v**正轉一個直角而得，大小則是乘以角速度ω；結論是：加速度向量**a**的方向是將向徑**x**「正轉一個直角再一個直角」而得，因此是與**x**的方向差了個180°，根本是「變了正負」！至於大小，則是將**x**乘以角速度ω的平方：

$$\mathbf{a}=-\omega^2\mathbf{x}\text{；}a=|\mathbf{a}|=\omega^2*R=\frac{v^2}{R} .$$

向心加速度原理

如果一個質點正在一個平面上繞著一個定點 O 作圓周運動（旋轉），瞬時速度是 $\mathbf{v}$，而旋轉半徑 $= R$，則它的瞬時加速度的向心成分為

$$a_r = \frac{v^2}{R}.$$

註 這裡是假定質點繞著圓心 O 作圓周運動，但不假定等速！速度 $\mathbf{v}$ 必然是沿著切線方向，但速率可以有變動，於是，加速度就可以有切向的成分 $a_t \neq 0$。

問 就設地球半徑 $R = 6.4 * 10^6$（米），水上鄉是在北迴歸線上，求其繞地軸的轉動速度。（與你的百米速度相比呢！？）向心加速度呢？

$$\frac{2\pi * R}{86400} = 465.42\text{；}465.42 * \cos(23.5°) = 426.8\ (S.I.).$$

向心加速度則是：0.03104。

例 1 如果騎著鐵馬（bicycle），以時速 15 公里等速前進，問：車輪著地處，與車輪的頂上處，速度各是多少？

解析 相對於輪心 O 來說，輪緣上各點都是作等速度圓周運動，速度是 $v = R * \omega = \frac{2\pi R}{T}$；

輪的頂上 B 處，相對速度是 $\mathbf{v} = v\mathbf{i}$；

車輪著地 A 處，相對速度是 $-\mathbf{v} = -v\mathbf{i}$；

輪心 O 的速度是 $\mathbf{v} = v\mathbf{i}$；$v = 15$ Kph，因此：

A 處的速度 $= \mathbf{v} + (-\mathbf{v}) = 0.$ （輪子滾而不滑！）

B 處的速度 $= \mathbf{v} + \mathbf{v} = 2v\mathbf{i}.$ （即是 30 Kph。）

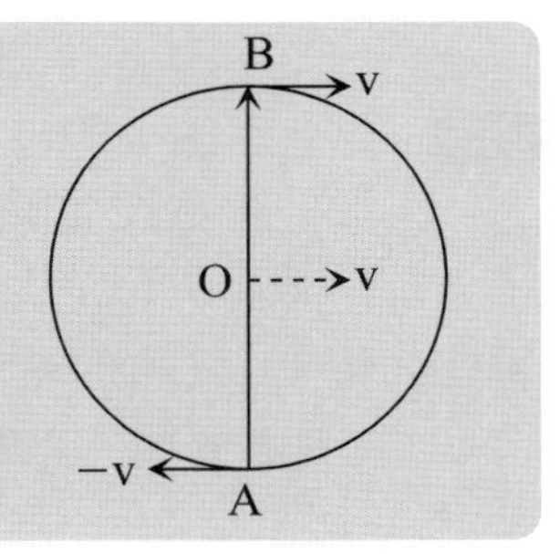

註 我們這裡有點小問題：在這個圖看起來，旋轉是順時鐘的！因此應該說「有號的角速度」為負 $-\omega<0$。（無號的角速度 =「角速率」，還是記成 $\omega = \frac{2\pi}{T} > 0$。）

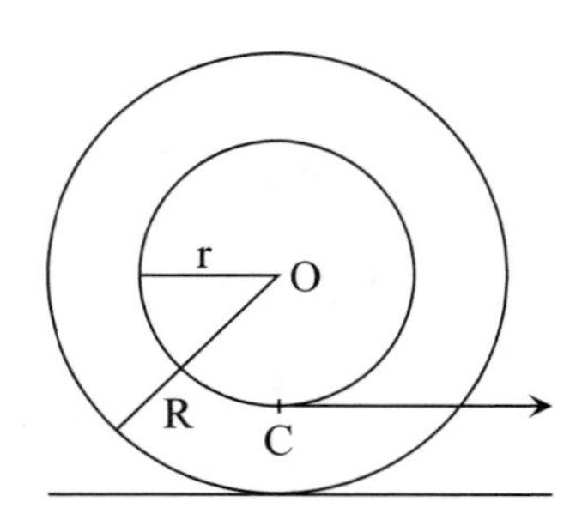

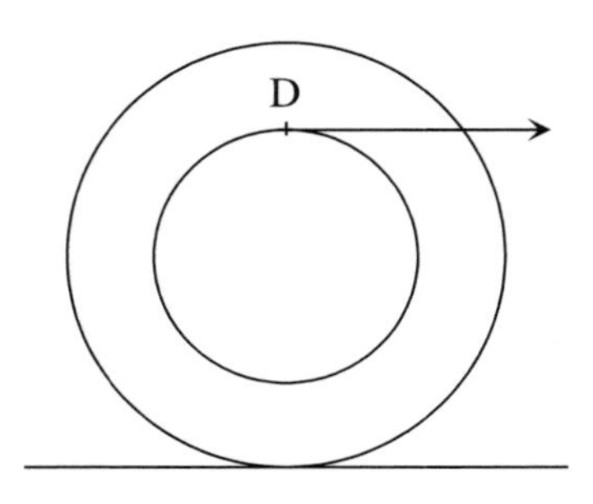

例2 如上左圖，輪軸放置光滑桌面上，無摩擦，滾動而不滑動。內軸半徑 r，外輪半徑 R；軸上所纏的絲線，若由軸心 O 的下方 C 處，水平向右拉而解開，線端的速度是 v 向右，請問軸心的速度是多少？向右還是向左？

解析 接續上個例題！輪軸的角速率為 $\omega=\frac{2\pi}{T}$，但是把軸心 O 的速度記成 $u=R*\omega$；則相對於軸心 O 而言，C 處（絲線離開內軸處）的速度是 $-r*\omega=-u*\frac{r}{R}$，（這是負號，）那麼，相對於桌面的（「絕對」）速度，就是

$$u-u*\frac{r}{R}=u*\frac{R-r}{R}=v\ ;\ u=\frac{R}{R-r}*v.$$

例3 如上右圖，題目與上題其實是一樣的，只是絲線改軸心 O 的上方 D 處，水平向右拉而解開，線端的速度是 v 向右，請問軸心的速度是多少？向右還是向左？（內軸半徑還是 $r=OD$。）

解析 此時，相對於軸心 O 而言，D 處（絲線離開內軸處）的速度是 $r*\omega=u*\frac{r}{R}$，（這是正號，）那麼，相對於桌面的（「絕對」）速度，就是

$$u+u*\frac{r}{R}=u*\frac{R+r}{R}=v\ ;\ u=\frac{R}{R+r}*v.$$

例題 如右圖，以繩索纏繞於半徑 20 cm 之滑輪，下懸一物 w，自靜止開始，使其以加速度 2 cm/sec^2 下降；當下降了 100 cm時，求滑輪之角速度。其時滑輪正下方 A 處繩索之加速度為何？

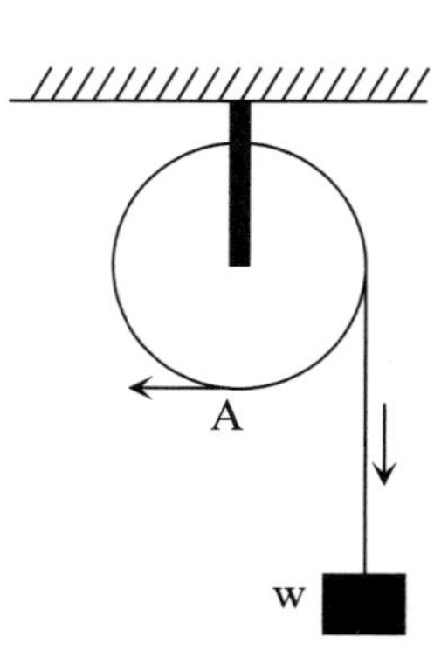

解析 （用 cgs 單位。）當時繩索之下降速度為

$$v=\sqrt{2*a*s}=20\,.$$

故滑輪之角速度

$$\omega=\frac{v}{R}=1\,.$$

A 處繩索之向心加速度為

$$a_n=\frac{v^2}{R}=20\,.$$

（在圖中 A 處，方向是**j**。）
現在要思考切向加速度。在普通物理的情況，都是假定繩索很理想：不可伸縮，而把切向的力完全地傳遞！換句話說，物 w 處的加速度，就原封不動地傳到 A 處，成為切向加速度。（在圖中 A 處，方向是 −**i**。）
因此，此處加速度為

$$20\mathbf{j}-2\mathbf{i}\,.$$

其大小約為 20.1 cgs。

§3 合衡與順逆駐留

我們把三角與向量的計算用到一個很簡單但是有趣的星相學的問題來。

§3-1 背景

刻卜勒定律

- （第一定律）行星繞太陽的運行軌道是在一個平面上的橢圓，太陽居於其一焦點。
- （第二定律）行星在其繞太陽而行的軌道上，在同樣的時間內，所掃過的面積也相同！
- （第三定律）對於不同的行星，它們的運行周期，正比於它們橢圓軌道半長徑的$\frac{3}{2}$次方。

● **五個行星的資料**

離心率，半長徑，軌道黃道面交角，周期，會合周期。

行星	半長徑 b	離心率	黃道交角	周期 T	會合周期
水星	0.3871	0.2056	7°13"	0.2406	0.3173
金星	0.7233	0.0068	3°23'39"	0.6152	1.5987
火星	1.5237	0.0934	1°51'	1.8809	2.1354
木星	5.2028	0.0484	1°18'22"	11.8622	1.0921
土星	9.5388	0.0557	2°29'26"	29.4577	1.0352

註 這裡的資料來源是嚴炳英著：應用天文學，（環球書局 1973 年），p.214。半長徑的單位是天文單位，故以地球為 1。周期的單位是地球的恆星年 = 1 = 365.2564 日。地球軌道的離心率 = 0.01674。

● **完全簡化的模型**

「黃道交角為零」、「軌道正圓」、等速率運動。

♠地球繞太陽的軌道面就是黃道面，別的五大行星的軌道並不是在黃道面上！而有個交角，如表上所示，這些角度都很小！我們就簡化它，當它是零！於是一切計算都是在一個平面上進行！
也許，更清楚精確的說法是：我們把各個行星在任何時刻的位置，都投影到黃道面來！（仍然是橢圓軌道！）

♡如表，這些橢圓軌道的離心率都很小！我們就簡化它，當它是零！橢圓就成了正圓。

◇於是，依照第二（面積）定律，行星運動就簡化成等速率圓周運動。而角速度就是 360°除以周期 T。

♣做為第三定律的驗證，我們計算 $b^{\frac{3}{2}} \approx T$ 如下，與表上所示的 T 對照，非常吻合：

0.2408434041，0.6151452822，1.880828520，11.86740318，29.46053400

那麼，各行星的圓周運動，其速率為 $c = \dfrac{2\pi * b}{T} = \dfrac{2\pi}{\sqrt{b}}$。

● **會合與對衝**

我們就思考：一個行星 M，與地球 E，相對於太陽 S 的運動。（暫時想成：M = 火星 Mars。）

這時候有所謂的合衝的現象，也就是三個質點共線。

註 記住上述的♠，真正的現象只是：M 之投影於黃道面，會落在 S, E 之間。

E, S, M 三個質點共線，有兩種情形：一種是：S 在 E, M 之間，這叫做「會合」，另一種情形是 E 在 S, M 之間，這叫做「對衝」。（我們是設定 M 為外行星。）從這一次的會合，到下一次的會合，經過的時間叫做會合周期；同樣地，也可以說：從這一次的對衝，到下一次的對衝，經過的時間叫做對衝周期 T_{EM}。在我們的模型中，兩者是一致的。

● 會合周期定理

質點 E, M 繞共同的中心點 S 作等速圓周運動，周期各為 T_E, T_M（$>T_E$），則會合周期（或者對衝周期）T_{EM}，滿足了：

$$\frac{1}{T_{EM}}=\frac{1}{T_E}-\frac{1}{T_M}.$$

註 我們通常是以 $T_E=1$，（以地球的年周期當作時間單位，）$T_M>T_E$ 表示這是外行星！我們也以 $\overline{SE}=1$ 作為天文上的長度單位，於是周期為 $T_M=b^{\frac{3}{2}}$，$b=\overline{SM}$，記頻率為 c，這就算出了

$$T_{EM}=\frac{1}{1-c}；c=b^{\frac{-3}{2}}.$$

● 定理之證明

這只是「水流算」！以角速度來說：E, M 兩行星的角速度各為

$$\omega_E=\frac{360°}{T_E}=\frac{2\pi}{T_E}，\omega_M=\frac{2\pi}{T_M}.$$

相對的角速度是

$$\omega_{EM}=\omega_E-\omega_M.$$

於是得到合衝周期 $T_{EM}=\dfrac{2\pi}{\omega_{EM}}$。

§3-2 逆行、順行與駐留

● 等速圓周運動的標準路徑

當一個質點作等速圓周運動的時候，我們當然取座標系的原點在圓周中

心，質點的位置就是由其輻角 θ 決定：

$$x=R*\cos(\theta)，y=R*\sin(\theta).$$

而這個輻角當然是

$$\theta=\omega*t+\theta_0。$$

這裡 ω 是角速度，而 θ_0 是初輻角，也就是 $t=0$ 時的輻角。如果我們選擇時間的起點 $t=0$ 使得當時的質點在正 x 軸上，因而 $\theta_0=0$，那麼就得到標準路徑：

$$x=R*\cos(\omega*t)，y=R*\sin(\omega*t).$$

M 的星相輻角

現在我們就對於兩個行星 E 與 M，採用標準路徑；我們必須用足碼 E 與 M 來區辨：

$$x_E=R_E*\cos(\omega_E*t)，x_M=R_M*\cos(\omega_M*t).$$
$$y_E=R_E*\sin(\omega_E*t)，y_M=R_M*\sin(\omega_M*t).$$

所以，時間的起點是衝：當時 E 在線段 $\overline{SM}$ 上。那麼，向量 $\overrightarrow{EM}$ 的輻角記為 ϕ。這是行星 M 的星相輻角。它當然是隨著時間而改變的！

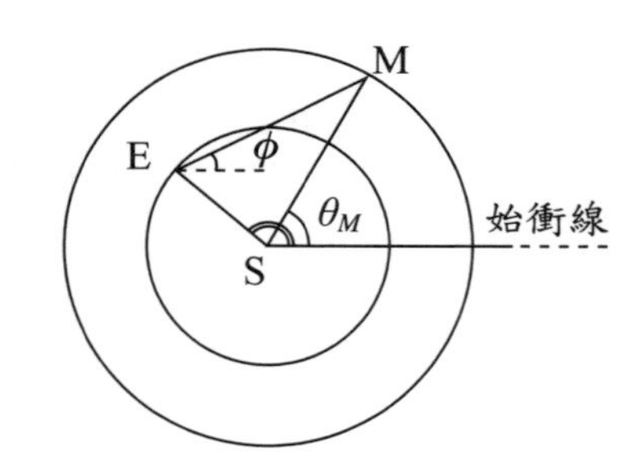

$$x_M-x_E=r*\cos(\phi)，y_M-y_E=r*\sin(\phi).$$

行星的駐留、逆行與順行

在一段時間內，行星 M 的星相輻角若不停的增加，則行星 M 是在「順行」，反之，如果在一段時間內，M 的星相輻角若不停的減少，則 M 是在「逆行」。而輻角增減的轉換時刻，就稱為「駐留」（stationary）。實際上，在會合的前後一段期間內，是順行（direct），在對衝的前後一段期間內，是逆行（retrograde），交接處就是駐留時刻。

所以，實際上有兩種駐留時刻！一種是在衝之前（合之後），一種是在衝之後（合之前）。

駐留條件

駐留時刻t，必須滿足如下的條件：M對E的「相對位置」$\mathbf{x}_M-\mathbf{x}_E$，與$M$對$E$的「相對速度」$\mathbf{v}_M-\mathbf{v}_E$，方向上是一樣的！（這裡$\mathbf{v}_E=\mathbf{i}u_E+\mathbf{j}v_E$，等等，）也就是說：

$$x_M-x_E : y_M-y_E=u_M-u_E : v_M-v_E\,,$$

或即 $$(x_M-x_E)*(v_M-v_E)=(y_M-y_E)*(u_M-u_E)\,.$$

這裡：

$$u_E=-\omega_E*R_E*\sin(\theta_E),\quad u_M=-\omega_M*R_M*\sin(\theta_M)\,,$$
$$v_E=\omega_E*R_E*\cos(\theta_E)\quad ,\quad v_M=\omega_M*R_M*\cos(\theta_M)\,.$$

代入之後，正餘弦函數的角度有兩種，即是θ_E，與θ_M，在正餘弦函數外的係數，我們要利用：$R_M=b*R_E$，以及$\omega_M=b^{\frac{-3}{2}}*\omega_E$，代入，並且約去$R^2*\omega_E$，就得到

$$[b*\cos(\theta_M)-\cos(\theta_E)]*[b^{\frac{-1}{2}}*\cos(\theta_M)-\cos(\theta_E)]$$
$$=[b*\sin(\theta_M)-\sin(\theta_E)]*[-b^{\frac{-1}{2}}*\sin(\theta_M)+\sin(\theta_E)]\,.$$

因此，

$$b^{\frac{1}{2}}\cos^2(\theta_M)+\cos^2(\theta_E)-(b+b^{\frac{-1}{2}})\cos(\theta_M)\cos(\theta_E)$$
$$=-b^{\frac{1}{2}}\sin^2(\theta_M)-\sin^2(\theta_E)+(b+b^{\frac{-1}{2}})\sin(\theta_M)\sin(\theta_E)\,.$$

整理出：

$$b^{\frac{1}{2}}+1=(b+b^{\frac{-1}{2}})\,[\cos(\theta_M)\cos(\theta_E)+\sin(\theta_M)\sin(\theta_E)\,]$$
$$\cos(\theta_E-\theta_M)=\frac{b^{\frac{1}{2}}+1}{b+b^{\frac{-1}{2}}}=\frac{\sqrt{b}}{b+\sqrt{b}+1}\,.$$

換句話說：「駐留時刻」就是

$$t=\frac{1}{\omega_{EM}}*(2n\pi\pm\phi_0)\,;\ \phi_0\coloneqq\arccos\left(\frac{\sqrt{b}}{b+\sqrt{b}+1}\right).$$

當然：

$$t=\frac{2n\pi}{\omega_{EM}} \quad \text{是衝，}$$

$$t=\frac{(2n+1)\pi}{\omega_{EM}} \quad \text{是合．}$$

§4　動量、力量與能量

§4-1　動量

例 1　質點甲：質量 2，速度 6，向東；質點乙：質量 3，速度 4，向南；求這兩個質點所成的體系之動量。

解析　用基本單位向量來表示，則：

$$\mathbf{p}=\mathbf{p}_1+\mathbf{p}_2=2*6\mathbf{i}+3*(-4\mathbf{j})=12(\mathbf{i}-\mathbf{j}).$$

總動量的大小為 $12\sqrt{2}$，方向向東南。

例 2　小球擲向牆壁而反彈，可以有一個簡單的模型：把小球看成「質點」，牆壁看成平面；質點循著直線 $\overline{PO}$ 射到平面上的點 O，再循著半線 $\overrightarrow{OQ}$ 射出；點 O 處，該平面的垂線為 nO，（我們只要半線 $\overrightarrow{On}$，）稱為法線。試計算反彈前後動量的變化。

註　這個質點的運動，很像光線被平面鏡反射的情形！

第一句話是：

法線 $\overrightarrow{On}$，

入射線 $\overline{PO}$，

反射線 $\overline{OQ}$，

三線共面！

（圖面就是這個面）

第二句話是：

切入角 $\angle POa=$ 切出角 $\angle QOb$.

（取餘角，）亦即：

入射角 $\angle POn=$ 反射角 $\angle QOn$.

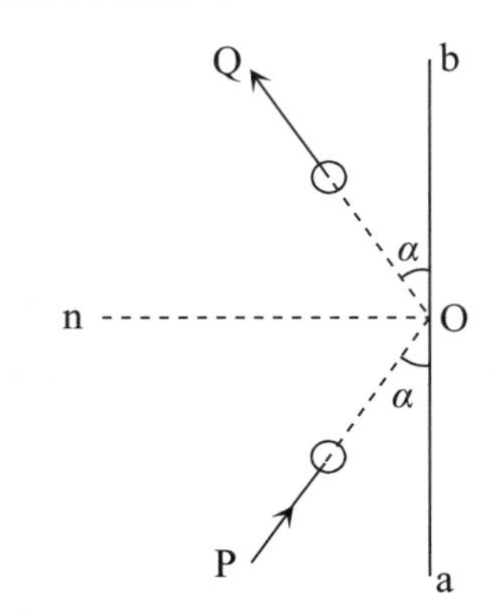

解析　在圖面上取標準的座標系，與基本向量$\mathbf{i}, \mathbf{j}$，於是，原本的動量是

$$m*v*(\mathbf{i}*\sin(\alpha)+\mathbf{j}*\cos(\alpha)).$$

反彈後，成為

$$m * v * (-\mathbf{i} * \sin(\alpha) + \mathbf{j} * \cos(\alpha)).$$

牆壁給予小球的動量是：

$$-2m * v * \sin(\alpha)\mathbf{i},$$

當然這只是一個簡單的理想的模型。現實的壁面越平滑，彈性越強，則越接近理想。

例 2 （Napoleon 的學生時代？）一座老式的砲，質量 500，以仰角 40°射出一彈，質量 10，初速 200（均用 S.I.制）。求炮身之後退速度。

解析 砲彈射出時的動量，水平成分是

$$10 * 200 * \cos(40°) = 1532.1.$$

因此，炮身之後退速度 = 3.064。（地面不讓炮身下降！）

問 令貨物，沿著輸貨斜面 $\overline{QP}$，自由滑下到靜止之貨車，求貨車因而滑行當時之速度。
貨物質量 M，
貨車質量 W，
斜面坡度 α，
高於貨車高度 h，
設：貨物與斜面間無摩擦，
車在軌上亦無摩擦。

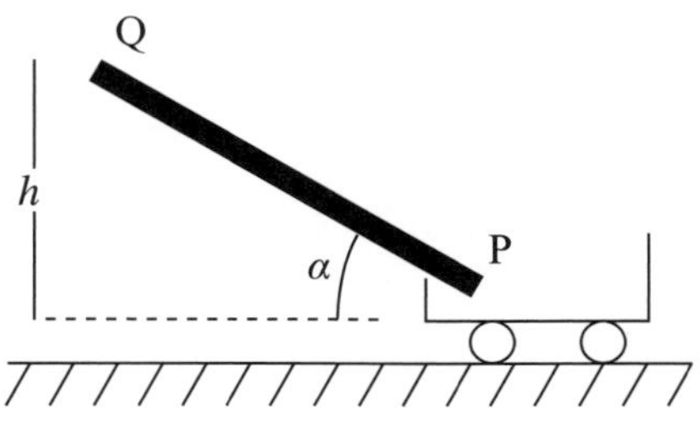

答 $v = \frac{M}{M+W} * \cos(\alpha)\sqrt{2 * g * h}$。

問 有一個直角三角柱體 ABC，先橫置於一固定不動之水平板面 XY 上，再將一長方柱體 $PQRS$，以一面 PS 置放於三角柱體之斜面 AB 上，（如下圖，柱體之軸均與凸面垂直，）假設接觸面完全理想而無摩擦，則長方柱體 $PQRS$ 將沿著 BA 面自由滑下，而三角柱體之斜面 ABC 則將水平移動。試證明在任何時刻，以固定不動之水平板面 XY 來看，長方柱體 $PQRS$ 之瞬時速度 $\mathbf{v}$，與三角柱體 ABC 之瞬時速度 $\mathbf{u}$，將維持一定之大小比例，並且維持同樣之夾角。

解析　假設：長方柱體 $PQRS$ 之質量為 M，三角柱體 ABC 之質量為 W；圖中，$\overrightarrow{XY}$ 或 $\overrightarrow{CA}$ 之單位向量為 $\mathbf{i}$，而 $\overrightarrow{CB}$ 之單位向量（鉛垂向上）為 $\mathbf{j}$。

$$\mathbf{u} = -u\mathbf{i}\text{；}$$

長方柱體相對於三角柱體之瞬時速度為

$$\begin{aligned}\mathbf{w} &= \mathbf{v} - \mathbf{u}\\ &= w * (\mathbf{i} * \cos(\alpha) - \mathbf{j} * \sin(\alpha)).\end{aligned}$$

板面 XY 對於三角柱體 ABC 之作用力鉛垂向上，因此，
總動量 $M * \mathbf{v} + W * \mathbf{u} = M * (\mathbf{u} + \mathbf{w}) + W * \mathbf{u}$ 之（水平）$\mathbf{i}$ 成分，永遠不變為零。亦即：

$$-u * (M+W) + Mw\cos(\alpha) = 0\text{；}u = \frac{M * \cos(\alpha)}{M+W} * w.$$

故得：

$$\mathbf{u} = -\mathbf{i} * \frac{M * \cos(\alpha)}{M+W} * w\text{；}\mathbf{v} = \left(\mathbf{i} * \frac{W}{W+M} * \cos(\alpha) - \mathbf{j}\sin(\alpha)\right) * w.$$

§4-2　能量

● 能量

在初等力學中，能量的考慮，非常重要，也非常簡單。因為，題目大概就是分成兩類，一類涉及摩擦的，那麼就大概不用考慮能量了！另外一類是理想無摩擦的運動，那麼就要考慮能量了！但是這時候的能量就是位能加上動能。

當然，動能 $= \frac{m}{2}|\mathbf{v}|^2$，這是比較單純的。理論上，位能可以有各式各樣，但是，在初等的物理學中，幾乎都只是討論在地面上的重力場，因此，位能就只是 $m * g * h$，h 是海拔或即鉛垂的高度。（可以任意取高度的起算點！因為位能不在乎一個常數，只有「位能的差」才有意義！位能本身是多少，簡直沒有意義！）能量不滅定律在可以用的時候，是非常方便的！

例題　思考上一例的能量出入。

解析　動能 $= \frac{1}{2}(Mv^2 + Wu^2) = \frac{w^2}{2}\left(\frac{MW\cos^2(\alpha)}{M+W} + M\sin^2(\alpha)\right) = \frac{Mw^2}{2} * \left(\frac{W + M\sin^2(\alpha)}{M+W}\right).$

位能的變化，質量W的高度沒有變化，只有質量M一直在減少高度，因而減少位能。這就轉化為動能的增加。
我們假定了從靜止（$w=0$）出發，而且是「等加速」，M在時間t之內，下降速度由零變為$w\sin(\alpha)$，平均是$\frac{w}{2}\sin(\alpha)$，因此位能減少了

$$M*g*\frac{w}{2}\sin(\alpha)*t.$$

這應該等於動能之獲得，於是：

$$\frac{Mw^2}{2}*\left(\frac{W+M\sin^2(\alpha)}{M+W}\right)=M*g*\frac{w}{2}\sin(\alpha)*t.$$

於是求得：

$$w=t*g\sin(\alpha)*\frac{W+M}{W+M\sin^2(\alpha)}.$$

通常W遠遠大於M，（記號是$W>>M$，）於是，

$$w=t*g*\sin(\alpha).$$

（這是當然的！）

擺的平面運動

這是物理學中的一個極重要的題材。想像有一個質點，質量m，以長ℓ之絲線懸掛於一固定點O，我們讓這個質點的初始位置在A點，$\overline{OA}=\ell$；（所以絲線是拉直的！）而且我們給質點一個初始速度v_0。過支點O，作鉛垂線$\overline{OB}$，若A點不在此線上，則兩者決定了一個「鉛垂平面」，此時，若初始速度的方向不在此平面上，那就不是一個平面運動了。（稱為球面擺，）比較複雜，此地不談。

例題 一個擺，長度為$R=0.25$米。今在初擺角$\alpha=30°$處之A點，（$\angle BOA=30°$，）（B為擺所達之最低點。）使其以$v_0=0.7$之初速擺動，請算出其最大的擺角

$$\angle BOU=\angle BOV.$$

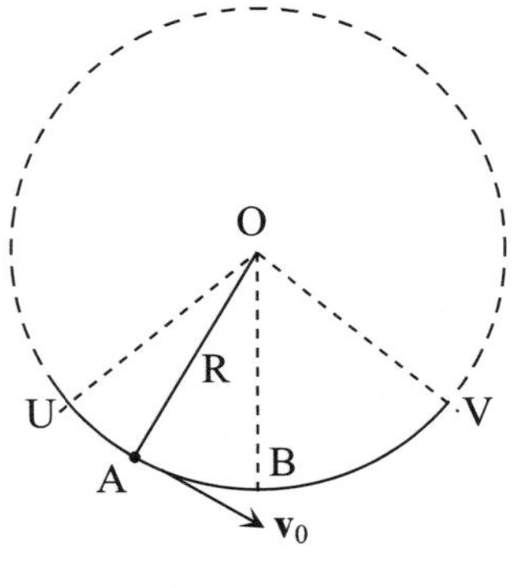

解析　令質量為m。今以最低處B之位能為零，則當擺角為θ時，位能為$mgR(1-\cos(\theta))=2mgR\sin^2\left(\frac{\theta}{2}\right)$。動能為$\frac{m}{2}*v^2$。
能量不滅定律就是說兩者之和（即是總能量$\mathcal{E}$）是固定的！

$$\mathcal{E}:=mgR(1-\cos(\theta))+\frac{m}{2}*v^2.$$

這也就是（在A處）之初動能加上初位能：

$$\frac{m}{2}*v_0^2+mgR(1-\cos(\theta_0)).$$

最高處U, V之擺角$=\theta_{\max}$，而動能$=0$，亦即：初動能全化為此位能差

$$m*g*R(\cos(\theta_0)-\cos(\theta_{\max}))=\frac{m}{2}v_0^2.$$

此地，$\cos(\theta_{\max})\approx 0.8660-0.1=0.7660\approx\cos(40°)$.

習題　顯然你可以改為一般的數據！假設：初始的擺角為$\angle BOA=\theta_0$，「初速度」（沿著切向）為v_0，求最高的擺角$\theta_{\max}=\angle BOV$。

解析　如果$v_0=0$，這是最無聊的狀況！$\theta_{\max}=\theta_0$。一般地，

$$\theta_{\max}=\arccos\left(\cos(\theta_0)-\frac{v_0^2}{2gR}\right).$$

註　擺之運動有對稱性：這個公式，對於初擺角θ_0或者初速度v_0都是偶函數！（例如說：如果在圖中，你讓「初速度」$\mathbf{v}_0$的方向顛倒了，那麼它就先擺到U點，然後轉向回來，而當它回到圖中的出發點A的時候，速度就是如圖中的$\mathbf{v}_0$了。）

你當然要注意cos是遞減的，（在第一、第二象限內，）因此，arccos也一樣！於是v_0^2越大，$\theta_{\max}$（$\geq\theta_0$）也越大。所以我們就思考v_0^2慢慢變大時，擺的運動是如何改變的。

1. 如果θ_0很小，而且v_0也很小，（例如說，$|\theta_0|\leq 3°$，$\frac{v_0}{\sqrt{2gR}}\leq\frac{1}{20}$，）那麼，最高的擺角$\theta_{\max}=\frac{1}{2}\angle BOC$也就很小，在這樣子的條件下，（也就是說：$\theta_{\max}\leq 5°$，）擺的運動，就差不多可以當作<u>簡諧振動</u>來處理。
（參看下左圖，我們把角度誇大了不止 10 倍！當然不合剛剛的條件

$\theta_{\max}=\frac{1}{2}\angle BOC\le 5°$。）

真正擺尖的運動軌跡是左圖這段圓弧 ABC；

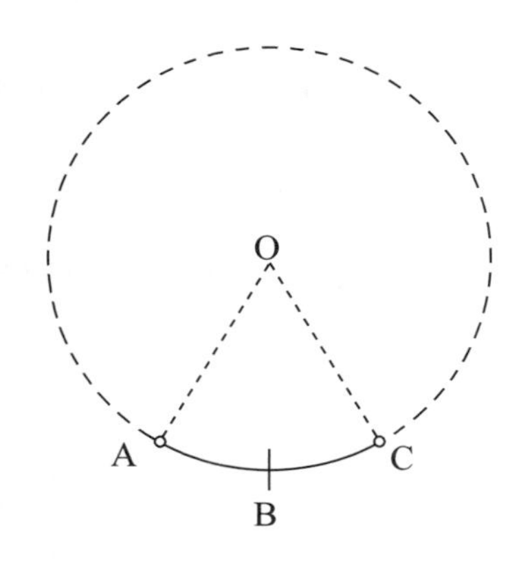

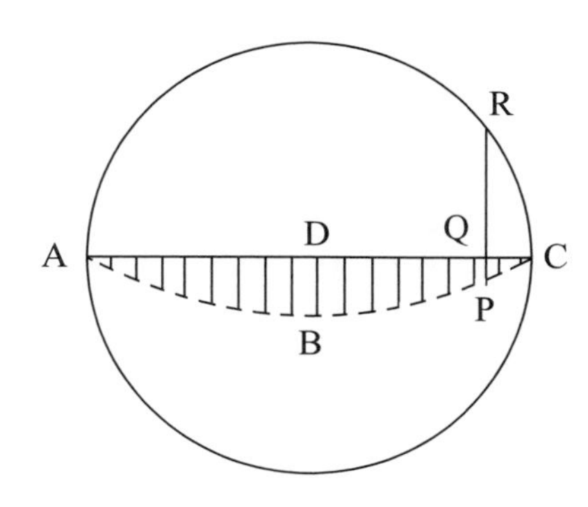

現在，以弦 $\overline{AC}$ 為直徑，畫一個圓，（叫做參考圓，如右圖，）於是可以想像三個運動，一個是圓上的等速率運動，我們畫出某一瞬間動點的位置 R；一個是在直徑 $\overline{ADC}$ 上面的簡諧振動，畫出某一瞬間動點的位置 Q；它恰好就是前者 R 的投影；最後一個是在弦 ABC 上面的擺動，我們畫出某一瞬間動點的位置 P，而（當最高的擺角很小的時候，）這個擺動與簡諧振動相差甚小。當然，隨著 $|v_0|$ 的增大，擺的運動就離簡諧振動越來越遠。不過，無論如何，這個運動是周期性的，是在 UV 圓弧上來回地振動。

2. 但是，從公式看起來就知道：如果

$$\cos(\theta_0)+1<\frac{v_0^2}{2gR}.$$

就談不上「最高的擺角」了。我們當然很清楚這是怎麼樣的狀況：「擺將越過圓周的最高點」，擺尖就在圓上迴轉。

3. 所以，當最高的擺角 $\theta_{\max}=\pi$ 時，

$$|v_0|=\sqrt{g*R}*2\cos\left(\frac{\theta_0}{2}\right).$$

這是「臨界初速度」，這樣子的動能，可以讓「擺尖趨近圓周的最高點」，但是要花無窮久的時間。（運動沒有周期性。）

問 什麼樣的初速度，可以讓擺恰好「擺到水平」，$\theta_{\max}=90°$。

答 當 $\frac{v_0^2}{2gR}=\cos(\theta_0)$ 時。

（這裡的討論，只是以能量著眼，沒有考慮到力，參看§5 後述。）

§4-3　力量

合力

力是向量，因此計算力量的加減，常常利用成分分解的辦法，而常常用到三角函數。

Lamé 定理

如果三力 $\mathbf{F}^A, \mathbf{F}^B, \mathbf{F}^C$「平衡」，（也就是說：合力為零，）而兩力$\mathbf{F}^B$與$\mathbf{F}^C$的夾角為 α，等等，則有：

$$\frac{|\mathbf{F}^A|}{\sin(\alpha)} = \frac{|\mathbf{F}^B|}{\sin(\beta)} = \frac{|\mathbf{F}^C|}{\sin(\gamma)}.$$

證明　如下左圖，我們做出「力的圖解」：

$$\mathbf{F}^A \equiv \overrightarrow{BC}\ ;\ \mathbf{F}^B \equiv \overrightarrow{CA}\ ;\ \mathbf{F}^C \equiv \overrightarrow{AD}.$$

則「力的加法」的意思是：

$$\mathbf{F}^A + \mathbf{F}^B + \mathbf{F}^C \equiv \overrightarrow{BD}.$$

合力為零，意思就是起點與終點重合 $D=B$，那麼待證式就只是三角形的正弦定律而已！

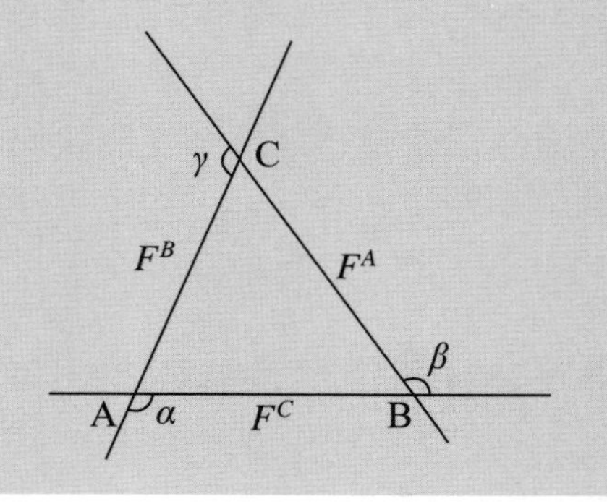

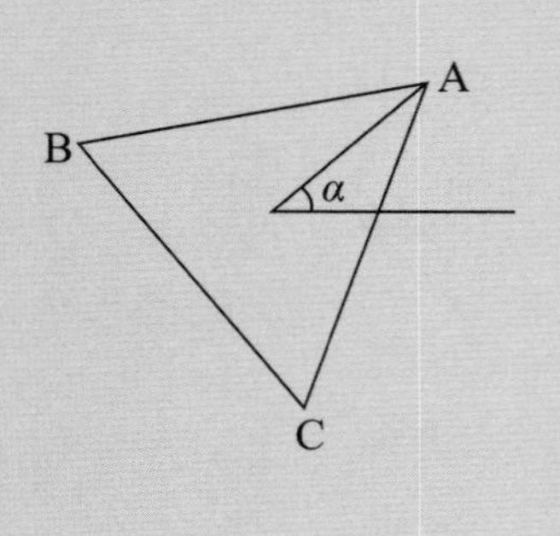

推論

如果三力 $\mathbf{F}^A, \mathbf{F}^B, \mathbf{F}^C$「平衡」，而且大小又相等，則任兩力的夾角為 120°。

證明　如上右圖，力的圖解三角形成為正三角形！

注意　就設三力都是單位大小，而輻角各為 α, β, γ，平衡的條件成了：

$$0 = \cos(\alpha) + \cos(\beta) + \cos(\gamma) ,$$
$$0 = \sin(\alpha) + \sin(\beta) + \sin(\gamma) .$$

結論是：這時候三個輻角必然是都不相同，而（幾何上！）兩兩相差 120°。同一件事，可以用「代數的」、「三角的」或「力學的」種種角度去看它！

例如：「如果三個角度 α, β, γ，會滿足上面兩個式子，則將它們都加倍，還是可以滿足同樣的式子！」（如何證明？）

例 1 下圖（左），斜坡 $\overline{LK}$ 上，有一輛台車 RS，在它的固定支架 U 之下，用絲線 $\overline{UV}$ 懸掛了質量 V。

這是個理想的狀況：台車與斜坡沒有摩擦，因而我們可以放手而讓台車自由滑下。在它滑下之前，我們先讓絲線 $\overline{UV}$ 平行於支架的幹軸，因此，絲線垂直於斜坡 $\overline{UV} \perp \overline{LK}$。那麼放手之後，絲線繼續保持垂直於斜坡！

解析 台車 RS 的運動方向、加速度（方向），如右圖之 $\overrightarrow{CB}$，都維持不變！這個加速度，或者毋寧說是力，用 $\overrightarrow{CA}$ 來代表，

$$\overrightarrow{CB} = \overrightarrow{CA} + \overrightarrow{AB} .$$

右側第二項代表重力（加速度），而第一項代表斜坡對於台車下壓的反作用！而加法的結果，平行於斜坡（往下）。因此，力的圖解是直角三角形 $\triangle ABC$，其中 $\angle BAC = \alpha =$ 斜坡之仰角。

在質量 V 處，重力是鉛垂往下，即是右圖 $\overrightarrow{AB}$ 的方向；絲線 $\overrightarrow{VU}$ 的拉力，加上重力，得到合力平行於 $\overrightarrow{LK} \parallel \overrightarrow{CB}$，這就是說，力量的圖示，還是如同 $\triangle ABC$。

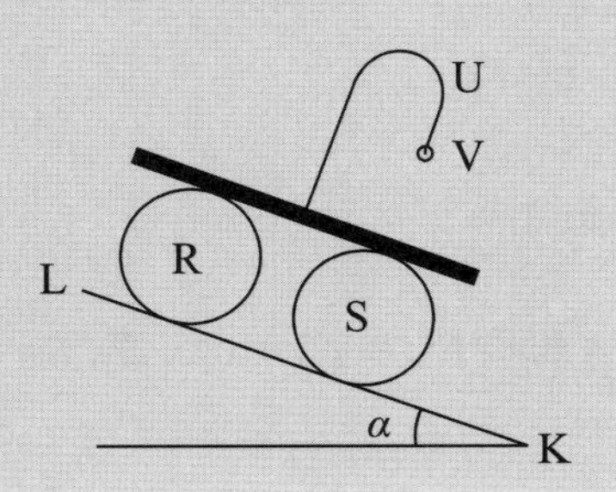

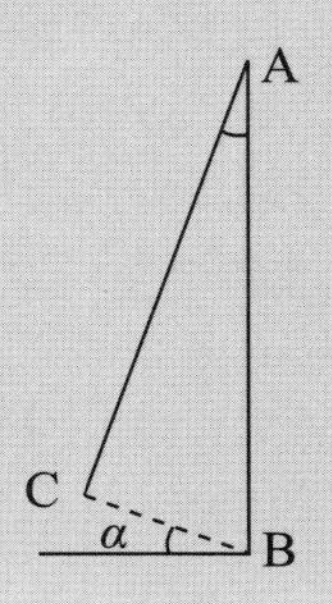

§4-4　摩擦與角度

● 摩擦力

我們考慮一個很簡單但是很有用的模型！

假設有一個物體甲，（例如鉛筆盒，）在一個平面上運動，這平面是一種靜止物質乙（例如木材或者玻璃）的界面。

假設甲受到許多種種力量的作用。其中，與乙無關的力量之總和，我們稱之為「外力」，記之為

$$\mathbf{F}^A = \mathbf{F}_n^A + \mathbf{F}_t^A .$$

這就是說：它可以分解為兩個力，一是「下壓力」$\mathbf{F}_n^A$，方向是法向（與此平面垂直），而且是向著乙的內部；另外的一個力是切向的 $\mathbf{F}_t^A$，它是平行於此平面的。

摩擦力的簡單模型是說：在這種情形下，甲將受到與乙有關的兩股力量的合力，記之為

$$\mathbf{F}^B = \mathbf{F}_n^B + \mathbf{F}_t^B .$$

其中，前項就是用來「對抗」（根本是「抵銷」）$\mathbf{F}_n^A$者：

$$\mathbf{F}_n^B = -\mathbf{F}_n^A .$$

後項，就一定與 $\mathbf{F}_t^A$的方向相反，這就叫做摩擦力：

$$\mathbf{F}_t^B = -\beta * \mathbf{F}_t^A \ (\beta > 0) .$$

問 由這個簡單模型，求作用到甲的力量總合！

答

$$\mathbf{F}^A + \mathbf{F}^B = (\mathbf{F}_n^A + \mathbf{F}_t^A) + (\mathbf{F}_n^B + \mathbf{F}_t^B) = \mathbf{F}_t^A * (1-\beta).$$

● 摩擦係數

如何決定 $\beta > 0$ 呢？對於物體甲與物質乙，就有個（無量綱的、正的）常數 μ，使得：β 就是 $\mu * \frac{|\mathbf{F}_n^A|}{|\mathbf{F}_t^A|}$ 與 1 之中比較小的那個；通常就簡單說成：摩擦力的方向與外力的切向分力方向相反，而其大小就是「外力的法向壓力」$\mathbf{F}_n^A$乘上摩

擦係數μ。

雖然這樣說，有點危險：因為摩擦力的大小最多就是外力的切向分量。

特例

若$\mu * |\mathbf{F}_n^A| \geq |\mathbf{F}_t^A|$，則力量總合為零。

例 1 決定靜摩擦係數

如果甲所受的外力$\mathbf{F}^A = m * g$就只有重力。我們讓甲靜置乙之上，界面起先是水平的。而讓界面之仰角α，慢慢增高，則

$|\mathbf{F}_n^A| = m * g * \cos(\alpha)$，$|\mathbf{F}_t^A| = m * g * \sin(\alpha)$.

（參看前小節例 1 右圖，力的圖解：$\mathbf{F}^A, \mathbf{F}_n^A, \mathbf{F}_t^A$，分別用$\overrightarrow{AB}, \overrightarrow{AC}, \overrightarrow{CB}$來代表！）

於是，一直到$\alpha = \arctan(\mu)$之前，甲都是靜止的。這樣子我們就可以由實驗來得到「靜」摩擦係數。（事實上，若甲乙有相對的運動，則其時之「動」摩擦係數，比較小！）

例 2 水平地上有一塊木頭，在其中心處以繩索捆住，由此繩索，在長度ℓ處拉拽，可以使木頭等速前進；繩索之仰角為α，（繩端離地面$\ell * \sin(\alpha)$，）木頭重$m * g$，拉拽力為F，求木頭與地面之摩擦係數μ。

解析 木頭重量為$m * g$，而拉拽力之鉛垂向上分力為$F * \sin(\alpha)$，故木頭對地面之法向壓力為$m * g - F * \sin(\alpha)$；

摩擦力$\mu * (m * g - F * \sin(\alpha))$；此力恰好抵銷拉拽力之水平分力$F * \cos(\alpha)$，木頭才可以等速前進，故得：$\mu = \dfrac{F\cos(\alpha)}{m * g - F\sin(\alpha)}$.

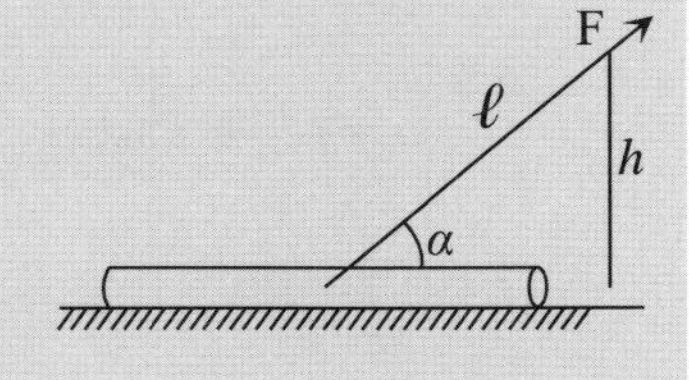

也可以表達成：

$$\mu = \frac{F\sqrt{\ell^2 - h^2}}{\ell * P - F * h}.$$

例 3 煤礦場水平地上有兩個運煤小車，情境似乎完全一樣：載重相同，（煤礦與）載煤盆之重心恰好在兩輪中心上方；且車把之仰角同為α；但是兩個工人的工作方式不同：一個是（人在車前）拉拽，一個是（人在車後）「推前」，結果都是等速前進。試問何者比較費力？（當然我們假定了固定的摩擦係數。）

解析 (i)前者，$\mathbf{F}$是$\overrightarrow{OH}$方向，切向力向右，

(ii)後者，$\mathbf{F}$是$\overrightarrow{HO}$方向，切向力向左，

(i)法向壓力為$m * g - F_1 * \sin(\alpha)$；摩擦力$= \mu * (m * g - F_1 * \sin(\alpha))$,

(ii)法向壓力為$m * g + F_2 * \sin(\alpha)$；摩擦力$= \mu * (m * g + F_2 * \sin(\alpha))$.

依照題意，

摩擦力＝切向的施力 $F * \cos(\alpha)$，故：

(i) $\mu * (m * g - F_1 * \sin(\alpha)) = F_1 * \cos(\alpha)$,

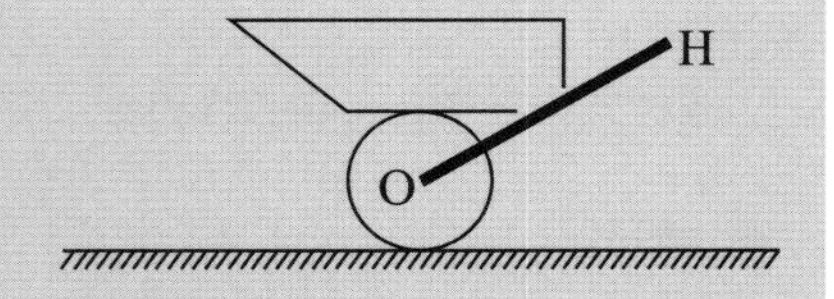

$$F_1 = \mu * \frac{m * g}{\cos(\alpha) + \mu * \sin(\alpha)}.$$

(ii) $\mu * (m * g + F_2 * \sin(\alpha)) = F_2 * \cos(\alpha)$,

$$F_2 = \mu * \frac{m * g}{\cos(\alpha) - \mu * \sin(\alpha)},$$

於是：$F_2 > F_1$.

例 4 工廠以運物車在坡度 $\alpha = 30°$之軌道上來回傳送物資。今在下降到終點前 $t = 5$ 秒鐘，以繩索煞車，其時，車速為 $v_0 = 2$，物之質量 $M = 500$（S.I. 制），而摩擦係數為 $\mu = 0.01$，試求繩索上之張力**T**。

解析 今加速度（與 T 同向）為

$$a = \frac{v_o}{t},$$

摩擦阻力 $= \mu * M * \cos(\alpha) g$.

$$T + \mu * Mg * \cos(\alpha) - M * g * \sin(\alpha) = M * a,$$

因此，

$$T \approx 2660.$$

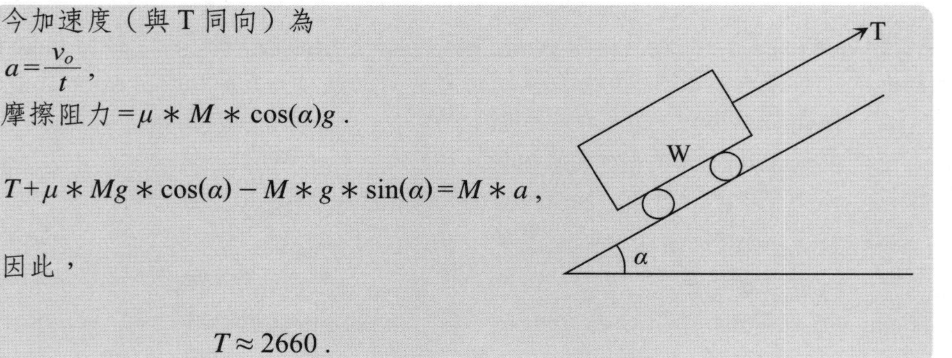

問 一物，質量為 M，沿著斜面自靜止狀態下滑，斜坡長度 $\ell = 160$（cgs 制），而斜角＝30°；若摩擦係數 $\mu = 0.2$，問：何時滑到底？

答 $t = \sqrt{\dfrac{2\ell}{g(\sin(\alpha) - \mu * \cos(\alpha))}}$.（還是與 M 無關！）

§4-5 離心力

● 慣性力

如果一個質點正在作圓周運動，那麼它的加速度的法向成分一定是 $\frac{v^2}{R}$，而且一定是向心的。（當然它可以還有切向的加速度，那麼它的速率就會變動。）

由Newton定律，我們知道：在這一瞬間，這個質點所受到的總力$\mathbf{F}$，其法向分力量$\mathbf{F}_n$一定是$m*\frac{v^2}{R}$，而且一定是向心的。這個方向的單位向量如果記做$-\mathbf{e}_r$，則向心力 = $\mathbf{F}_n = -\frac{mv^2}{R}\mathbf{e}_r$；而

$$\text{切向的力} = \mathbf{F}_t = \mathbf{F} + \frac{mv^2}{R}\mathbf{e}_r .$$

我們經常聽到離心力這一名詞，指的是

$$\frac{mv^2}{R}\mathbf{e}_r .$$

這不是那個質點受到的力。正確的涵義是：如果此質點，受了許多力量$\mathbf{F}_1, \mathbf{F}_2, \cdots, \mathbf{F}_\ell$的作用，而它正在作圓周運動，那麼，它的非圓周運動的部分，亦即是切向加速度的決定，就相當於：這個質點，受了許多力量$\mathbf{F}_1, \mathbf{F}_2, \cdots, \mathbf{F}_\ell$, $\frac{mv^2}{R}\mathbf{e}_r$的作用一般。

$$m*\mathbf{a}_t = \frac{1}{m}*(\mathbf{F}_1+\mathbf{F}_2+\cdots+\mathbf{F}_\ell+\frac{mv^2}{R}\mathbf{e}_r).$$

換句話說：如果此質點，正在作圓周運動，那麼，它一定要用掉這個向心力$-\frac{mv^2}{R}\mathbf{e}_r$。

例1 假設有個小質點，從一個反面覆蓋在水平桌上的半球形碗的頂點，向一個方向自由滑落，而毫無摩擦。請問：要在何處離開這個半球形碗？它掉到桌面處，離開碗心多遠？

解析 假設碗的半徑 = R，質點的質量 = m。它的軌跡在一個平面上！
如果設定座標系以碗心為原點O，質點脫離球形碗的地方是$P=(R\cos(\phi), R\sin(\phi))$，其時，質點的速率 = v。
因為無摩擦，故在仰角ϕ之處，位能為$mgR\sin(\phi)$，（以桌面起算，）速率為v，則有能量：

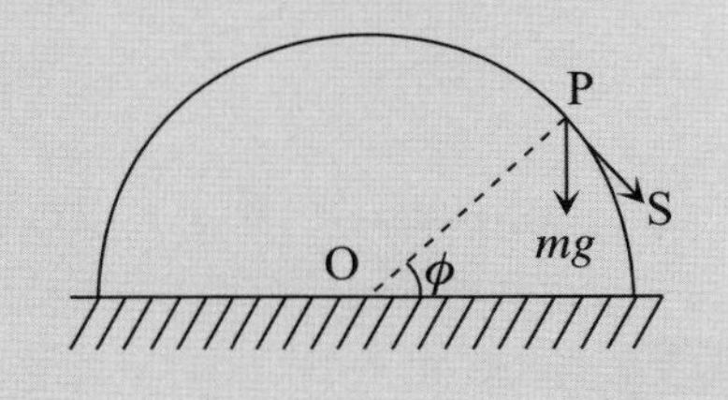

$$\mathcal{E} := mgR\sin(\phi) + \frac{m}{2}v^2 .$$

依照能量不滅，此為mgR，因此有：

$$v=\sqrt{2g*R(1-\sin(\phi))}\ ,$$

於是向心力是

$$m*a_r=m*\frac{v^2}{R}=m*2g(1-\sin(\phi))\ .$$

這個向心力只能取自於質點之重力，而重力之法向成份為

$$m*g*\sin(\phi)=m*2g(1-\sin(\phi))\ ;\ \sin(\phi)=\frac{2}{3}\ ;\ \phi=\arcsin\left(\frac{2}{3}\right)\approx 41.81^\circ\ .$$

於是，脫離球形碗時的速度（切線 $\overrightarrow{PS}$ 方向）

$$v=\sqrt{\frac{2}{3}g*R}\ .$$

而其成份為

$$v_x=v*\sin(\phi)=\sqrt{\frac{8}{27}g*R}\ ;\ v_y=v*\cos(\phi)=\sqrt{\frac{10}{27}g*R}\ .$$

以下為拋物運動了！落地的時間為〔若想不出來，請參看 p.272 之註〕

$$\tau=\frac{\sqrt{v_y^2+\frac{4}{3}Rg}-v_y}{g}\ .$$

水平路程為

$$v_x*\tau=\frac{R}{27}(\sqrt{368}-\sqrt{80})\ .$$

而離開碗心 $\frac{R}{27}(\sqrt{368}-\sqrt{80}+9*\sqrt{5})\approx 1.1246*R$。

例 2　鉛垂面上有個斜線溝漕 $\overline{AS}$ 切接在另一個圓形溝漕 $SGPVS$。假設有個小質點，沿著此溝漕，從出發點 A，自靜止狀態毫無摩擦地滑行。請問：在圓上 P 點處，質點對於溝漕的力量為何？但是出發點 A 與圓形溝漕的最低點 G，高度相差 $h=\frac{5}{2}R$，R 為圓之半徑；圓心角 $\psi=\angle VOP$。

解析 如果設定座標系以圓心為原點 O，則點 $P=(R*\sin(\psi), R*\cos(\psi))$ 比點 A 的位能，少了 $m*g*R\left(\frac{3}{2}-\cos(\psi)\right)$，化為動能，故：$v^2=g*R*(3-2\cos(\psi))$。

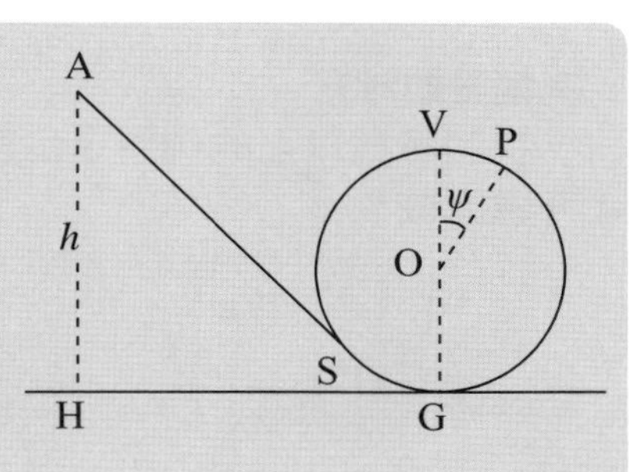

質點所需的向心力 $\frac{m*v^2}{R}=mg*(3-2\cos(\psi))$，扣去其重力的法向成分 $m*g*\cos(\psi)$，必須由溝漕提供：

$$F=mg*(3-2\cos(\psi))-m*g*\cos(\psi)=3mg*(1-\cos(\psi)).$$

依照第三定律，此即是質點對於溝漕的力量。（方向當然是 $\overrightarrow{OP}$ 向。）

例 3 仿照上例，但是 A 點的高度降為與圓形溝漕的最高點 V 同高，則此小質點將在圓上點 B 處離開溝漕，求其處之圓心角 $\alpha=\angle VOB$。
試問：離開溝漕後，此質點能夠達到多高？

解析 仿照上例，$v^2=g*R*(2-2\cos(\alpha))$。
溝漕對於質點的力量（向心！）$=mg*(2-3\cos(\alpha))$。故
當 $\cos(\alpha)=\frac{2}{3}$，$\alpha\approx 48.2°$時，恰好「失力」了。此時

$$v=\sqrt{\frac{2gR}{3}}\,;\; v_x=-v\cos(\alpha)=-\sqrt{\frac{8}{27}gR}.$$

此後就是平常的拋物運動。它的水平運動與鉛直運動互相獨立。
水平方向的運動是等速的，這部分的動能為

$$\frac{m}{2}v_x^2=m\frac{4}{27}*gR.$$

請注意：離開溝漕之後的「能量不滅」！也就是說：
總能量＝位能＋鉛垂方向的動能＋水平方向的動能，要保持不變！
（因此就等於質點在本來出發的時候的位能，因為：彼時動能為零。）
現在，水平方向的動能 $=\frac{4}{27}*mRg$ 固定，鉛垂方向的動能最少也是零，因而現在能夠得到的最大的位能，也比質點在本來出發的時候的位能，要少掉這個能量，換句話說，現在能夠到達的最高點，要比原來的高度少了 $\frac{4}{27}R$。
若自最低點 $V=(0,-R)$ 起算，則高度為：$\frac{50}{27}R$。

能量的考慮

我們將把以上的例甲、例乙，以及前面提過的繩擺（p.165）當作例丙，一起考慮比較。

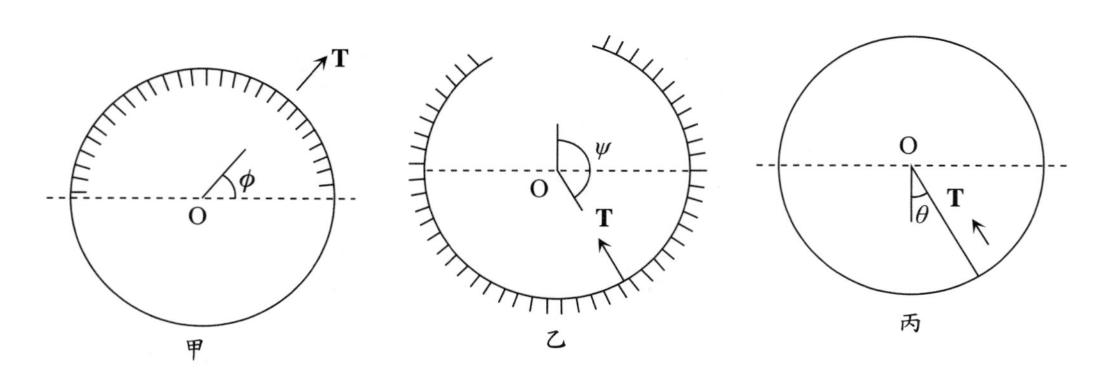

當然我們都只是考慮在（重力場的）鉛垂面中的圓周運動的部分。這三種圓運動，都（假定）是無摩擦的，於是能量不滅定律就成立了：

動能都是 $\frac{m}{2}v^2$，位能都是 $m * g *$ 高度；而在三種情形，我們採取的角度不同，位能的寫法不同：

$$甲：mg\sin(\phi)；乙：-mg\cos(\psi)；丙：-mg\cos(\theta);$$

但是意義相同！只要令

$$\phi := \theta - 90°；\psi := 180° - \theta.$$

註 應該從頭就取定單位質量：$m = 1$，省得寫錯了！
能量不滅定律的功用，在此，就是可以把速度平方寫成角度的正餘弦函數。

離心力的考慮

但是單單做能量的考慮是不夠的！我們還需要考慮作用於此質點的力量。例甲與例乙，質點是與一個圓（其實是球面）相接觸，質點對於球面有「壓力」，反作用定律就說：球面對於對於質點也有壓力！我們用 **T** 表示這個力量，那麼，在甲的情形，它必須是離心的；在乙的情形，它必須是向心的；在丙的情形，則是繩索對於這個質點有拉力，因此也是向心的，

$$甲：\mathbf{T} = T * \mathbf{e}_r；乙：\mathbf{T} = -T * \mathbf{e}_r；丙：\mathbf{T} = -T * \mathbf{e}_r;$$

其中，數值上，都是 $T \geq 0$。

另外一方面，此質點只還受到一個力的作用，那就是地球的重力 $-m * g\mathbf{j}$，如果我們以鉛垂向上的方向為$\mathbf{j}$。

於是，力學第二定律是說，以上的兩力 $\mathbf{T}$，$-mg\mathbf{j}$ 相加，合力的法向部分，一定是向心力$-\frac{mv^2}{R}\mathbf{e}_r$。

$$\text{甲：}\frac{T}{m} = -\frac{v^2}{R} + g\sin(\phi)\,.$$

$$\text{乙：}\frac{T}{m} = \frac{v^2}{R} - g\cos(\psi)\,.$$

$$\text{丙：}\frac{T}{m} = \frac{v^2}{R} + g\cos(\theta)\,.$$

於是，「物理的限制」就是上述的 $\frac{T}{m} \geq 0$。我們也可以改用 θ，不用 ϕ 或 ψ，於是得到：

$$\text{甲：} -\frac{v^2}{R} - g\cos(\theta) > 0\,.$$

$$\text{乙：}\frac{v^2}{R} + g\cos(\theta) > 0\,.$$

$$\text{丙：}\frac{v^2}{R} + g\cos(\theta) > 0\,.$$

這樣子看起來，當然，乙和丙，完全一樣！甲，則是完全顛倒！要注意這個情形下，θ 必須在第二第三象限。

重新敘述一下這個物理的限制：動能越大，速度越大，則圓周運動所需的向心力就越大，若無法提供這個需要，圓周運動就解消了！

所以我們可以對於乙和丙做個總結：我們以圓周的最低點當作位能為零；那麼，位能的最高值就是 $mg * 2R = \mathcal{E}_2$，而中間值就是 $mg * R = \mathcal{E}_1$；這兩個值就是總能量 $\mathcal{E}$ 的兩個閾值（threshold value）（關卡性的值）。而另外還有一個，就是 $mg * \frac{5}{2}R$。

如果 $\mathcal{E} \leq mg * 2R$，意思是我們應該可以讓最大的位能就是這個值，當然，其時的動能為零。不過，再用心想一想，就知道有些不對！

實際上，由總能量 $\mathcal{E}$ 應該可以決定運動的狀況。在乙或丙的模型中，三個能量的關鍵界線是 $\mathcal{E}_1, \mathcal{E}_2, \mathcal{E}_3$。

1. 若是 $0 < \mathcal{E} < \mathcal{E}_1 = mg * R$，我們確實是可以將質點靜靜地放置在球形碗中高度 $= \frac{\mathcal{E}}{mg} < R$ 的地方，這是在球（圓）的下半，放手之後，它就開始做周期

性的「擺動」。擺到最高點的時候，動能為零，高度是 $h_{\max} = h_E = \frac{\mathcal{E}}{mg}$ $= R(1-\cos(\theta_{\max}))$。擺角 θ 就是在 $[-\theta_{\max}..\theta_{\max}]$ 這個區間內來回振盪。$h_{\max}$ 是這個能量的「等價（equivalent）高度」：這是全部能量折算成位能時的高度，同時它也就是擺動所能達到的最大（maximum）高度。當然我們也由此算出等價的擺角

$$\theta_E = \arccos(1 - \frac{\mathcal{E}}{mgR}) = \theta_{\max}\ .$$

2. 如果 $\mathcal{E}_1 = mg * R < \mathcal{E} < \mathcal{E}_2 = mg * (2R)$，這是怎樣的運動呢？
或者我們應該先這樣問：我們要如何達成這樣子的運動呢？在丙（繩索）的模型中，我們以某個角度 θ_0，（在乙或丙的模型中，高度 $h = R * (1-\cos(\theta_0))$，）拉緊了繩索，然後，在一瞬間，在切向上，給這個擺（質點）一個衝量 $m * v_0$，（也就是給了它速度 v_0，或者說，動能 $\frac{m}{2}v_0^2$，）而讓總能量為 $\mathcal{E} = mg * (1-\cos(\theta_0)) + \frac{m}{2}v_0^2$。
注意：若總能量 $\mathcal{E}$ 介於兩個關鍵值之間：$mg * R < \mathcal{E} < mg * (2R)$，我們可以算出它的「等價高度」$h_E = \frac{\mathcal{E}}{mg} = R(1-\cos(\theta_E)) \in (R..2R)$，而等價擺角 $\theta_E \in (90°..180°)$。
但是，如果我們要仿照第一種狀況來佈置：將質點靜靜地放置在球形碗中（等價）高度 $h = h_E = \frac{\mathcal{E}}{mg} > R$ 的地方，（這是在球（圓）的上半！）放手之後，它就筆直地掉下來了，不會貼靠在碗面上！因為，根據我們的模型乙，碗面對於質點，只可以有法向的推斥力，推向圓心。（若是用模型丙，繩索對於擺質點，只可以有拉向圓心的拉力。）所以，不能用靜態的佈置！只能用動態的佈置！
能量不滅給出：

$$\frac{m}{2}v^2 + mgR(1-\cos(\theta)) = \mathcal{E} = mg * R(1-\cos(\theta_E))\ ,$$

因而：

$$v^2 = 2gR(\cos(\theta) - \cos(\theta_E))\ .$$

離心力的物理限制，要求：$m\frac{v^2}{R} + mg\cos(\theta) \geq 0$；於是：

$$v^2 = 2gR(\cos(\theta) - \cos(\theta_E)) \geq -mg\cos(\theta).$$

這就得到：

$$\cos(\theta) \geq \frac{2}{3}\cos(\theta_E) = \frac{2}{3}\left(1 - \frac{\mathcal{E}}{mgR}\right).$$

違背這個限制時，就（「失力」）「脫軌」了！因此，擺的

最高高度 $h_{\max} = \dfrac{R + 2 * h_E}{3} = \dfrac{R + 2\dfrac{\mathcal{E}}{mg}}{3}$；最大擺角 $= \arccos\left(\dfrac{2}{3}\left(1 - \dfrac{\mathcal{E}}{mgR}\right)\right)$.

現在的狀況與第一種狀況不同：擺所能達到的高度 $h_{\max}$ 小於只用能量不滅定律所得的等價高度 h_E，而擺所能達到的最大擺角 $\theta_{\max}$，也小於只用能量不滅定律所得的等價擺角 θ_E。

事實上，當 $h_E = 2R, \theta_E = 180°$ 時，$h_{\max} = \dfrac{5}{3}R, \theta_{\max} = \arccos\left(\dfrac{-2}{3}\right)$。

3. 如果 $\mathcal{E} > E_2 = mg * 2R$，上述第二種狀況的敘述，仍然成立，一直到 $h_{\max} = 2R$, $\theta_{\max} = 180°$ 為止。換句話說：$\mathcal{E}_3 = mg * \dfrac{5}{2}R$，（彼時 $h_E = \dfrac{5}{2} * R, h_{\max} = 2R$, $\theta_{\max} = 180°$，）是個界線！
   這個第三種狀況與第二種狀況沒有區別：擺動都是到了極大擺角 $\theta = \pm\theta_{\max}$ 處，就「失力」「脫軌」了！
4. 那麼，如果能量 $\mathcal{E}$ 超過 $\mathcal{E}_3 = mg * \dfrac{5}{2} * R$，又如何？這時候，離心力永遠不是問題，不會「失力「脫軌」，因此擺就一直迴轉！（並不擺動！）

問 某人說：他在摩天輪上，到了頂點處，解掉安全帶，居然沒有掉下來。請問：此時，他的速度是多少？

答 （把一切想成理想的狀況，毫無摩擦，等等。）最少要：$\mathcal{E}_3 = mg * \dfrac{5}{2}R$，此時，位能$= mg * 2R$，動能 $= \dfrac{m}{2}v^2 = mg \times \dfrac{R}{2}$；$v = \sqrt{Rg}$。

我們應該直接做：「離心力」$m\dfrac{v^2}{R}$ 與重力 mg 平衡！

● 另外一種擺

所以我們有模型丁：不是用繩索，而是用「神仙的支架」，來把擺（質點）P 與圓心 O「接連」。這個支架，沒有質量，因此其運動不花能量！也沒有摩擦的損耗。同時，O 對於 P 的力量，可正可負。（從而永遠可以提供「恰恰好的向心力」。）

對於這樣子的擺，上述的第三種狀況與第二種狀況沒有區別！因此我們不

把 $\mathcal{E}_2$，當成能量值 $\mathcal{E}$ 的一條界線！

問　有一個質量 m 的小球，以長 ℓ 之絲線懸掛於一固定點 O，O 點正下方 $h=\frac{\ell}{2}$ 處有一鐵釘 L。現在將小球由其平衡位置 B 提升到水平伸長的位置 A，（故與鉛垂線成了 $90°$ 角，）於是放手，讓它擺下來。請問：在絲線碰到了鐵釘 L 之後，小球描出了什麼樣的運動？小球通過其平衡位置 B 之後，可以達到多高？

解析　小球由靜止而擺下來，運動分成三段：
首先是圓周運動，循圓弧 AB，圓心為 O，通過其平衡位置 B 之後，將作圓周運動，循圓弧 BC，圓心是 L，到達了最高點 C 之後，失去絲線張力，其後將做拋物運動，
其實從第二段以後，運動就只是例 3 的狀況，但是用 h 代替其處之 R，因此達到的高度是比 A（或 O）低了 $\frac{4}{27}h=\frac{2}{27}\ell$。

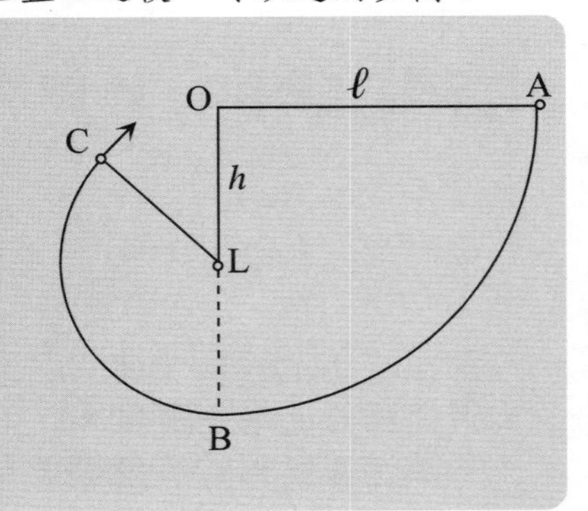

§5　向量積

§5-1　定義與算術

● **外積**

空間中的兩個向量，$\mathbf{a}, \mathbf{b}$，我們可以用幾何的方式來定義它們的外積 $\mathbf{a}\times\mathbf{b}$。
我們用兩個相同起點的有向線段來分別代表這兩個向量，

$$\mathbf{a}=\overrightarrow{OP}，\mathbf{b}=\overrightarrow{OQ}.$$

於是，畫出一個平行四邊形 $OPRQ$。在空間中，我們過 O 點，作出這個平行四邊形（的平面）的垂線（法線），$n'On$。

我們用這個平行四邊形 $OPRQ$ 的面積做為外積向量的大小，而用這個法線的方向做為外積向量的方向。

所以，只剩下一個問題：法線是直線，有兩個「指向」，$\overrightarrow{On'}$ 還是 $\overrightarrow{On}$？

這樣子可以有兩種規約，右手或左手。右手規約是：用右手放在平行四邊形的平面上，四指捲曲，由 $\overrightarrow{OP}$ 捲向 $\overrightarrow{OQ}$，這時候大拇指這個法向，就是外積的方向。

所以，「外積的方向」其實強調的是「旋轉」的轉向。右手規約就是「右手螺旋規約」。

註 所以你就知道：右手規約或左手規約，先天的地位是相等的。但是現在的地球上，右手規約佔優勢。所以我們也如此約定。

● **推論：交錯性**

（請和內積的對稱性對比）

$$\mathbf{a}\times\mathbf{b}=-\mathbf{b}\times\mathbf{a}.\ (\mathbf{a}\cdot\mathbf{b}=\mathbf{b}\cdot\mathbf{a}).$$

● **推論：自滅（殺）性**

$$\mathbf{a}\times\mathbf{a}=0.$$

● **外積的大小**

（請和內積的大小對比）

$$|\mathbf{a}\times\mathbf{b}|=|\mathbf{b}|*|\mathbf{a}|*\sin(\widehat{\mathbf{a},\mathbf{b}}).\quad (|\mathbf{a}\cdot\mathbf{b}|=|\mathbf{b}|*|\mathbf{a}|*\cos(\widehat{\mathbf{a},\mathbf{b}}).)$$

● **Lagrange 公式**

特別地，

$$|\mathbf{a}|^2*|\mathbf{b}|^2=|\mathbf{a}\times\mathbf{b}|^2+|\mathbf{a}\cdot\mathbf{b}|^2.$$

● **外積的線性**

（請和內積的線性對比）

$$\mathbf{a}\times(\mathbf{b}+\mathbf{c})=\mathbf{a}\times\mathbf{b}+\mathbf{a}\times\mathbf{c}.\quad (\mathbf{a}\cdot(\mathbf{b}+\mathbf{c})=\mathbf{a}\cdot\mathbf{b}+\mathbf{a}\cdot\mathbf{c}.)$$
$$\mathbf{a}\times(\alpha*\mathbf{b})=\alpha*(\mathbf{a}\times\mathbf{b}).\quad (\mathbf{a}\cdot(\alpha*\mathbf{b})=\alpha*(\mathbf{a}\cdot\mathbf{b}).)$$

● **外積的 Gibbs 計算公式**

（請和內積對比）

$\mathbf{i}\times\mathbf{j}=\mathbf{k}$；$\mathbf{j}\times\mathbf{i}=-\mathbf{k}$（輪換！）

$$(a\mathbf{i}+b\mathbf{j}+c\mathbf{k})\times(u\mathbf{i}+v\mathbf{j}+w\mathbf{k})=\begin{vmatrix}\mathbf{i}, & \mathbf{j}, & \mathbf{k}\\ a, & b, & c\\ u, & v, & w\end{vmatrix}.$$

中堅原理

$$(\mathbf{a}\times\mathbf{b})\times\mathbf{c}=(\mathbf{a}\cdot\mathbf{c})\mathbf{b}-(\mathbf{b}\cdot\mathbf{c})\mathbf{a},$$
$$\mathbf{a}\times(\mathbf{b}\times\mathbf{c})=(\mathbf{a}\cdot\mathbf{c})\mathbf{b}-(\mathbf{a}\cdot\mathbf{b})\mathbf{c}.$$

定準原理

若是 $\mathbf{a}=(a\mathbf{i}+b\mathbf{j}+c\mathbf{k})$，$\mathbf{u}=(u\mathbf{i}+v\mathbf{j}+w\mathbf{k})$，$\mathbf{p}=(p\mathbf{i}+q\mathbf{j}+r\mathbf{k})$，則

$$(\mathbf{a}\times\mathbf{u})\cdot\mathbf{p}=\mathbf{a}\cdot(\mathbf{u}\times\mathbf{p})=\begin{vmatrix}a, & b, & c\\ u, & v, & w\\ p, & q, & r\end{vmatrix}=(\text{Sarrus!}).$$

即：

$$avr+bwp+cuq-cvp-bur-awq.$$

因此就記做

$$\det(\mathbf{a},\mathbf{u},\mathbf{p})=\det(\mathbf{u},\mathbf{p},\mathbf{a})=\det(\mathbf{p},\mathbf{a},\mathbf{u})=-\det(\mathbf{p},\mathbf{u},\mathbf{a})=-\cdots$$

如右圖，代表**a, u, p**的三條稜線構成平行六面體。
底面平行四邊形的面積 $=|\mathbf{a}\times\mathbf{u}|$，
高 $=\mathbf{p}\cdot\mathbf{n}$，是**p**投影於**n**方向；
$\mathbf{n}=\text{sign}(\mathbf{a}\times\mathbf{u})$是底面平行四邊形的法向；
因此，$(\mathbf{a}\times\mathbf{u})\cdot\mathbf{p}=$平行六面體的有號體積。

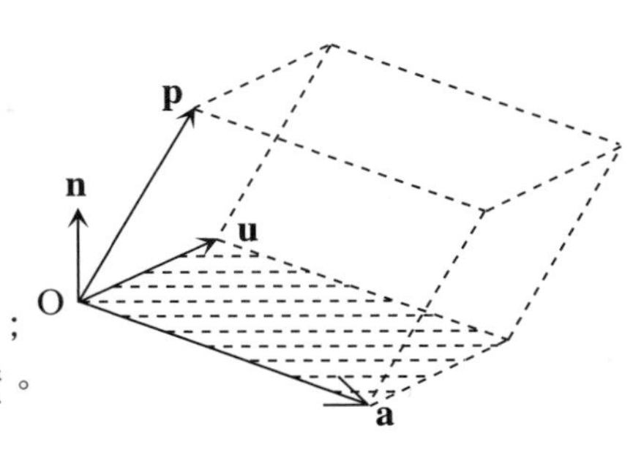

§5-2　轉動

力矩

（這是外積最有用的一個用途！）一個剛體，支點在 O 點，而我們施力 **F** 於 P 點，則此力對於此支點的力矩是

$$\overrightarrow{OP}\times\mathbf{F}$$

通常的說法是：力矩的大小，是：力的大小 $|\mathbf{F}|$，乘上力臂 $\overline{OP}\sin(\widehat{\overrightarrow{OP}, \mathbf{F}})$。但是你還是要保持那個旋轉的意象，就知道力矩是「旋轉性的向量」。

● 角動量

質點的瞬時位置在 P 點，瞬時速度是 $\mathbf{v}$，而質量是 m，則瞬時動量為 $\mathbf{p} := m * \mathbf{v}$；這時候它對於支點 O 的角動量，就定義為

$$\overrightarrow{OP} \times \mathbf{p} = m * (\overrightarrow{OP} \times \mathbf{v}).$$

註 動量，英文是 momentum。

力矩，英文是 torque；也可以叫做 moment of force，這樣子是「力（force）之矩（moment）」的意思。

角動量，英文是 angular momentum；也可以叫做 moment of momentum；這樣子是「動量（momentum）之矩（moment）」的意思。

換句話說，「矩」=moment，乃是「用 radius-vector（向徑）去乘得外積」的意思。

● 角動量不滅

一個體系若是由許多質點構成，我們就可以總加其各個質點的動量矩，而得到整個體系的總動量矩，同樣也可以計算整個體系的所受到的總力矩。

一個體系的總動量矩，與它的總力矩之間的關係，就如同它的總動量與它的總力之間的關係一樣。

如果一個體系，只有內部的質點之間的相互作用力，其他沒有外力，又這些內力，都合乎第三定律，而且力量都是在兩質點間的線段上，那麼，體系的總動量矩將維持不變。

● 速度矩

質點的瞬時位置在 P 點，瞬時速度是 $\mathbf{v}$，這時候它對於支點 O 的「速度矩」，如何定義？

$$\overrightarrow{OP} \times \mathbf{v}$$

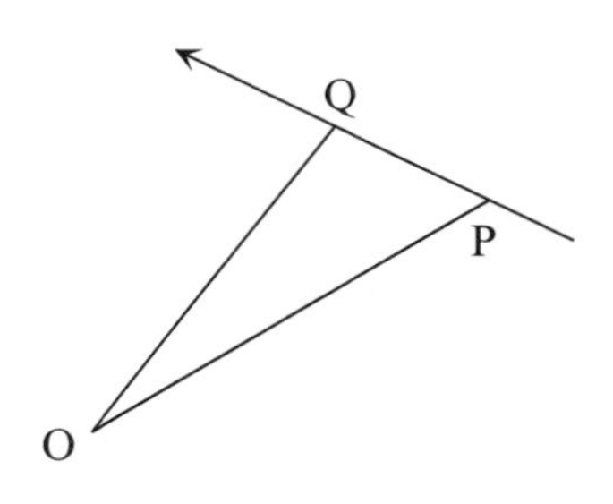

如果在短時間 Δt 內，由 P 點位移到 Q 點，則

$$\frac{1}{2}\overrightarrow{OP} \times \overrightarrow{OQ}.$$

就是 $\triangle OPQ$ 的有向面積；因為其大小，就是面積

$$\triangle OPQ = |\frac{1}{2}\overrightarrow{OP} \times \overrightarrow{OQ}|.$$

而方向則是與這個三角形的平面垂直；並且就是依照右手螺旋規則選定法向。

那麼，位移除以時間，（差不多）就是速度向量了：

$$\frac{1}{\Delta t}\overrightarrow{OQ} \approx \mathbf{v}.$$

掃過的面積率

所以，速度矩就是從原點到質點現在的位置這條向徑所掃過的有向面積的變化率。

歷史上，Kepler 所提出的第二定律，其實就是說：行星對於太陽，在其軌道上掃過的面積率，是固定不變的！

例題　（Lagrange 恆等式）

對於任意兩個向量

$$\mathbf{x} := x\mathbf{i} + y\mathbf{j} + z\mathbf{k}，\mathbf{u} := u\mathbf{i} + v\mathbf{j} + w\mathbf{k},$$
$$|\mathbf{x}|^2 * |\mathbf{u}|^2 = (x^2 + y^2 + z^2) * (u^2 + v^2 + w^2) = |\mathbf{x} \times \mathbf{u}|^2 + |\mathbf{x} \cdot \mathbf{u}|^2$$
$$= ((yw - zv)^2 + (zu - xw)^2 + (xv - yu)^2) + (xu + yv + zw)^2.$$

註　參見（§2. Lagrange），那是二維的情形：$z = 0 = w$。下述是四維的情形：

$$(x^2 + y^2 + z^2 + t^2) * (u^2 + v^2 + w^2 + s^2) = (ts - xu - yv - zw)^2 +$$
$$+ (tu + sx + yw - zv)^2 + (tv + sy + zu - xw)^2 + (tw + sz + xv - yu)^2.$$

§6　折射定律

光線的幾何

任何孩子，只要看過筷子持插水中，就有見識過光的折射現象了。

水是一種介質，空氣，（或者就把它看成真空吧，）則是另外一種介質。兩者之間的界面，我們就設為平面Λ。光線在水中，從一點 A（筷子上的端點）出發，以直線 $\overline{AP}$ 到達界面Λ上的一點 P，於是在空氣中，以直線 $\overline{PB}$ 到達我們的（眼睛）點 B。但是 APB 三點並非在一條線上！（$\angle APB$並非平角！）因此是「折射」！$\overline{AP}$ 稱為入射線（incident ray），$\overline{PB}$ 稱為折射線（refracted ray）。

（當然我們這裡是假定：$\overline{AB}$與Λ不垂直！）

折射現象的第一要點，（也就是任何折射定律的第一句話！）就是說：（入射線與折射線）$\overline{AP}$與$\overline{PB}$所在的平面π，即是入折光線面，一定與平面Λ垂直。

註 大部分的學生都忽略掉這句話！如果沒有這句話，其後的語句都沒有意義！

那麼，在P點作一條直線n_iPn_r與Λ垂直，這是過P點，Λ的法線。$\overline{Pn_i}$是在入射介質這一側的法線，而$\overline{Pn_r}$是在折射介質這一側的法線。於是，入射線$\overline{AP}$、折射線$\overline{PB}$分別在法線的異側，（這應該是任何折射定律的第二句話！）而$\theta_i := \angle n_iPA$稱為入射角，$\theta_r := \angle n_rPB$稱為折射角。而任何折射定律的第三句話，都是要談論這兩個角度之間的關係。

Snel 的折射定律

這是由實驗得出的！Brahe-Kepler 只能觀察，不能實驗！此地我們能夠變動角度！

正確的答案是 Snel 由實驗得出的理論：$\sin(\theta_i)$：$\sin(\theta_r)$有一定的比例，由兩介質決定，

$$n_r * \sin(\theta_r) = n_i * \sin(\theta_i) .$$

這裡的n稱為此介質的折射率（index of refraction）。最小的（真空的！）折射率定為 1。水的折射率大約是$\frac{4}{3}$，玻璃的折射率大約是$\frac{3}{2}$。

註 另外一種理論是θ_i：θ_r有一定的比例，由兩介質決定。

註 還有一種理論是$\tan(\theta_i)$：$\tan(\theta_r)$有一定的比例，由兩介質決定。

如果角度θ很小，微分學告訴我們：

$$\sin(\theta) \approx \theta \approx \tan(\theta) .$$

因此，如果角度θ_i, θ_r很小，這三種理論都差不多。

作為對照，在靜電學中，電力線在兩介質間的折射，有：

$$\frac{\tan(\theta_r)}{\epsilon_r} = \frac{\tan(\theta_i)}{\epsilon_i} .$$

在靜磁學中，磁力線在兩介質間的折射也一樣，只是把上述的介電係數ϵ，改為透磁率。

Fermat 定理

如下左圖。平面上有直線λ，兩側各有點A, B，另外，有兩常數$n_i>1, n_r>1$；

求：直線λ上的點P，使得下述為最小！

$$\tau(P) := n_i * \overline{AP} + n_r * \overline{PB}.$$

則其答案就是要使得：Snel 的折射公式成立！

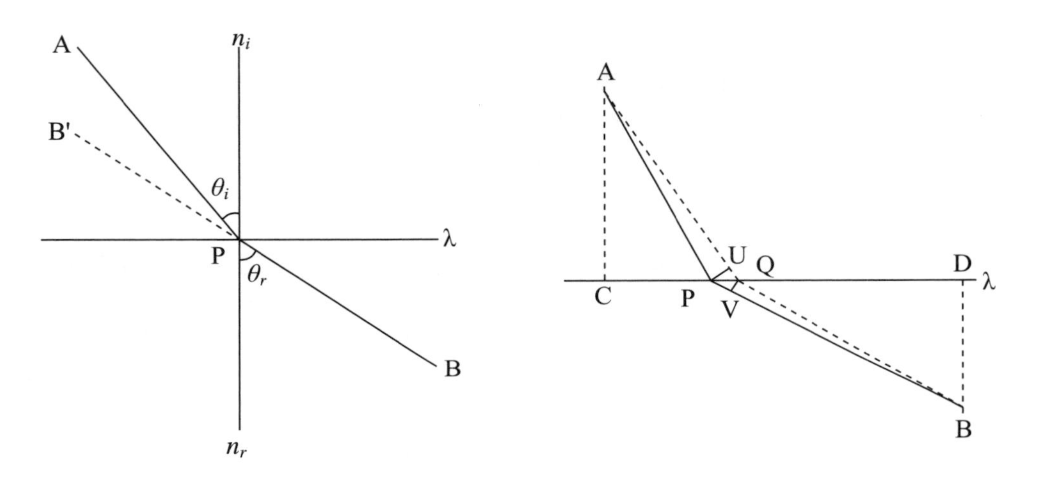

證明　我們這樣子來思考：這是要「造路」，連通A, B, n_i, n_r分別是在λ兩側的每單位長度的造價。很顯然我們在兩側都應該採取直線，但是卻在λ上的某一點P有轉折！

如上右圖，對於這樣子的點P，我們就可以算出$\tau(P)$。那麼，如果往右移動一點點，移到Q點那就可以計算$\tau(Q)$。如果問題是問：在APB與AQB這兩條通路之間，要你選一個，你要選哪個？

我們算算看，若是$\tau(Q)-\tau(P)>0$，當然是選前者，若是<0，當然選後者！

更精細一點點來看：往右移動時，$\overline{AQ} > \overline{AP}$，這樣子有一項是吃虧的，但是，$\overline{BQ} < \overline{BP}$，這樣子的另外一項是有利的。所以要細心比較得失！如果在線段$\overline{AQ}$上，選U點，使得$\overline{AU} = \overline{AP}$，一方面又在線段$\overline{BP}$上，選$V$點，使得$\overline{BV} = \overline{BQ}$，則

$$\tau(Q)-\tau(P) = n_i * \overline{QU} - n_r * \overline{PV},$$

我們就是由

$$n_i * \overline{QU} \gtrless n_r * \overline{PV}.$$

來決定選APB或AQB。

問題不是讓我們「二擇一」，而是「在無窮個可能之中，擇一」，因為這是在線段 $\overline{CD}$ 上，選擇一點。（C, D 各是兩點 A 與 B 在直線Λ上的投影！）

Fermat的思考法，其實是微分法。他想，我們讓 P 點在這個區間上活動，或者，很精確地，讓某種「粒子」由 A 到 B 以一定的速度運動。讓我們想像：這個粒子具有「神性」（也就是會微分法！），一邊運動，一邊可以計算：

・我現在正好佔在這個位置 P，那個造路費 $\tau(P) =$ ？

・我一直在運動，移動位置，現在，我們的「造路費的變化率」是多少？

為何可以計算「造路費的變化率」？因為我們可以計算：

距離的變化率

上右圖中，當 P 由左往右以速度$\mathbf{w} = w\mathbf{i}$移動時，距離 $\overline{AP}$ 的變化（增加）率，就是：速度向量$\mathbf{w}$在 $\overrightarrow{AP}$ 上的投影成分，因而就是

$$w * \cos(\angle APC) .$$

距離 $\overline{BP}$ 的變化（增加）率，就是：速度向量$\mathbf{w}$在 $\overrightarrow{BP}$ 上的投影成分，（其實是負的，）因而就是

$$-w * \cos(\angle BPD) .$$

造路費的變化率

注意到單價不同！因此，「造路費的變化率」是

$$g(P) \coloneqq w * (n_i * \cos(\angle APC) - n_r * \cos(\angle BPD)) .$$

P 由 C 點出發，剛開始 $\angle APC$ 是直角，然後角度慢慢減少，而其 cos 則是慢慢增加；至於 $\angle BPD$，則是慢慢增加，其 cos 則是慢慢減少；因此，上述的 $g(P)$，剛開始 $P = C$ 時，是：

$$g(C) = -w * n_r * \cos(\angle BCD) < 0 \text{，負的值} .$$

但是，隨著 P 往右走，$g(P)$ 漸漸增加，一直到最後 $P = D$ 時，是：

$$g(D) = w * n_i * \cos(\angle ADC) > 0 \text{，正的值} .$$

這個具有神性的粒子，就知道在 $\overline{CD}$ 線段上的某 P 點處，是最佳選擇；在

其處，不論往左往右，都只會使造路費增加！而此處就是使得：

$$(n_i * \cos(\angle APC) - n_r * \cos(\angle BPD)) = 0$$ 者．　（因此證明完畢）

偉大的 Fermat 原理

從前 Heron 想到，用「光子必走捷徑」這個原理，來解釋光的反射定律，不止是光的直進定律而已。

Fermat（想到）推廣成為「光子必走費時最短」的這個原理！

折射率的解釋

Einstein的相對論說：「宇宙間，速度最快，就是真空中的光速 c。」介質的折射率為 $n>1$，意思就是：光在此介質中的速度為 $\frac{c}{n}<c$。通常把折射率較大的介質稱為「光密」。（當然，同樣的流體，密度增大時，也增大折射率！）在上圖中，我們是由光密進入光稀，折射角大於入射角，即光線往外離開法線。

如果入射介質這邊是水，折射介質這邊是空氣，（對不起，應該顛倒畫，會比較好！）B 是眼睛，A 是筷子，看起來是「浮上來」。

推論：可逆原理

你可以對調兩個介質，結果只是把「入射」與「折射（後）」對調。（交換足碼 i = incident 與 r = refracted。）

全反射

若 $n=\frac{n_i}{n_r}>1$，（由光密進入光稀，）而 $\sin(\theta_i)>\frac{1}{n}$，則無折射！

例題（光線的平移）

光線由 O 而 PQR，其中
$\overline{OP}$ 是在空氣中，
$\overline{PQ}$ 是在玻璃中，
$\overline{QR}$ 是在空氣中，
玻璃層厚度 $\overline{FG}=h$，
兩界面 $\overline{EF} \parallel \overline{HG}$，
入射線 $\overline{OP}$ 與射出線 $\overline{QR}$ 之間，平移的距離為 d，求玻璃的折射率。

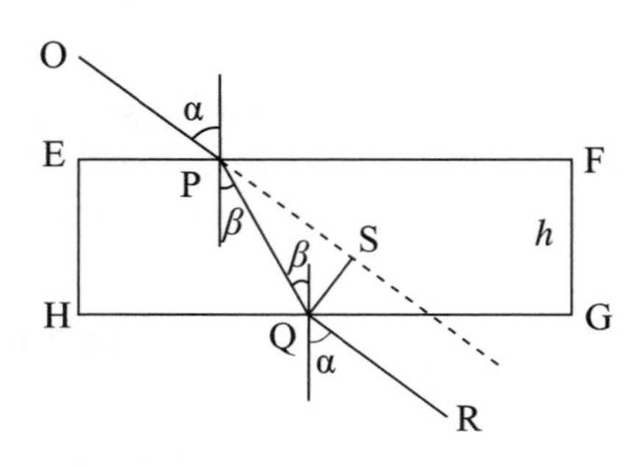

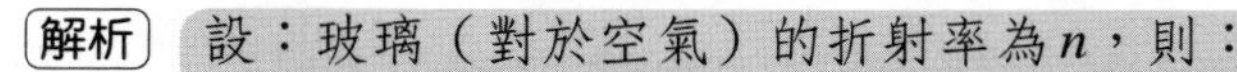
解析 設：玻璃（對於空氣）的折射率為 n，則：

$$\sin(\alpha) = n * \sin(\beta).$$

圖中，$h=\overline{PQ}*\cos(\beta)$；$d=\overline{PQ}*\sin(\angle SPQ)$；因此：

$$\frac{d}{h}=\frac{\sin(\alpha-\beta)}{\cos(\beta)}.$$

但是我們的腦筋要很清楚：我們是要由 d, h, α 求出 n；當然，不一定需要求出 β。不過，如果算出 $\sin(\beta)$或 $\cos(\beta)$當然就可以算出 n 了。
現在由上式，把 $\sin(\alpha-\beta)$展開，

$$\frac{d}{h}=\frac{\sin(\alpha)\cos(\beta)-\cos(\alpha)\sin(\beta)}{\cos(\beta)}=\sin(\alpha)-\cos(\alpha)\tan(\beta).$$

$\tan(\beta)=\sin(\alpha)-\frac{d}{h}$，由此就可以算出

$$\sin(\beta)=\frac{\sin(\alpha)-\frac{d}{h}}{\sqrt{1+\left(\sin(\alpha)-\frac{d}{h}\right)^2}}.$$

也就可以算出

$$n=\frac{\sin(\alpha)}{\sin(\beta)}=\frac{\sin(\alpha)*\sqrt{1+\left(\sin(\alpha)-\frac{d}{h}\right)^2}}{\sin(\alpha)-\frac{d}{h}}.$$

§7 軌跡

路徑與軌跡

物理上，如果一個質點在 t 時刻的位置，被我們算出來是 $P(t)=(f(t), g(t))$，（我們此地是假定它作的是平面運動，因此可以用平面座標幾何的辦法，）那麼這（兩）個函數就是質點的「路徑」。這個質點在每個時刻都有一個位置「點」，所有這些點就集合成為「軌跡」。換句話說，軌跡是幾何上的曲線，這是靜態的概念，並不涉及時間！如果用一個非常奇怪厲害的攝影機把質點的運動整個拍攝下來，我們有兩種辦法來欣賞。

我們可以把它當作電影來放映，這是「路徑」：螢幕上隨時都是只有一「點」！但是一幕一幕地顯現。

但是我們想像把它當作相片來顯現，這是「軌跡」：把質點在不同時間的

位置，在單獨一張相片上，同時顯現！

註 我承認這兩個詞的用法很奇怪！但是我沒有別的辦法！反正你必須分辨這兩個詞。

由於正餘弦函數與等速圓周運動的密切關聯，許多軌跡（與路徑）的描述，都必然用到正餘弦函數。

● 外滾圓（epi-cycloid）

如下左圖，假設有一個定圓Λ，半徑 a，圓心 O。然後有個動圓 Γ_t，半徑 b 固定，而在定圓上滾動，因此隨時保持相切，當然這個切點 $Q(t)$ 也是動點，而動圓的圓心 $R(t)$ 也是動點；動圓上有一點 $P(t)$，我們就是要算出此點 $P(t)$ 的路徑。

當然可以設 $\Lambda: x^2+b^2=a^2$。我們可以設切點 $Q(t)$ 以單位角速度在 Λ 上旋轉，因此：

$$Q(t)=(a*\cos(t), a*\sin(t)).$$

我們又取定 P 的出發點就是 $P(0)=Q(0)=(a,0)=E$。

（下面的右圖是三滾外滾圓，$n:=\frac{a}{b}=3$ 的情形。）一般的路徑的方程式是：

$$x=(a+b)\cos(t)-b*\cos\left(\frac{a+b}{b}*t\right)=b*[(n+1)\cos(t)-\cos((n+1)*t)],$$

$$y=(a+b)\sin(t)-b*\sin\left(\frac{a+b}{b}*t\right)=b*[(n+1)\sin(t)-\sin((n+1)*t)].$$

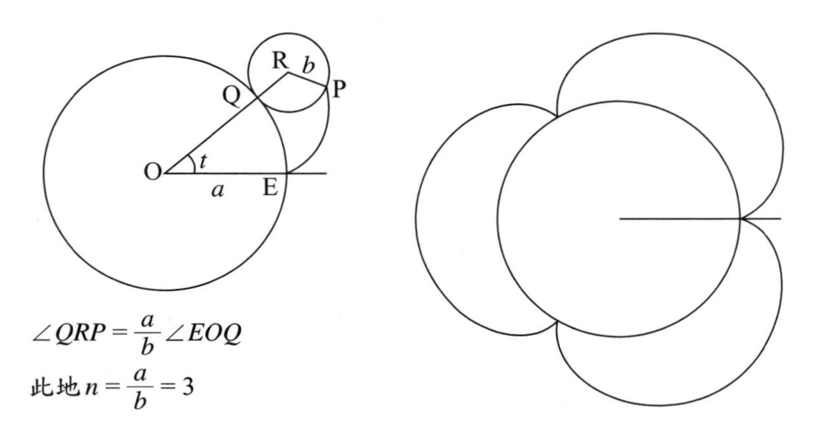

$\angle QRP=\frac{a}{b}\angle EOQ$

此地 $n=\frac{a}{b}=3$

● 內滾圓（hypo-cycloid）

只要把 b 改為 $-b$ 就好了：（我們改用 m 代替 n。）

$$x = (a-b)\cos(t) + b * \cos\left(\frac{a-b}{b} * t\right) = b * [(m-1)\cos(t) + \cos((m-1) * t)] ,$$

$$y = (a-b)\sin(t) - b * \sin\left(\frac{a-b}{b} * t\right) = b * [(m-1)\sin(t) - \sin((m-1) * t)] .$$

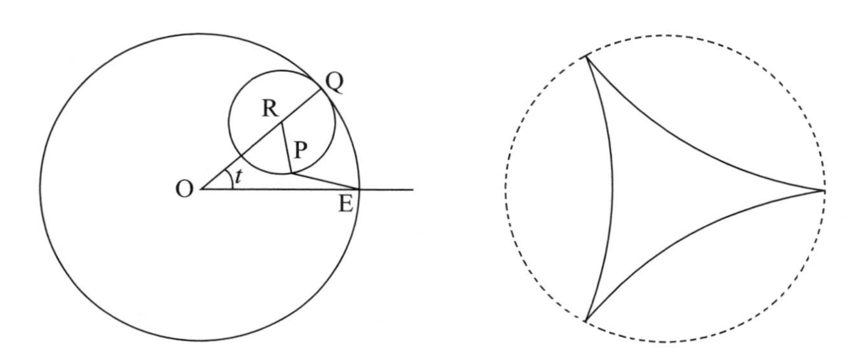

上面的右圖是三尖內滾線（deltoid），$m := \frac{a}{b} = 3$ 的情形。
下左圖是四尖內滾線（星形線 astroid）。（$m = 4$）
下右圖是兩滾外滾線（腎臟線 nephroid）。（$n = 2$）

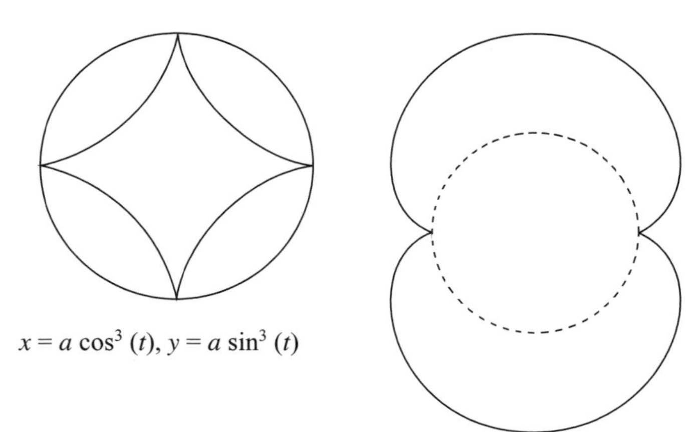

$x = a\cos^3(t),\ y = a\sin^3(t)$

● 擺線（cycloid）

如下圖，假設有一個動圓 Γ_t，半徑 b 固定，而在定直線上滾動因此隨時保持相切，切點 Q 與動圓的圓心 $R(t)$ 也都是動點，隨著動圓滾動。動圓的半徑固定是 $\overline{RP} = b$，我們就算出此質點 $P(t) = (x, y)$ 的路徑：

$$x = b * (t - \sin(t)) ,$$
$$y = b * (1 - \cos(t)) .$$

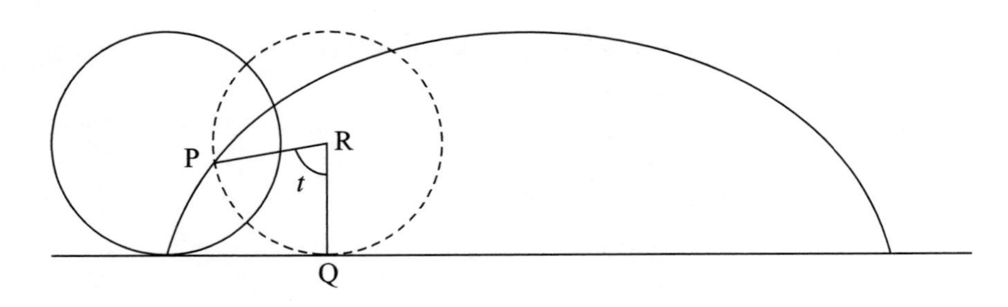

速度

由相對運動的原理，馬上算出質點 P 的速度 $[u, v]$ 為：

$$u = b * (1 - \cos(t)) .$$
$$v = b * \sin(t) .$$

在物理學的歷史上，這條曲線扮演了非常重要的角色。

第七章

雙曲三角函數

§1　正餘弦函數的圖解

下圖左側有一個圓 U，半徑 $=1$，而想像有一質點在其上作等速圓周運動：（出發點在基準點$(1,0)$，逆時針旋轉）於是此質點在時刻 t 的位置 P，在 y 軸上的投影就是 $y=\sin(\omega*t)$，在 x 軸上的投影就是 $x=\cos(\omega*t)$。

這個函數圖就是 $y=\sin(s)$圖的右側，橫軸為弧長 $s=\omega*t$ 正比於「時間」t，縱軸還是代表本來的 y 軸；當然縱軸與橫軸是不同的量綱，尺度完全獨立！

左側圓上一點 $P=(\cos(s), \sin(s))$，我們畫水平橫線到右側的點$(s, \sin(s))$去。如此，右側的這一條曲線根本就是 sin 函數的圖解。

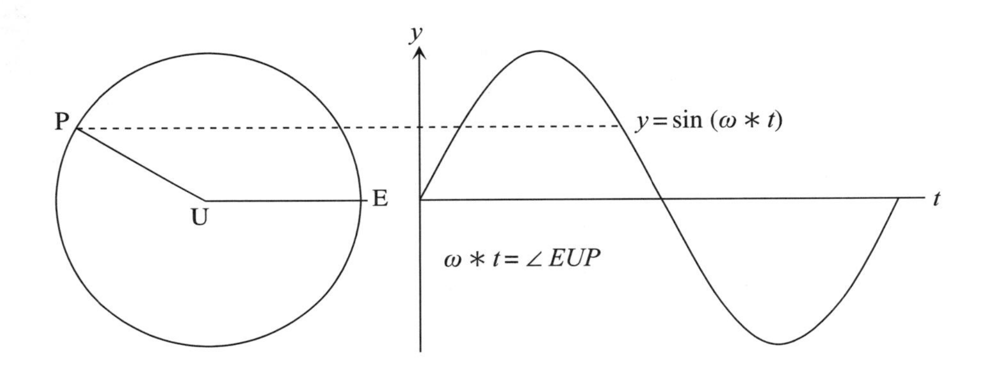

我們也可以用同樣的辦法畫出 cos 函數的圖解；這兩條曲線只是差個橫向的推移而已！我們重新把 sin 與 cos 兩函數的圖解畫在下頁的上圖。（我們只畫了 $-2\pi\leq x\leq 2\pi$ 的這兩個周期段。）

● 反正弦與反餘弦

如果將這個函數圖作縱橫的對調，就得到下頁的下圖。這樣子就知道：兩個反函數 arcsin, arccos 的圖解，就是要在這個圖中，各自選擇一段。

● 正餘切與正餘割的函數圖解

另外我們也把 $y=\tan(x)$, $y=\cot(x)$的圖解畫在同一張紙上；也把 $y=\sec(x)$, $y=\csc(x)$的圖解畫在同一張紙上。因為有奇點，所以當（絕對）函數值太大，就不畫了！

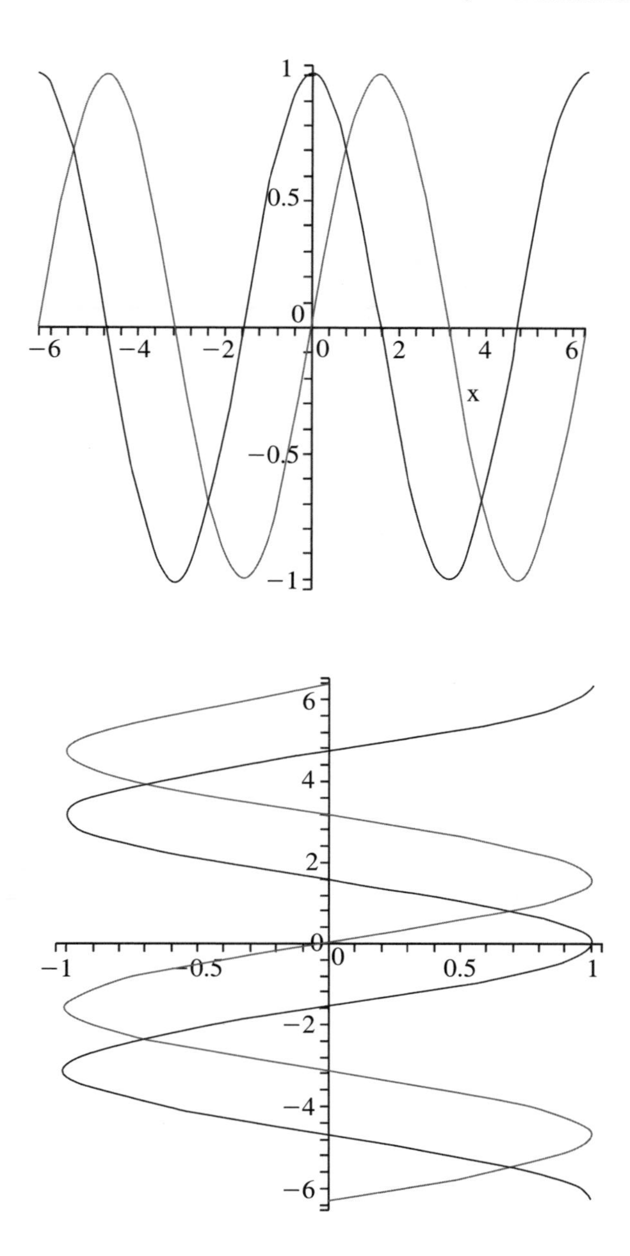
1
0.5
0
-6
-4
-2
0
2
4
6
x
-0.5
-1
6
4
2
0
-1
-0.5
0
0.5
1
-2
-4
-6

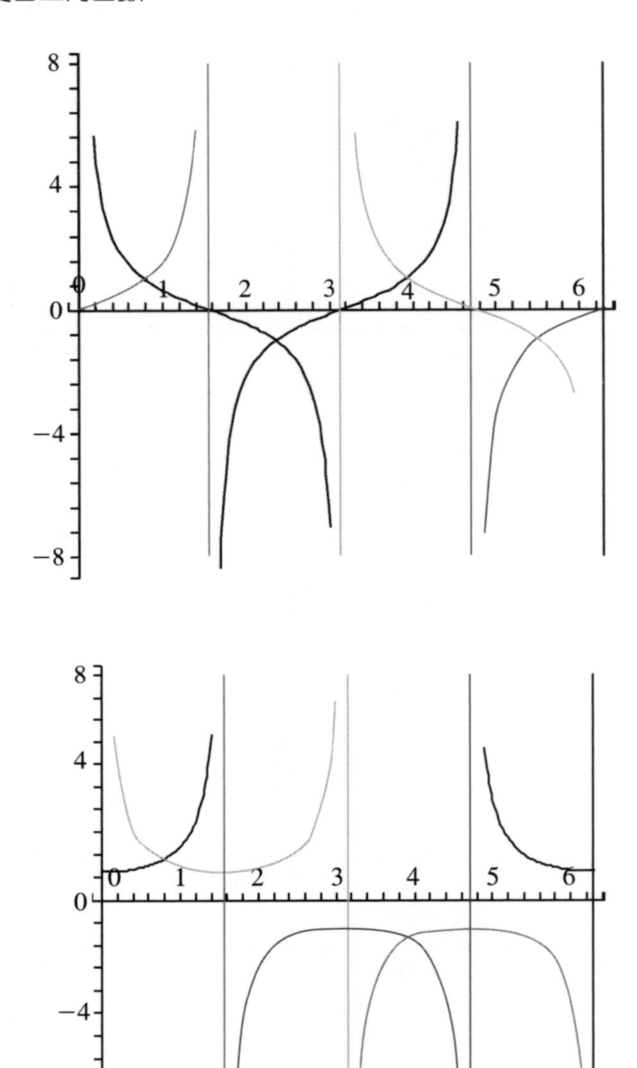
8
4
0
−4
−8
0
1
2
3
4
5
6
8
4
0
−4
−8
0
1
2
3
4
5
6

§2　三角函數的零點與奇點

正餘弦函數的零點

這是我們早就知道的：

$$\sin(\theta)=0\text{，就表示 }\frac{\theta}{\pi}\text{ 為整數，}$$
$$\cos(\theta)=0\text{，就表示 }\theta\div\frac{\pi}{2}\text{ 為奇數。}$$

因為我們採用商逆關係作為定義：

$$\tan(\theta)=\frac{\sin(\theta)}{\cos(\theta)}\text{；}\cot(\theta)=\frac{\cos(\theta)}{\sin(\theta)}\text{；}$$
$$\sec(\theta)=\frac{1}{\cos(\theta)}\text{；}\csc(\theta)=\frac{1}{\sin(\theta)}.$$

那麼，正餘割函數沒有零點，它們的函數值絕對值永遠不小於 1。而正餘切函數的零點就是正餘弦函數的零點。

三角函數的奇點

正餘弦函數沒有奇點，它們是非常好的函數！

但是，由於我們採用商逆關係作為定義，於是正餘弦函數的零點，自然是正餘割函數的「奇點」！這是因為，我們沒有辦法定義

$$\sec\left(\frac{\pi}{2}\right)=\frac{1}{0}\text{；}\csc(0)=\frac{1}{0}.$$

奇點（singularity）的一個解釋是：「在此處，我們沒有辦法定義函數值」。

$$\csc(\theta)=\infty\text{，就表示 }\frac{\theta}{\pi}\text{ 為整數。}$$
$$\sec(\theta)=\infty\text{，就表示 }\theta\div\frac{\pi}{2}\text{ 為奇數。}$$

你當然知道：正餘割函數的奇點就是正餘切函數的奇點。

當且只當 $\theta_0=\pi$ 的整數倍時，規定：

$$\cot(\theta_0)=\infty\text{；}\csc(\theta_0)=\infty.$$

而當 $\theta_1=\frac{\pi}{2}=90°$ 的奇整數倍時，規定：

$$\tan(\theta_1)=\infty \text{；} \sec(\theta_1)=\infty .$$

無限大

我們把∞讀做「無限大」（infinity）。所以，上面這四個函數的「奇點」，有一個解釋是：「在這個地方，我們定義『這個函數的函數值為無限大』」。

那麼，「無限大」∞要如何解釋？

有一種靜態的（static）解釋：分式的分母為零，而分子非零，我們就定義分式的值為∞。

$$\frac{x}{0}=\infty \text{，當 } x\neq 0 .$$

你也可以採用動態的（dynamical）解釋：當 θ 漸漸趨近 $\theta_0=n*\pi$ 時，$\cot(\theta)$, $\csc(\theta)$的定義式子中，分母$\sin(\theta)$就會漸漸趨近零，而分子（絕對值）漸漸趨近一（非零），整個分數的絕對值，漸漸變大，大得沒有限制！我們就定義此種函數的（極限）值$=\infty$。

連續性

上面提到了「漸漸趨近於」，這又給了我們一種思考。我們說正餘弦是很好的函數，這句話有一個很粗淺的解釋：

對於 sin，如果一個角度 θ 很接近 30°，那麼，$\sin(\theta)$就一定很接近於 $0.5=\sin(30°)$。數學上就說sin「有連續性（is continuous）」。函數 f 的連續性，指的是：當 x 很接近 a 的時候，函數值 $f(x)$就會很接近函數值 $f(a)$。

那麼你看到：

$$\tan(89°)=57.29\text{，}\tan(89°30')=114.6\text{，}\tan(89°10')=343.8 .$$
$$\tan(91°)=-57.29\text{，}\tan(90°30')=-114.6\text{，}\tan(90°50')=-343.8 .$$

只差個 20'，在 90°左右，函數值就有天壤之別！所以你沒有辦法來定義$\tan(90°)$，而使得：「當 x 很接近 90°的時候，函數值 $\tan(x)$就會很接近函數值$\tan(90°)$。tan 就不具連續性。

更清楚的說法是：對於這些函數 f，如果 a 不是它的奇點，那麼，連續性是沒有問題的：當 x 很接近 a 的時候，函數值 $f(x)$就會很接近函數值 $f(a)$。

三角函數的基本極限公式

我們已經說過：sin, cos，都是「很好」的函數，這裡所說的很好，在最粗淺的解釋時，只是指連續性。特別地說；若 θ 是非常小的正的角度，（靠近

0）。則$\sin(\theta)$一定也非常小（靠近$\sin(0)=0$）。$\cos(\theta)$一定也非常靠近$\cos(0)=1$。
但是，「很好」，可以有更精密的解釋，就不只是連續性而已。

角度	$\theta=1°$	6'	36"	3.6"
弧度	$\theta=1.74533*10^{-2}$	$1.74533*10^{-3}$	$1.74533*10^{-4}$	$1.74533*10^{-5}$
正弦	$\sin(\theta)=1.74524*10^{-2}$	$1.74533*10^{-3}$	$1.74533*10^{-4}$	$1.74533*10^{-5}$
弦弧比	$\frac{\sin(\theta)}{\theta}=0.99994923$	0.9999994924	0.9999999948	1.000000000

事實上，弦弧比函數 $\mathrm{sinc}(\theta) := \frac{\sin(\theta)}{\theta}$，（參看下頁的函數圖），雖然小於1，將非常靠近1，這個更精密的公式是

$$\lim_{\theta\to 0}\frac{\sin(\theta)}{\theta}=1 .$$

讀成：當θ趨近零的時候，$\frac{\sin(\theta)}{\theta}$將趨近1。

Maclaurin 展開公式

實際上，在微積分學中，有

$$\cos(\theta)=1-\frac{\theta^2}{2!}+\frac{\theta^4}{4!}-\frac{\theta^6}{6!}+-+-\cdots$$
$$\sin(\theta)=\frac{\theta}{1!}-\frac{\theta^3}{3!}+\frac{\theta^5}{5!}-+-+-\cdots$$

要清楚這個展開公式與極限公式的意思：這裡的角度是用「弧度制」！因此

$$\pi=180°，\frac{\pi}{2}=90°；\frac{\pi}{3}=60°，\frac{\pi}{6}=30°\approx 0.5236 .$$

當然和$\sin\left(\frac{\pi}{6}\right)=0.5$一比較，就知道：比例的誤差大於4%；若是更小的$\theta$，則有：

$\theta=$	0.1	0.01	0.001	0.0001	0.00001
$\frac{\sin(\theta)}{\theta}=$	0.99833	0.999983	0.99999983	0.9999999983	1.000000000

（最後的數值你無法當真求證：那是「我的電腦軟體，就此認輸了」。）

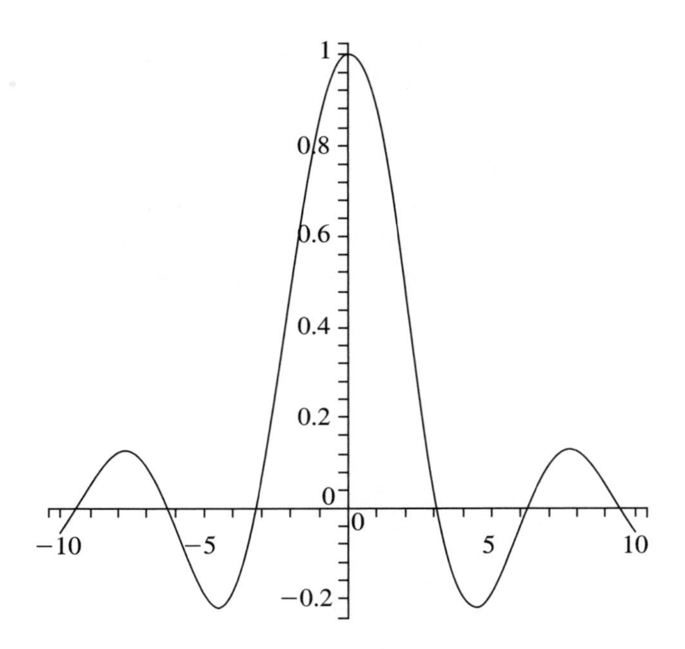

你可以查一查函數表（或者用計算器），看看 $\sin(5°)=$？

古時用計算尺，它就不列刻在 5°以下的角度的函數值！

因為，要計算 $\sin(1°)$，就用 $1°=\frac{\pi}{180}\approx 0.01745329252$。

由展開公式看來，對於 $\theta=5°=0.087264626$，那麼，誤差項（絕對值）<0.0001107620195。（計算尺的精確度大約只到「仟分之一」。）

冪級數定義法

在微積分學中，其實可以拿上述級數當作定義！（我們並不如此作！）那麼最大的工程，就是找出「使得 $\cos(\theta)=0$ 的最小正數 θ」，那就是 $\frac{\pi}{2}$ 的意義！

這個定義的好處是：正餘弦函數的奇偶性就顯然了！而且又看出：

當角度是很小的正數時，sin 是「遞增的」，cos 是遞減的。

習題　其實我們可以用「長除法」來展開 $\tan(\theta)$；（這是太深奧的理論）？最少你能夠算出：

$$\tan(\theta)=\left(\theta-\frac{\theta^3}{6}+\cdots\right)\div\left(1-\frac{\theta^2}{2}+\cdots\right)=\theta+\frac{\theta^3}{3}+\cdots$$

你想：$\tan(5°)$與 $5°\approx 0.087264626$ 差多少？$\tan(5°)\approx 0.08748866355$。

§3 簡諧振子

● 簡諧振子

我們在前面已經定義過簡單諧和振動：想像有一個質點，在平面上繞著一個固定點，作等速率的圓周運動，這時候，任意取此平面上的一條直線Λ，而把此質點的運動投影在Λ上，那麼這個影子的運動，是個直線運動，我們稱之為此直線上的簡單諧和振動。

如果在這條直線Λ上建立座標系，座標用u，那麼，這個簡單諧和振動就可以寫成：

$$u = A * \cos(\omega * t + \theta_0) + u_0 .$$

我們要深思：那個「在平面上」作等速圓周運動的質點，本身不重要！它是個「供參考用的」質點。主角是被投射到直線Λ上的那個「影子質點」，因為是它在作「直線上」的簡單諧和振動。那麼，在一直線上作簡單諧和振動的質點，叫做簡諧振子（simple harmonic oscillator）。這才真是在物理學的各個部門到處出現赫赫有名的明星。

例1 彈簧振動

一個具有質量M的質點，繫連在一個理想的彈簧上．假設彈簧常數為K，那麼這個質點的運動就是一個簡單諧和振動：

質點受到的力量是與它的位移x成正比，方向卻是相反，

$$F = -K * x ,$$

因而，加速度為

$$a = \frac{F}{M} = -\frac{K}{M} * x .$$

這就合乎簡諧振子的定義！於是，運動必然是：

$$x = A * \cos(\omega * t + \delta) ,$$

其中的（「角速度」）圓頻是：

$$\omega = \sqrt{\frac{K}{M}} .$$

例 2　（電容與電感的無阻簡諧振動）

假設有一個理想的電路，具有電容 C 與電感 L，而毫無電阻。

電量相當於位移 Q；電量對於時間的變化率就是電流，相當於速度；而電流的變化率相當於加速度；自感應相當於「慣性質量」；電壓相當於力；那麼，當電容器上的兩極，分別具有電量 $\pm Q$ 時，兩極之間就產生了（「電位差」）電壓，電壓的大小與電量成正比，電壓的方向是向著減少電量的方向！因此：

$$V=-\frac{1}{C}Q.$$

比例常數為 $\frac{1}{C}$，C 是電容；因此 $\frac{1}{C}$ 相當於彈簧係數 K。

結論就是：這個電路的「運動」，不論是電容器內的電量，或者電路上的電流強度，都將是個簡單諧和振動，其圓頻（「角速度」）是：

$$\omega=\sqrt{\frac{1}{C*L}}.$$

不！簡諧振子為何重要呢？真實的世界，絕對沒有如例 1 所說的那種理想的彈簧，也沒有如例 2 所說的那種無阻電路。所以，你沒有看過「這樣子的東西」。但是Galilei在教堂中所看到的擺動，真正的運動，卻是很接近於一個簡諧振動，在短時間內。

至於例 2，雖然沒有無阻電路，也可以做得出來盡量小電阻的電路，於是，在短時間內，電路中的電流強度，或者電容器內的電量，就很接近於一個簡諧振動。

當然在例 2 所指的「運動」是抽象的。簡諧振子只是抽象的存在！那條座標直線 Λ，並非我們生活著的空間裡的真正一條直線！它只是我們在討論物理學中的現象時，用來標示物理量的一條座標直線。不論你要討論的物理量 u 是什麼，是溫度、壓力、體積、電流、電壓、電量，或是濃度，它總是隨著時間 t 而變動，而只要這個變動可以用上面的式子來描寫，我們就是在和簡諧振子打交道了。（簡諧振子是抽象的，因而才可能無所不在！）

式子中的 u_0，叫做<u>平衡值</u>，原來的抽象圓周的半徑 A，我們就稱之為此簡諧振子的<u>振幅</u>（amplitude）。角度 $\theta=\omega*t+\theta_0$ 稱為<u>輻相</u>（phase），而當然 θ_0 叫做<u>初始輻相</u>（initial phase）。$\omega>0$ 叫做<u>圓頻</u>，真正的<u>頻率</u>是 $\nu=\frac{\omega}{2\pi}$，而周期是 $T=\frac{2\pi}{\omega}$。

註　當然你可以採用不同的規約，把上式的cos改為sin。悉聽尊便。這當然只是會影響到初始輻相而已。很有趣但是有點困擾的一個註解是：寫cos的，比寫 sin 的，更多更流行，（參見下面的註解）可是，sinusoidal wave 當然是<u>正弦波</u>，你大概永遠看不到有人寫cosinusoidal wave的。你遇到電磁波 $E = A * \cos(\omega * t - k * x)$，你的嘴巴還是唸 sinusoidal wave。

● 註：de Moivre-Euler 公式的意義

我們規定了

$$\mathrm{C}is(\theta) \coloneqq \cos(\theta) + \jmath \sin(\theta)\ .$$

於是，$\cos(\theta)$就是 $e^{\jmath\theta} = \mathrm{C}is(\theta)$的實數部分。（而 $\sin(\theta)$就是 $e^{\jmath\theta} = \mathrm{C}is(\theta)$的虛數部分。）當然人們使用語彙時，比較喜歡說「實數部分」，遠勝於說「虛數部分」，如果兩種講法都可以達到相同的效果的話。

● 公周期振動的合成

如果一個振動 w 是由許多個簡諧振動合成的，（即使是一維振動，只有一個成分），也可以很複雜。若：

$$w = (w_1 + w_2 + w_3 + \cdots + w_n)\text{；}w_j = A_j * \cos(\omega_j * t - \alpha_j)\ .$$

那麼每個 w_j 都是簡諧振動。各各具有它的圓頻 ω_j，（因而，「正的最小的」）周期 $T_j = \dfrac{2\pi}{\omega_j}$，依照周期的涵意，

$$w_j(t + \tau) = w_j(t),\ \forall \frac{\tau}{T_j} \in \mathbb{Z}\ .$$

那麼，當諸「周期」$T_j = \dfrac{2\pi}{\omega_j}$ 有最小公倍數 T 的時候，換句話說：當諸「圓頻」ω_j 有最大公約數

$$\omega = \mathrm{hcf}\ (\omega_1, \omega_2, \cdots, \omega_n)\ .$$

的時候，這個振動就是個周期振動了，（「正的最小的」）周期是

$$T = \frac{2\pi}{\omega} = \mathrm{lcm}\ (T_1, T_2, \cdots, T_n)\text{；}w(t + T) = w(T)\ .$$

Fourier 的周期函數多頻合成定理

以上的敘述，幾乎可以逆轉！當然這是個相當高深的定理（你在大學會唸到）：

如果一個振動 w 具有（「正的最小的」）週期 T，

$$w(t+T)=w(T)\ .$$

那麼，它可以說是由許多個簡諧振動合成的，而這些振動的圓頻都是這個基本圓頻 $\omega=\frac{2\pi}{T}$ 的倍數：

$$w(t)=\ (a_0+a_1\cos(\theta)+a_2\cos(2\theta)+\cdots)+\ (b_1\cos(\theta)+b_2\sin(2\theta)+\cdots)\ ;\ \theta=\omega*t\ .$$

例 3　（一個交流電流函數）

假設

$$f(t)=t，當-\pi<t<\pi；f(\pi)=0；f(t+2\pi)\equiv f(t)\ .$$

Fourier 就用這樣子的展開：

$$f_n(t)=2\left(\sin(t)-\frac{\sin(2t)}{2}+\frac{\sin(3t)}{3}-+\cdots+(-1)^n\frac{\sin(nt)}{n}\right).$$

它的第 n 個成分是

$$g_n(t)=\ (-1)^n\frac{\sin(nt)}{n}\ .$$

畫在下右圖的，有 $g_1, g_2, \cdots$，到 g_6 這些成分的曲線，然後還畫了 f_4, f_6，f_{10}，以及 f。

畫在下左圖的，有 $f_1, f_2, \cdots$，到 f_{10}，以及 f。

當然這裡都只是畫了一個周期的時間 $-\pi<t<\pi$。完整的函數圖我們畫了六個周期於下下圖。虛線處，函數都是有跳躍的。

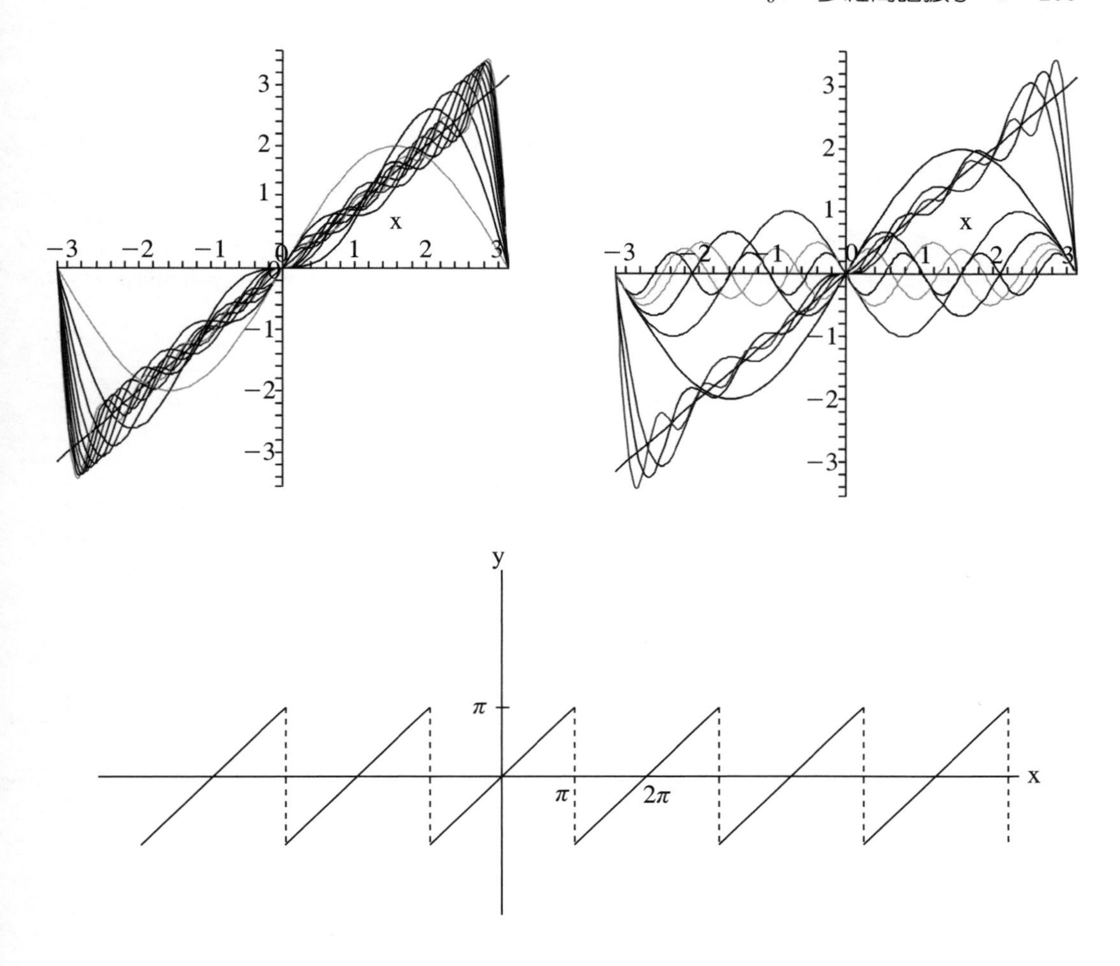

§4　多維簡諧振子

多維簡諧振子

如果物理量 u 是向量，有許多個成分，那麼，我們也許就會遇到多維的簡諧振子了。

二維單頻簡諧振子

如果二維的簡諧振子，兩個成分的頻率相同，那麼，運動的軌跡為何？

兩個成分 x 與 y，我們都可以不看其平衡值，這是在座標面上平移一下就好了！

其次：我們可以隨便取時間的起點，使得，例如說，x 的初輻相 $=0$。於是有：

$$x = A * \cos(\omega * t)，y = B * \cos(\omega * t - \alpha) .$$

這樣子一來，兩個成分的輻相差（phase difference），永遠就是 α，y 方向的振動落後（lag）於 x 方向的振動之輻角為 α。

● 退化：直線偏極

先考慮 $\alpha = 0$，那麼兩個成分毫無輻相差，完全協調（completely in phase），寫成向量形式，則：

$$x = A * \cos(\omega * t)，y = B * \cos(\omega * t)；x\mathbf{i} + y\mathbf{j} = (A\mathbf{i} + B\mathbf{j}) * \cos(\omega * t) .$$

軌跡是一個線段！（是在一條線上。）

這一來我們就想到；若是輻相差為 180°，情形其實是一樣的！因為 $y = B * \cos(\omega * t - 180°) = -B * \cos(\omega * t)$；就等於把上面的式子中的 B 變號！

$$若\ x = A * \cos(\omega * t)，y = \pm B * \cos(\omega * t)；則\ x\mathbf{i} + y\mathbf{j} = (A\mathbf{i} \pm B\mathbf{j}) * \cos(\omega * t) .$$

這時候，二維單頻簡諧振子已經退化（degenerate），其實是一個一維單頻簡諧振子，但是（絕對）振幅是 $\sqrt{A^2 + B^2}$。

● 橢圓

其次，我們設輻相差為 90°，例如說，

$$x = A * \cos(\omega * t)，y = B * \sin(\omega * t) .$$

這樣子的軌跡，就是個橢圓，因為標準橢圓的參數方程式就是

$$x = A * \cos(\theta)，y = B * \sin(\theta) .$$

這個二維的簡諧振子，我們也許就稱之為正橢圓簡諧振子。

● 正圓

當然在 $A^2 = B^2$ 的情形，則是正圓簡諧振子：

$$x\mathbf{i} + y\mathbf{j} = A * (\mathbf{i} * \cos(\omega * t) \pm \mathbf{j} * \sin(\omega)) .$$

在物理學中，這裡的正負號分別代表（右手或左手的）一種偏極（polarization）。最後，我們考慮不屬於以上這些情形的二維單頻簡諧振子：

$$x=a_0\cos(\theta)，y=a_1\cos(\theta)+b_1\sin(\theta)；\theta=\omega*t（而 a_0 a_1 b_1\neq 0）$$

消去θ，就得到：

$$\left(\frac{x}{a_0}\right)^2+\frac{1}{b_1^2}\left(y-\frac{a_1}{a_0}x\right)^2=1\ .$$

這個軌跡是個斜斜的橢圓。

例 1 $x=4*\cos(t)，y=3*\cos(t)+0.5*\sin(t)$，圖解如下。

如此你知道：
若把（圖中最外面的曲線）
$\epsilon=0.5$
改為更小，
$\epsilon=0.3, 0.2, 0.1, \cdots$
（往內，）那麼，這些橢圓的極限
$\epsilon=0$，
就是一條線段。（此即直線偏極。）

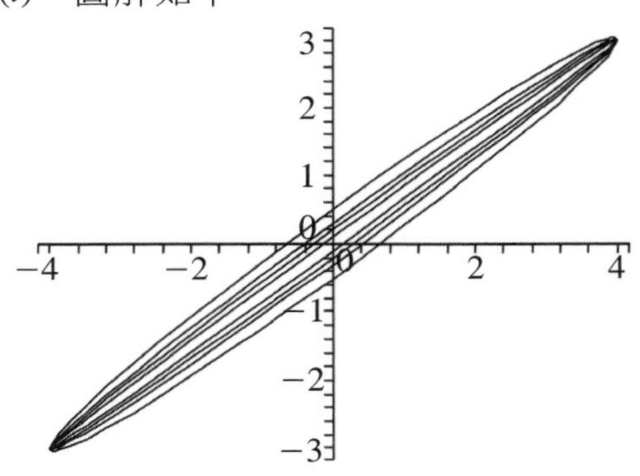

偏極

「polarization」這個詞來自光學。

光是電磁波。於是，光學中要討論電場 **E** 與磁場 **B**，兩者都是「向量」，有三個成分，所以我們要討論 6 個量（$E_1, E_2, E_3; B_1, B_2, B_3$）都是「空間與時間」的（$(x, y, z, t)$一共四個變數！）的函數。雖然很複雜，但是我們常常可以「理想化」，得到很好的「近似」。所以我們假定在一個「很小的範圍」、「很短的期間」內來討論。（這就是說：假定$\sqrt{x^2+y^2+z^2}+|t|$「很小」。）假定光線是沿著z軸，並且是「單色光」；那麼電磁場就可以表達成兩變數(z, t)的函數：

$$E_3\equiv 0；E_1=A\cos\left(\omega*t-\frac{\omega}{c}*z\right)=\frac{B_2}{c}，E_2=B\cos\left(\omega*t-\frac{\omega}{c}*z-\alpha\right)=\frac{-B_1}{c}\ .$$

（因為磁場 **B** 完全由 **E** 決定，以下我們就不寫它了！所以不怕式子中寫了常數B。）於是這時候的「光」，就是由三個常數（兩個<u>振幅</u>（A, B）與一個<u>輻相差</u>α）決定了。我們就令$z=0$，（只考慮原點處，）那麼上面這個式子，就決定了電（磁）場 **E**（在原點處）的「振動狀態」：這裡是抽象地思考，$\mathbf{E}=\mathbf{i}E_1+\mathbf{j}E_2=\mathbf{E}(t)$是在「電場的二維平面」上振動！這裡的$E_1, E_2$就是式子（i）中的$x, y$。「直線偏極」就是說這個二維振子只在一條直線上運動。正圓偏極是說這個二維振子在一條圓線上運動。（事實上，此時有左旋與右旋的兩種不同的偏極！）

● **Lissajous 曲線**

如果二維的簡諧振子，兩個成分的頻率不相同，但是可共度，那麼，運動的軌跡為 Lissajous「封閉」曲線。通式是：

$$x = a\sin(nt + d) .$$
$$y = b\sin(t) .$$

注意到改用 cos，則 n 不變，但是 d 會改變。

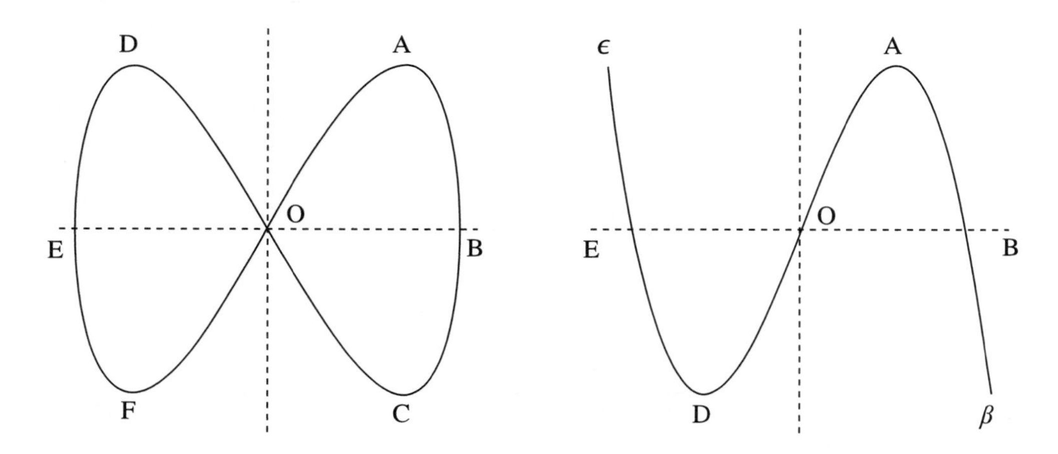

例 1 上左圖：

$$x = a * \sin(t) ,$$
$$y = b * \sin(2t) .$$

$t=0$ 時候的位置在原點 O，從此出發往右上，開始時的（切線）方向是 $a:2*b$。

到達最高點A是在 $t=\frac{\pi}{4}$ 時；然後下降，在 $t=\frac{\pi}{2}$ 時，穿過 x 軸上的B點，進入第四象限。

於是循著 BCO，（也就是 OAB 對 x 軸的鏡影 OCB，但是順序當然是 BCO），回到原點 O。

請注意這個鏡射就相當於「時間參數」t 的鏡射：

$$t\in[0..\pi]\mapsto\tau=(\pi-t)\in[0..\pi].$$

因為 t 用 $\tau=\pi-t$ 代替，則 $X=a*\sin(\pi-t)=a*\sin(t)=x$，

$Y=b*\sin(3(\pi-t))=-b\sin(3t)=-y$。

以下的（下半個周期的）路線是（上半個周期的）右半 OABCO 對於 y 軸的鏡影 ODEFO。請注意這個鏡射就相當於「時間參數」t 的平移：

$$t\in[0..\pi]\mapsto(\pi+t)\in[\pi..2\pi].$$

例 2 208 頁右圖：

$$x=a*\sin(t).$$
$$y=b*\sin(3t).$$

$t=0$ 時候的位置在原點 O，從此出發往右上，關始時的（切線）方向是 $a:3*b$。

到達最高點 A 是在 $t=\frac{\pi}{6}$ 時；然後下降，在 $t=\frac{\pi}{3}$ 時，穿過 x 軸上的B點，進入第四象限。

於 $t=\frac{\pi}{2}$ 時，到達最低點 β。

到此為止，「2 改為 3，把速度變快了」，似乎改變不大？

你應該慢慢追蹤！你當然知道它的路線！

事實上，到達 β 點，才等於過了四分之一周期。

（此例的曲線段 OABβ，相當於上例的曲線段 OAB。）

然後的路線則是「循原路而回」：βBAO。這才過了一半。

請注意這個「循原路而回」就相當於「時間參數」t 的鏡射：$t\in[0..\pi]\mapsto\tau=(\pi-t)\in[0..\pi]$。

再下來是ODEϵ，ϵEDO。這下半個周期（左半路線）是上半個周期（右半路線）對於原點的正轉 180°。這個正轉就相當於「時間參數」t 的平移：

$$t\in[0..\pi]\mapsto(\pi+t)\in[\pi..2\pi].$$

所謂「封閉曲線」在此是有點問題的！它沒有圍到面積。

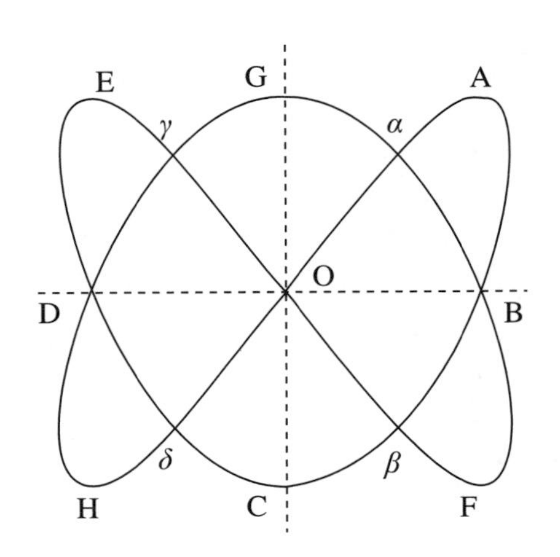

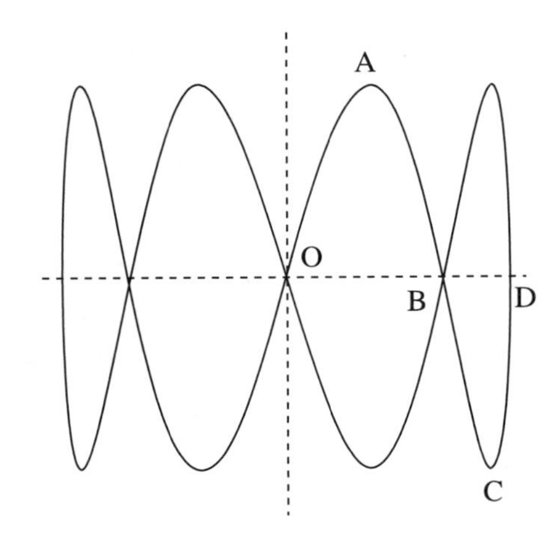

例 3 上左圖：$x=a*\sin(2t)$，$y=b*\sin(3t)$。

從 $t=0$ 到 $t=\frac{\pi}{2}=90°$的這個四分之一周期，（利用 y 來算 t，）顯然：

$$O：t=0；A：t=\frac{\pi}{6}；B：t=\frac{\pi}{3}；C：t=\frac{\pi}{2}.$$

將時間參數 $t\in[0..\frac{\pi}{2}]$，對於 $\frac{\pi}{2}$ 做鏡射 $\tau=\pi-t$，就得到：

$$X=a\sin(2\tau)=-a\sin(2t)=-x，Y=b\sin(3\tau)=b\sin(3t)=y.$$

因此這個時段 $\frac{\pi}{2}\leq\tau\leq\pi$ 的軌跡 $CDEO$，就是將曲線段 $OABC$ 對 y 軸做鏡射，這就確定了半周 $t\in[0..\pi]$的曲線段 $OABCDEO$。

在 $t\in[\pi..2\pi]$的這半周，最簡單的辦法就是用參數「推移」，令 $\tau=t-\pi$，$t=\pi+\tau$，$\tau\in[0..\pi]$，於是知道：後半周的曲線段 $OFBGDHO$，對於前半段曲線來說，根本就是 x 座標不變，y 座標變號，也就是「對於x軸做鏡射」。

習題 求四個穿插點 $\alpha,\beta,\gamma,\delta$。

解析 α 是 OA 段與 BG 段的交點，也就是求 t_1 與 t_2，使得：

$$a*\sin(2t_1)=a*\sin(2t_2).$$
$$b*\sin(3t_1)=b*\sin(3t_2)；0<t_1<\frac{\pi}{6}，\frac{4\pi}{3}<t_2<\frac{3\pi}{2}.$$

算出：$t_1=75°, t_2=195°$。

例 4 左頁右圖：$x=a*\sin(t)$，$y=b*\sin(4t)$。

只要畫出從 $t=0$ 到 $t=\frac{\pi}{2}=90°$ 的這個四分之一周期的曲線段！此即 $OABCD$。

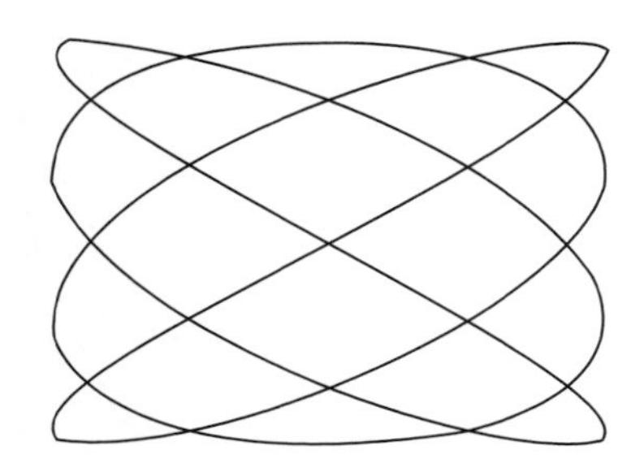

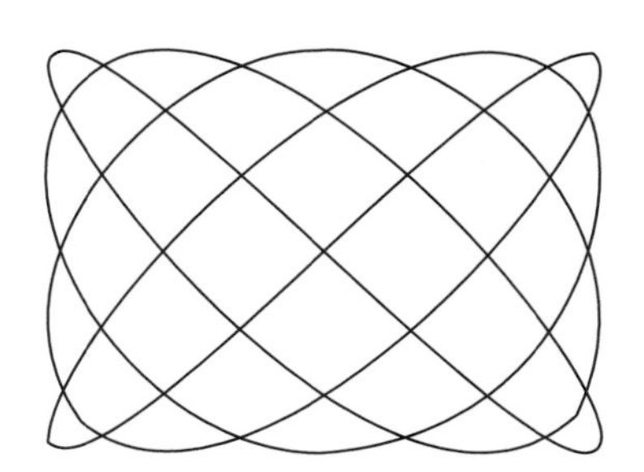

例 5 上左圖：$x=a*\sin(4t)$，$y=b*(\sin(3t)+\cos(3t))$。

例 6 上右圖：$x=a*\sin(4t)$，$y=b*\sin(5t)$。

§5 泛指數函數類

註 畫 $y=\sin\left(\frac{1}{x}\right)$，$y=x*\sin\left(\frac{1}{x}\right)$ 的圖。

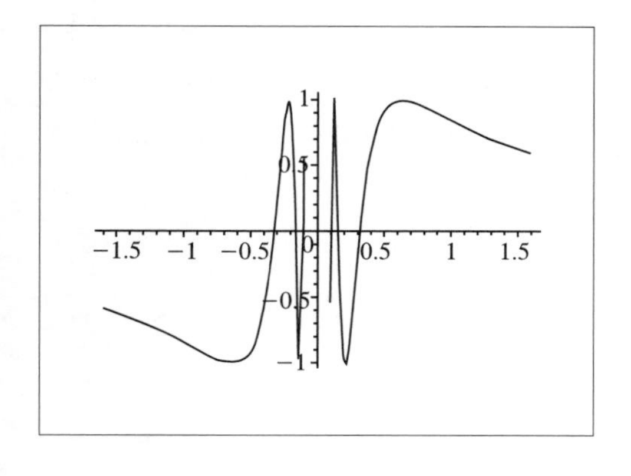

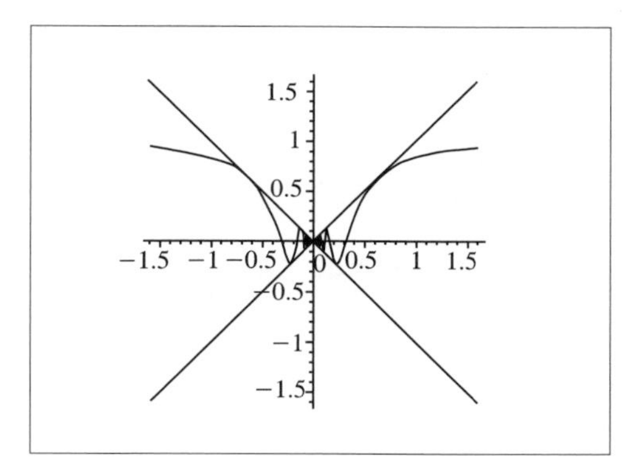

我的意思只是要說明：有了正弦、餘弦，配合一些其他的函數，（如倒逆函數），就可以得到許多很漂亮很複雜的函數了！

指數函數：底數大於 1

科學上，最有用的函數是指數函數。先看兩個函數（左）$y=\sqrt{2}^x$，（右）$y=4^x$ 的圖解。

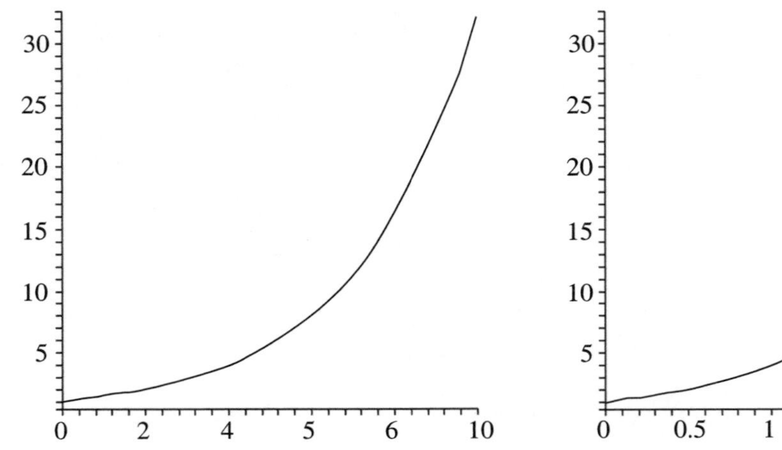

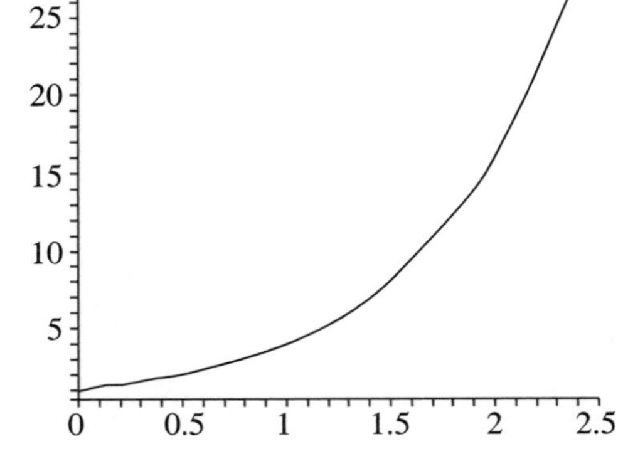

橫軸上的伸縮

左右的底數雖然不同，但因為橫縱軸的尺度不固定，曲線看起來是一樣的！兩個指數函數，底數不同，結果只是橫軸上的變數做了伸縮：只要令 $X=0.25*x$，則 $y=4^X=\sqrt{2}^x$。換句話說：只要把左圖影印一份，在拷貝上，本來寫 x 的地方，改寫為 $X=0.25*x$ 就得到右圖了。所以說：如果底數 $a>1$，$b>1$，那麼指數函數 $y=a^x$，$y=b^x$ 的圖解其實是一樣的！因為如果算出 $b=a^K$，則：只要令 $X=\frac{1}{K}x$，則 $y=b^X$ 與 $y=a^x$ 的意思相同！我們根本就應該用一個方便（公認）的底數來畫指數函數：例如 $y=2^x$。

指數函數：底數小於 1

前面的兩個例子，底數不同，但是都大於 1，現在改為小於 1，請參看下圖。（左：$y=\left(\frac{1}{\sqrt{2}}\right)^x$，右：$y=\left(\frac{1}{4}\right)^x$。）

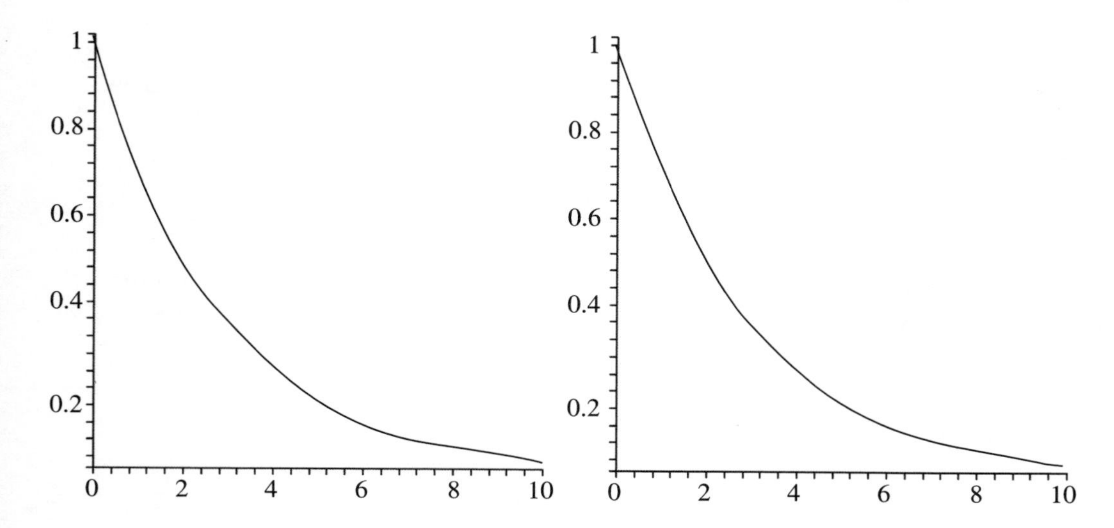

● 指數函數的兩型

你注意到：左右的底數雖然不同，但因為橫縱軸的尺度不固定，曲線看起來是一樣的！

如果底數 $0<a<1$，$0<b<1$，那麼指數函數 $y=a^x$，$y=b^x$ 的圖解其實是一樣的！因為如果算出 $b=a^K$，則：只要令 $X=\frac{1}{K}x$，則 $y=b^X$ 與 $y=a^x$ 的意思相同！我們根本就應該用一個方便（公認）的小於 1 底數來畫指數函數，例如 $y=\left(\frac{1}{2}\right)^x$。

但是和前頁的圖不同！這是因為底數大於 1，則指數函數是遞增的，底數小於 1，則指數函數是遞減的。

這樣看起來，指數函數的圖解可以說是只有兩種形狀：

底數大於 1 的遞增型（指數爆炸型），

底數小於 1 的遞減型（指數衰減型）。

同型的指數函數的圖解互相可以轉換，只要將橫軸上的變數做伸縮。

● 橫軸上的瑕伸縮

實際上這兩型的函數圖，差不多是「同樣的形狀」，因為只要令 $X=-x$，則 $y=a^x$ 與 $y=\left(\frac{1}{a}\right)^X$ 的意思相同！這個轉換 $X=-x$，是對於 y 軸的鏡射（reflection）。做了這個轉換，再做一次平常的伸縮，那就叫做瑕伸縮。利用瑕伸縮，不同型的指數函數圖也可以互相轉換。請參看下一頁的左上圖，同時畫出 $y=2^{-x}$，$y=2^x$。兩條曲線對於 y 軸互相是鏡射。

● 簡單指數演化

在大自然中，最簡單又非常有用的一種函數，就是 $y=A*b^x$ 這種形式的函數。此地 $A>0$，$b>0$，$b\neq 1$。

註 我們有時候把自變數改為 t，因為在許多應用問題中，它代表時間（time）。

上面我們已經說明了，可以把這個函數改寫成，例如說，

$$y=A*2^{K*t}.$$

這種樣子，其中 $A>0$，K 是任何非零實數。當然 $K=0$ 是「退化」的情況！這裡的常數 K，它的正負，就決定了「爆炸型或衰減型」的分辨。事實上，2^K 就是原本的底數 b：

$$2^{K*t}=b^t.\ (K>0，則 b>1；K<0，則 0<b<1.)$$

我們要允許一個（正的）常數 A，是因為這牽涉到物理變數 y 的單位。一方面這也牽涉到時間的起點！這是因為 A 就是 $t=0$ 時的 y 的值。

簡單指數演化為何有用？只要看如下的兩個例子。

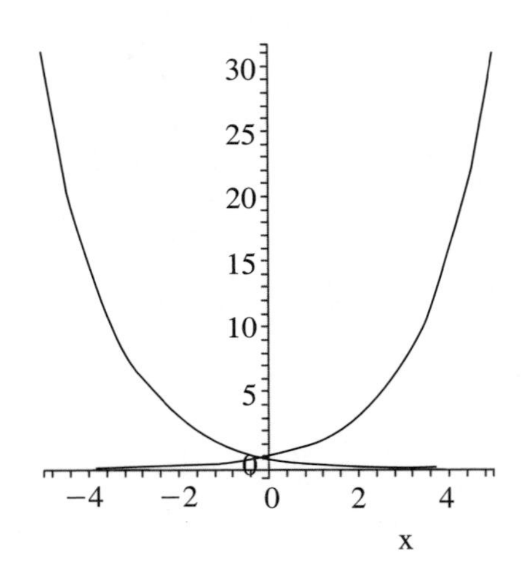

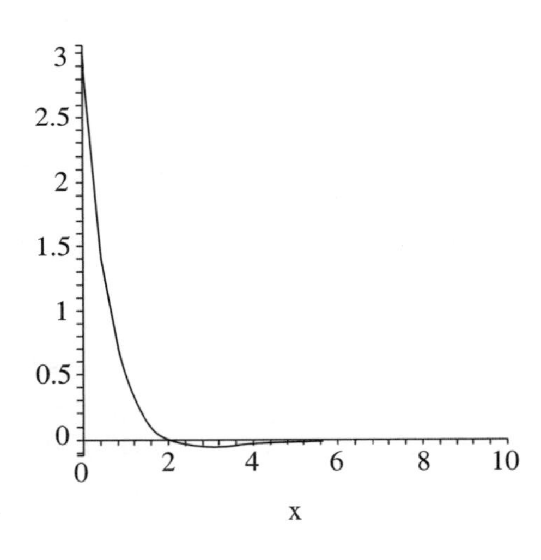

例 1 細菌滋生的簡單模型是：在時刻 t，（這「培養皿」中的）細菌的<u>菌口</u>是

$$y(t)=A*2^{\frac{t}{T}}.$$

這裡的 T 是<u>倍增期</u>。

例 2 放射性元素的簡單模型是：在時刻 t，（這個古物中）剩下來的<u>放射性元素</u>是

$$y(t)=A*2^{-\frac{t}{T}}.$$

這裡的 T 是半衰期。

註 2是人類最自然方便的底數，當然也可以改用10，乃至於任何非1的正數。不過在大自然中，Euler常數 e 更自然：

$$e:=1+\frac{1}{1!}+\frac{1}{2!}+\frac{1}{3!}+\cdots=2.718281828459\cdots$$

在高等數學中會解釋它的意義。在以下出現的 e，原則上你可以想像成任何一個實數 $e>1$。不會影響到所有的敘述！你可以暫時想成 $e=2$，或者也許用更接近於 2.718…的 3。當然，當你把 $e>1$ 改為 $e<1$（$e>0$）的時候，就等於把時間逆轉了。

註 增長與衰減這兩種的區別就是正負號的區別。細菌滋生是很常見的生命現象，不過這種簡單的指數增長模型只能適用於短時期內，反倒是，指數衰減的現象在長期的演化中常常出現。

例3（簡單摩擦）

一個具有質量 M 的質點，在一個純粹的阻尼介質內運動：除了受到一個摩擦力之外，完全沒有其他的力量之作用。我們假設摩擦力的大小與速度成正比，但是方向恰好相反，於是

$$F=-K*v.$$

K 稱為阻尼常數。於是質點的加速度為

$$a=-\frac{K}{M}*v.$$

微積分學告訴我們：這個質點的運動就是一個指數衰減的運動：

$$x=x_0*e^{-\frac{K}{M}t}.$$

其中的 e 是自然指數之底：$e=2.7182828284590\cdots$。而 $b=\frac{K}{M}$ 叫做阻尼率。

例4（電阻與電感的阻尼減衰）

假設有一個理想的電路，恰好具有電阻 R 與電感 L，而毫無電容。

這時候，（如前所述，電量相當於位移 Q；電流 I 相當於速度；電流的

變化率相當於加速度；電阻產生的電壓相當於摩擦阻力，方向與電流反向，大小與電流成正比，其比例常數就是電阻，相當於阻尼常數K；因此：

$$V=-R*I.$$

於是這個電路的「運動」，就是指數減衰型。

$$I=I_0*e^{\frac{-R}{L}*t}.$$

泛指數函數類：多個指數

我們熟悉了指數函數Ae^{K*t}之後，進一步可以對於種種的(A,K)進行加減，結果就得到：

$$y=A_1e^{K_1*t}+A_2e^{K_2*t}+\cdots$$

現在的式子中，A_j, K_j都是任意的實數，而諸K_j當然假定是相異。

例 5 考慮 $y=4*2^{-2x}-2^{-x}$。情形如前面的右圖。

在下面的左右兩圖中，我們分別畫出在兩個區間$0\le x\le 1$，$1\le x\le 2$之上的三支函數圖，這就是說，除了這個函數之外，另外也畫這個函數的兩個「成分」。第一個「成分」$y=4*2^{-2x}$，是上面的那一支曲線，第二個成分$y=-2^{-x}$，是下面的那一支曲線，而相加所得就是中間的那一支曲線，這是因為兩支函數一正一負！

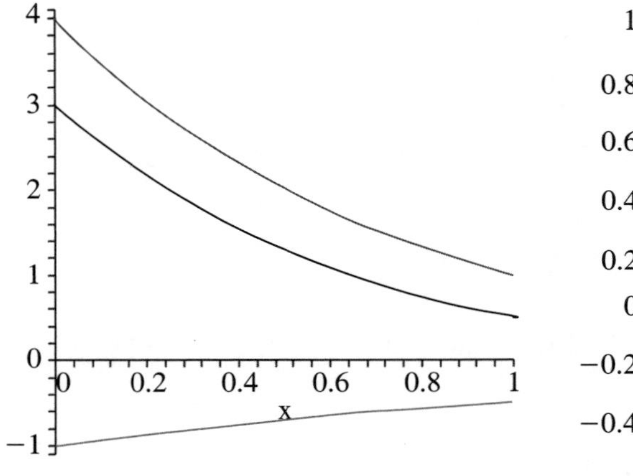

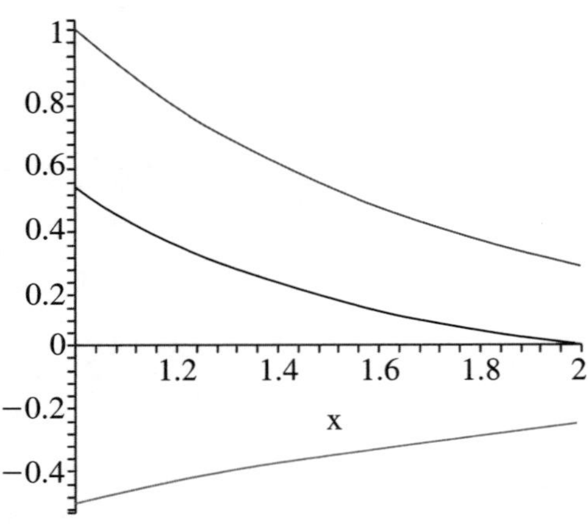

到了 $x=2$ 處，兩支函數正負完全抵銷！

我們也畫超過 $x=2$ 到了右方的情形，如下左圖 $2 \le x \le 10$；這時候，下支（負的部分）勝過上支（正的部分），於是函數值為負；其實，到了 $x=10$，上下兩支的（絕對值之）比是 1：256，下支壓制了上支。

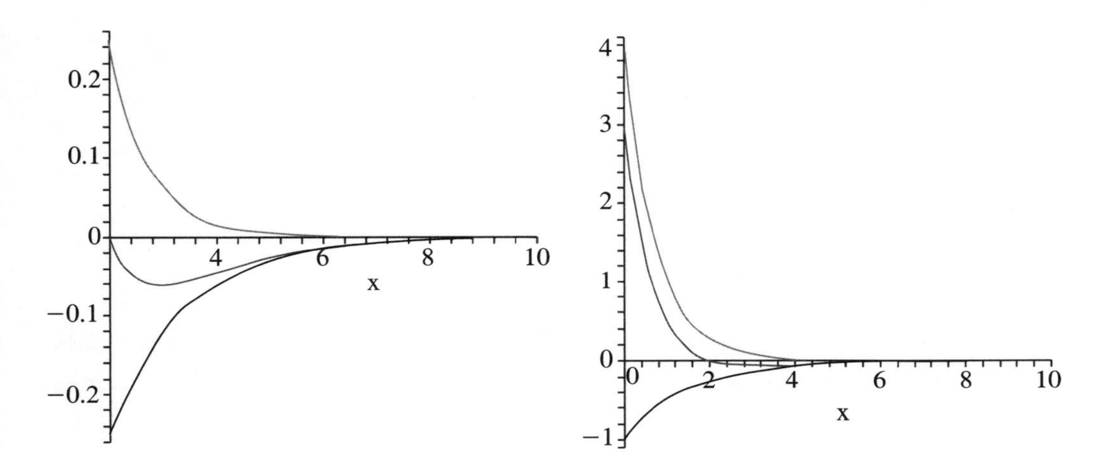

● **指數掌控定理**

對於多個指數函數 $A_j * e^{K_j * x}$ 之和 $y=\Sigma_j A_j * e^{K_j * x}$，（各 $A_j \neq 0$，各指數 K_j 互異，）在 x 趨近於正無窮大時，y 就是由 K_j 最大的那一項「掌控」，別的項都「相形見小」！

● **泛指數函數類：實虛指數的組合**

我們在前面已經提過：正餘弦函數根本是虛指數函數（的組合），因為 Euler 與 de-Moivre 已經知道：應該把 cos 與 sin 結合成為

$$\mathrm{C}is(\pm\theta) := \cos(\theta) \pm \sin(\theta),$$

$$\cos(\theta) := \frac{e^{\jmath\theta}+e^{-\jmath\theta}}{2}.$$

$$\sin(\theta) := \frac{e^{\jmath\theta}-e^{-\jmath\theta}}{2\jmath}.$$

因此，我們可以把一個實指數函數與正弦或餘弦函數乘起來，所得到的函數，可以認為是一個複數指數的指數函數：

$$y=A * e^{-b*t} * \cos(\omega * t+\delta).$$

通常這裡的 $b>0$，叫做阻尼率，ω 叫做受阻圓頻。

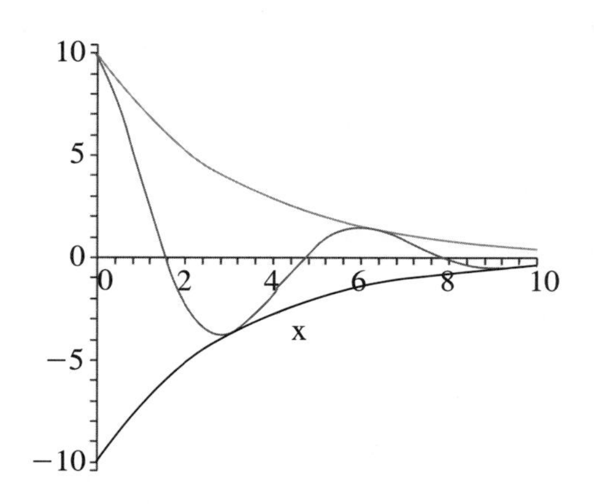

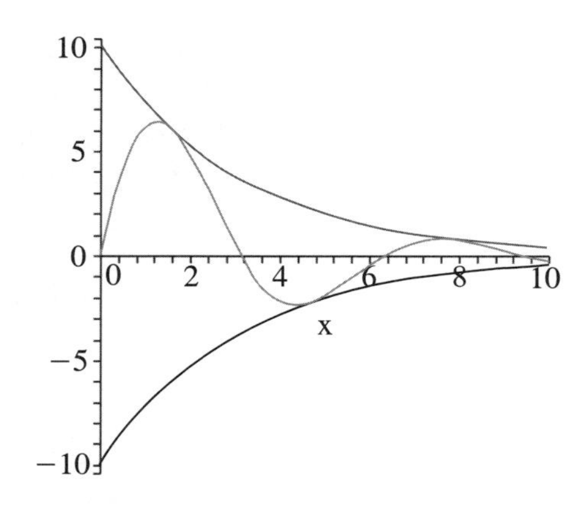

例 6　畫 $y=10*e^{\frac{-x}{\pi}}*\cos(x)$與 $y=10*e^{\frac{-x}{\pi}}*\sin(x)$。

解析　因為以絕對值來說，$|\cos(\theta)|\leq 1$，$|\sin(\theta)|\leq 1$，所以畫圖的時候，應該先畫出指數函數圖 $y=10^{\frac{-x}{\pi}}$。然後對 x 軸做鏡影，得到函數圖 $y=-10^{\frac{-x}{\pi}}$。那麼所要畫的函數圖，一定介乎其間。請參看上面的左右兩圖。

例 7　（弱阻尼振動）

前面已經提到過：一個具有質量 M 的質點：繫連在一個理想的彈簧上的振動，是簡諧振動。現在假定這個振動是在「純粹的阻尼介質」內：除了理想的彈簧力之外，還受到一個理想的摩擦力。換句話說：我們假設了很簡單的疊合原理，即是，質點所受的力為

$$F=-K_r*v-K_e x.$$

（足碼 r 意指「阻抗的」resistive，e 意指「彈性的」elastic，）於是質點的加速度為

$$a=-\frac{K_r}{M}*v-\frac{K_e}{M}x.$$

微積分學告訴我們：如果摩擦阻尼常數 K_r 不太大，這個質點的運動就是一個實虛組合的泛指數函數類：

$$\text{其阻尼率為 } b=\frac{-K_r}{2M}\text{；其受阻圓頻為 } \omega=\sqrt{\frac{K_e}{M}-\frac{K_r^2}{M^2}}.$$

註　由於「彈性」可以把動能轉存為位能，而摩擦阻力只是消耗動能，並不能消耗位能，因此，長期看來，阻尼率不是無彈性時的 $\frac{K_r}{M}$，而是打了對折！

但是另外一方面說，圓頻也不是無摩擦時的$\sqrt{\frac{K_e}{M}}$，彈性被打了折扣，必須扣掉的比例是$\frac{K_r^2}{M*K_e}$。

超阻尼「振動」

如果摩擦阻尼常數K_r太大，這個質點的運動，就不是個實虛組合的指數函數了！它將是兩個實指數函數的組合：

$$x=A_1e^{-b_+t}+A_2*e^{-b_-t}\ ;\ b_\pm=\frac{K_r}{2M}\pm\sqrt{\left(\frac{K_r}{M}\right)^2-\frac{K_e}{M}}.$$

超阻尼的＝over-damped；當然，這種「振動」不太是通常所說的振動！弱阻尼的＝under-damped；臨界阻尼的＝critically-damped。當然後者是指：

$$\left(\frac{K_r}{M}\right)^2=\frac{K_e}{M}.$$

例 8 （電阻、電容與電感的弱阻尼振動）

假設有一個理想的電路，恰好具有電阻R與電感L，以及電容C。

這時候，（如前所述，電量相當於位移Q；電流I相當於速度；電流的變化率相當於加速度；電阻相當於摩擦阻尼常數，電感相當於質量M。

因此，如果電阻不太大的話，這個電路的「運動」，就是個弱阻尼振動，

$$\text{其阻尼率為 } b=\frac{-R}{2L}\text{；其受阻圓頻為 }\omega=\sqrt{\frac{1}{CL}-\frac{R^2}{4L^2}}.$$

問 何時「超阻尼」？何時「臨界阻尼」？

泛指數函數類：具有退化度的情形

我們已經把正餘弦函數解釋為正負虛指數函數的組合；於是我們已經有了三類泛指數函數類：

具有純實指數b：　$A*e^{b*t}$,

具有純虛指數$\pm\omega$：　$A*\cos(\omega*t)+B*\sin(\omega*t)$,

具有實虛混合指數$b\pm\jmath\omega$：　$e^{b*t}*\ (A*\cos(\omega*t)+B*\sin(\omega*t))$.

以上這三種情形，叫做不退化的（non-degenerate），而所謂「退化」（degenerate）的意思是：將這樣的式子，再乘上一個次數>0 的t的多項式．其次

數就是退化度（degeneracy）。

例 9　（臨界阻尼「振動」）

如果 $\left(\frac{K_r}{M}\right)^2=\frac{K_e}{M}$，亦即受阻圓頻為零，則阻尼率為 $b_{\pm}=\frac{K_r}{2M}$；而且退化度 ≤ 1，即是，臨界阻尼「振動」為：

$$x=e^{\frac{K_r}{2M}*t}*(A+B*t).$$

§6　雙曲函數

§6-1　實虛類推

我們在 Euler 的虛指數函數公式中，看出它的實與虛部就是餘弦與正弦函數；另外，我們也知道餘弦函數與正弦函數分別是偶與奇的函數，其實這也可以拿來作為餘弦與正弦函數的定義。

現在我們就可以對實指數函數，以這種偶奇分解，類似地得到雙曲函數！

● **Euler 公式**

$$e^t:=\cosh(t)+\sinh(t),$$
$$\cosh(-t):=\cosh(t)=\frac{1}{2}(e^t+e^{-t}).$$
$$-\sinh(-t):=\sinh(t)=\frac{1}{2}(e^t-e^{-t}).$$

於是我們也可以模仿三角函數造出另外的 4 個雙曲（三角）函數

$$\tanh(t)=\frac{\sinh(t)}{\cosh(t)}=\frac{e^t-e^{-t}}{e^t+e^{-t}},\ \coth(t)=\frac{\cosh(t)}{\sinh(t)}=\frac{e^t+e^{-t}}{e^t-e^{-t}};$$
$$\operatorname{sech}(t)=\frac{1}{\cosh(t)}=\frac{2}{e^t+e^{-t}},\ \operatorname{csch}(t)=\frac{1}{\sinh(t)}=\frac{2}{e^t-e^{-t}}.$$

這樣，商除關係與逆數關係當然成立！另外也有

● **平方關係**

$$1=\cosh^2(t)-\sinh^2(t)=\operatorname{sech}^2(t)+\tanh^2(t)=\coth^2(t)-\operatorname{csch}^2(t).$$

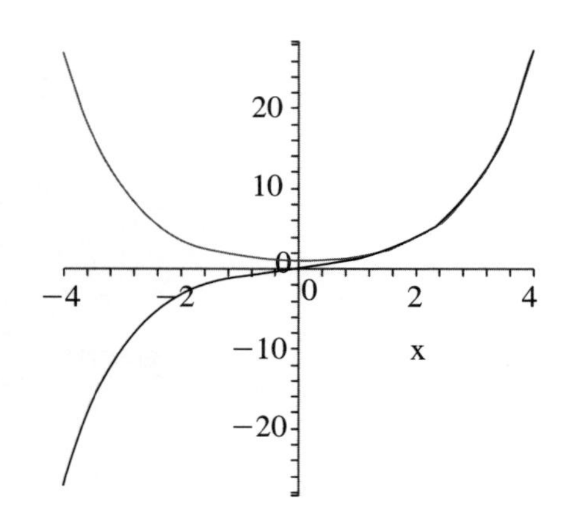

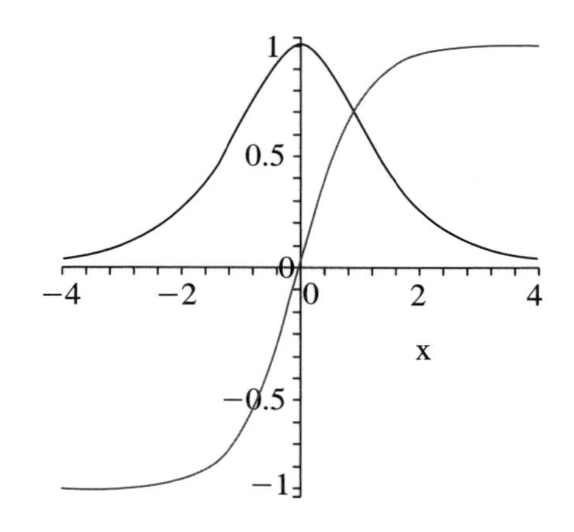

圖

上左圖是 sinh 與 cosh 兩函數的圖；上右圖是 tanh 與 sech 兩函數的圖。

問 哪個是哪個？

答 辦法之一是用奇偶性！

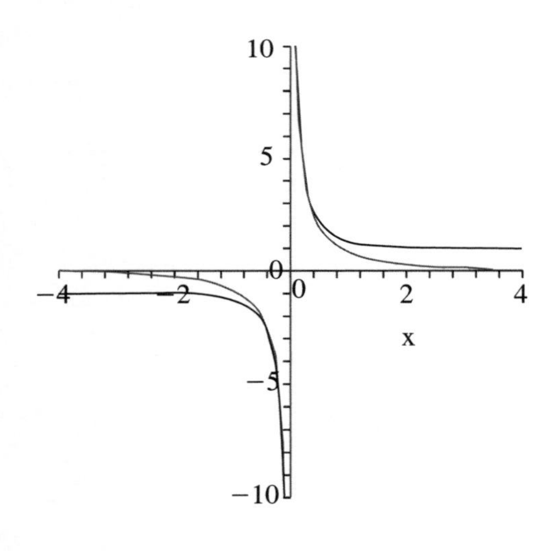

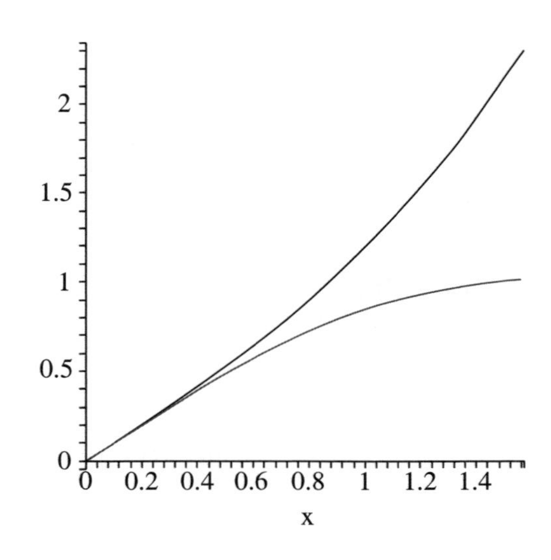

圖

上左圖是 coth 與 csch 兩函數的圖。

問 哪個是哪個？

答 不能用奇偶性！因為都是奇函數！

辦法之一是利用：x 趨近無窮大時的行為！

$$\lim_{x\to\infty} \coth(x) = 1\text{；}\lim_{x\to\infty} \operatorname{csch}(x) = 0\ .$$

圖

上右圖是 sinh 與 sin 兩函數的對照圖。

圖

下左圖是cosh與cos兩函數的對照圖；下右圖是tan與tanh兩函數的對照圖。

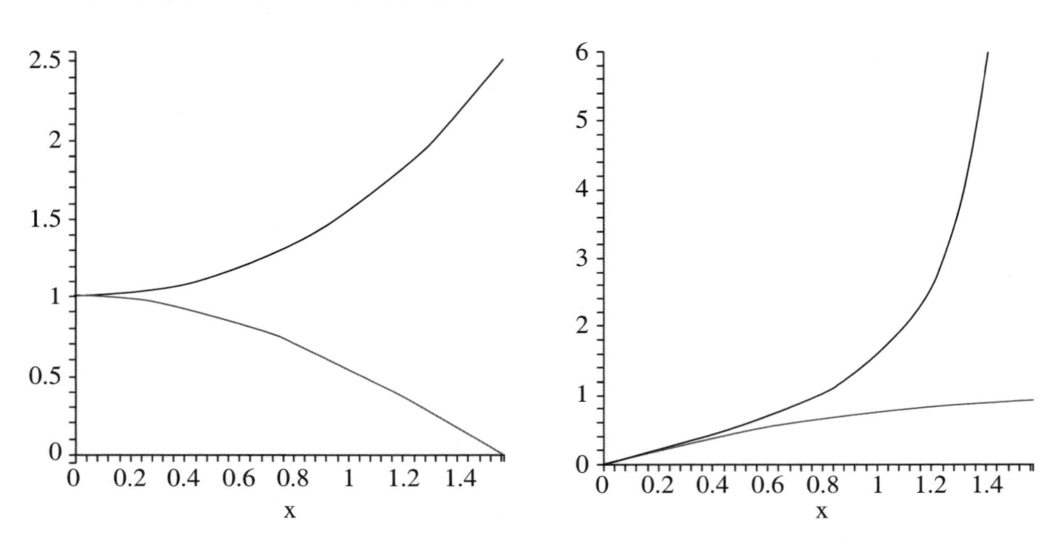

加法定理

$$\cosh(s+t) = \cosh(s)\cosh(t) + \sinh(s)\sinh(t)\ .$$
$$\sinh(s+t) = \sinh(s)\cosh(t) + \cosh(s)\sinh(t)\ .$$
$$\tanh(s+t) = \frac{\tanh(s)+\tanh(t)}{1+\tanh(s)\tanh(t)}\ .$$

當然也就有對應的倍角定律！

$$\cosh(2t) = 2\cosh^2(t) - 1\ .$$
$$\sinh(2t) = 2\sinh(t)\cosh(t)\ .$$
$$\tanh(2t) = \frac{2\tanh(t)}{1+\tanh^2(t)}\ .$$

● **積化和差公式**

$$2\sinh(s)\cosh(t)=\sinh(s+t)+\sinh(s-t)\ .$$
$$2\cosh(s)\cosh(t)=\cosh(s+t)+\cosh(s-t)\ .$$
$$2\sinh(s)\sinh(t)=\cosh(s+t)-\cosh(s-t)\ .$$

● **和差化積公式**

$$\sinh(s)+\sinh(t)=2\sinh\left(\frac{s+t}{2}\right)\cosh\left(\frac{s-t}{2}\right).$$
$$\cosh(s)+\cosh(t)=2\cosh\left(\frac{s+t}{2}\right)\cosh\left(\frac{s-t}{2}\right).$$
$$\cosh(s)-\cosh(t)=2\sinh\left(\frac{s+t}{2}\right)\sinh\left(\frac{s-t}{2}\right).$$

§6-2　反雙曲函數

註 我們在上述，依照三角函數的習慣，寫 $\sinh^2(x) \coloneqq (\sinh(x))^2$，等等。但是指數 -1 卻不行！

● **反函數**

雙曲函數之中，cosh 與 sech 是偶函數，因此不可能是嵌射的，因此它們的反函數，arccosh, arcsech，必須取主值在 $[0..\infty)$ 之中。

其他四個奇的雙曲函數都是嵌射的，沒有主值的問題。但是，它們在正負無窮遠處都有極限值，

$$\lim \tanh(x)=\pm 1\text{，當 } x\to\pm\infty\ .$$
$$\lim \coth(x)=\pm 1\text{，當 } x\to\pm\infty\ .$$
$$\lim \operatorname{sech}(x)=0\text{，當 } x\to\pm\infty\ .$$
$$\lim \operatorname{csch}(x)=0\text{，當 } x\to\pm\infty\ .$$

於是反函數也就有奇點，定義域有缺陷。

反函數	定義域	影域
arcsinh	$\mathbb{R}$	$\mathbb{R}$
arccosh	$[1..\infty)$	$[0..\infty)$
arctanh	$(-1..1)$	$(-\infty..\infty)$
arccoth	$(-\infty..-1)\cup(1..\infty)$	$(-\infty..0)\cup(0..\infty)$
arcsech	$(0..1]$	$[0..\infty)$
arccsch	$(-\infty..0)\cup(0..\infty)$	$(-\infty..0)\cup(0..\infty)$

註 當然，$\mathbb{R}=(-\infty..\infty)$；而且可以寫$\mathbb{R}\backslash\{0\}$代替$(-\infty..0)\cup(0..\infty)$。

單調性

arcsinh, arccosh, arctanh，三個都是狹義單調遞增的！

反過來說：arcsech 是狹義單調遞減的！

不過，arccoth, arccsch，這兩個函數都是保號的奇函數：對正數給以正的函數值，對負數給以負的函數值；定義域都是分成左右負正兩段，影域也是分成左右負正兩段；它們在左右兩段上，都是狹義單調遞減的：

當 $x_1<x_2<0$，或者 $0<x_1<x_2$ 時，必定 $\text{arccsch}(x_1)>\text{arccsch}(x_2)$

當 $x_1<x_2<-1$，或者 $1<x_1<x_2$ 時，必定 $\text{arccoth}(x_1)>\text{arccoth}(x_2)$

極限

$$\lim_{x\to\pm\infty}\text{arccoth}(x)=0\,.$$
$$\lim_{x\to\pm\infty}\text{arccsch}(x)=0\,.$$

註 這些反雙曲函數和反三角函數也一樣是「讀書人的標準配備」，在科學計算器上都有！通常你就念做 arc hyp sine = arcsinh（等等）；按鍵也如此！下頁，上中下（弦切割），左右（正餘），是六個反雙曲函數圖。

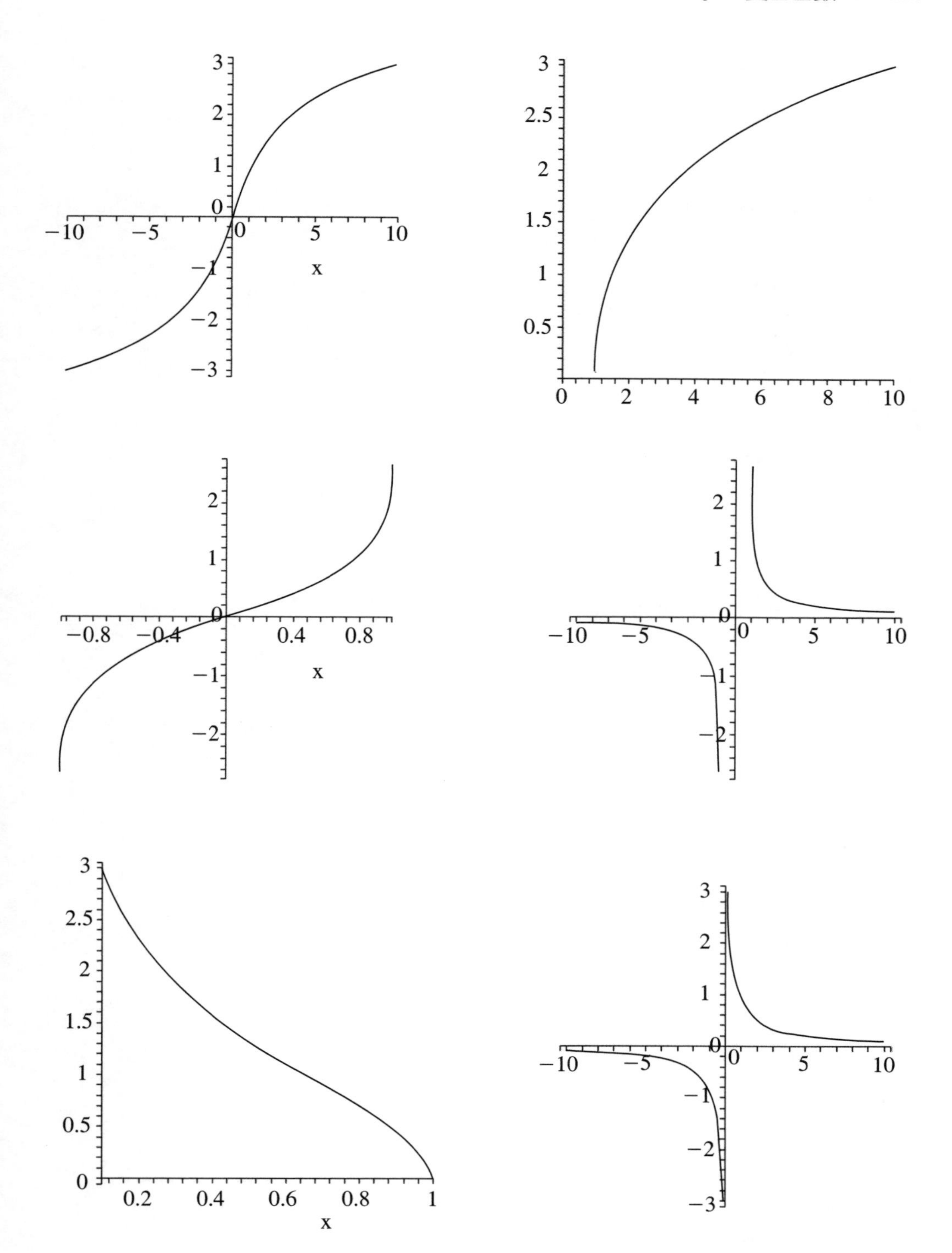
x
x
x

反雙曲正切加法公式

$$\operatorname{arctanh}(u)+\operatorname{arctanh}(v)=\operatorname{arctanh}\left(\frac{u+v}{1+uv}\right).$$

證明　令 $x=\operatorname{arctanh}(u)$，$y=\operatorname{arctanh}(v)$，於是

$$\tanh(x)=u，\tanh(y)=v；\tanh(x+y)=\frac{\tanh(x)+\tanh(y)}{1+\tanh(x)*\tanh(y)}=\frac{u+v}{1+u*v}.$$

這就夠了。

註　我們把 $x=e^y$ 寫成 $y=\ln(x)$。（natural logarithm＝自然對數）
那麼我們就得到：

$$\operatorname{arcsinh}(x)=\ln(x+\sqrt{x^2+1}). \qquad (x\in\mathbb{R})$$

$$\operatorname{arccosh}(x)=\ln(x+\sqrt{x^2-1}). \qquad (x\geq 1)$$

$$\operatorname{arctanh}(x)=\frac{1}{2}\ln\left(\frac{1+x}{1-x}\right). \qquad (-1<x<1)$$

$$\operatorname{arccoth}(x)=\frac{1}{2}\ln\left(\frac{x+1}{x-1}\right). \qquad (|x|>1)$$

$$\operatorname{arcsech}(x)=\ln\left(\frac{1+\sqrt{1-x^2}}{x}\right). \qquad (0<x<1)$$

$$\operatorname{arccsch}(x)=\operatorname{sign}(x)*\ln\left(\frac{1+\sqrt{1+x^2}}{|x|}\right) \quad (x\neq 0).$$

習題　用這個公式證明反雙曲正切的加法公式！

習題　用虛指數函數的定義法，證明：

$\sin(x)=$	$-\mathcal{J}*\sinh(\mathcal{J}*x)$.
$\cos(x)=$	$\cosh(\mathcal{J}*x)$.
$\tan(x)=$	$-\mathcal{J}*\tanh(\mathcal{J}*x)$.
$\sinh(x)=$	$-\mathcal{J}*\sin(\mathcal{J}*x)$.
$\cosh(x)=$	$\cos(\mathcal{J}*x)$.
$\tanh(x)=$	$-\mathcal{J}*\tan(\mathcal{J}*x)$.

在解析幾何中，么圓的標準參數表達法是（!）

$$x=\cos(t)，y=\sin(t);$$

而么雙曲線的標準參數表達法是（!）

$$x=\cosh(t)，y=\sinh(t).$$

這就是命名的由來！（事實上三角函數的「標準讀法」是圓函數！）

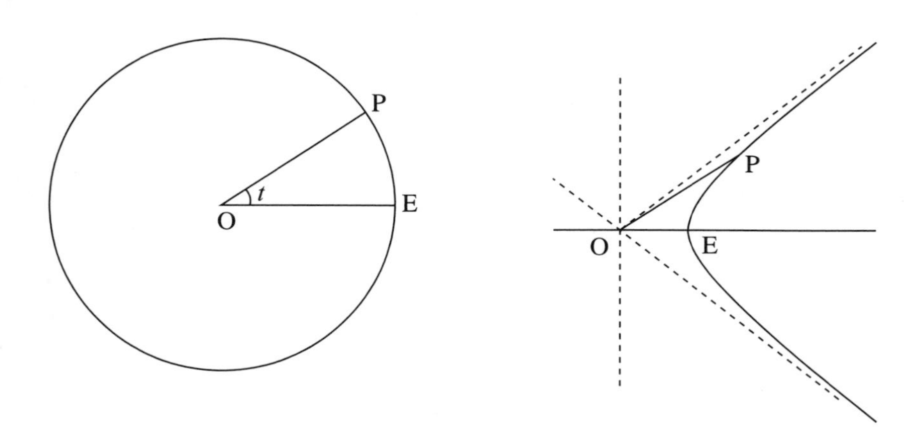

註 上左圖，從標準出發點 E 掃到動點 $P=(\cos(t), \sin(t))$ 的弧長為 $t=\angle EOP$；但是我們寧可說：

從點 E 掃到動點 P 的扇形面積是 $OEP=\frac{1}{2}*t$,

這樣子，作為對照，右圖也完全一樣：

從點 E 掃到動點 $P=(\cosh(t), \sinh(t))$ 的扇形面積是 $OEP=\frac{1}{2}*t$.

§7 補充

這裡附錄了兩個題材，其一是 Gudermann 函數，其二是正餘弦的冪級數展開。

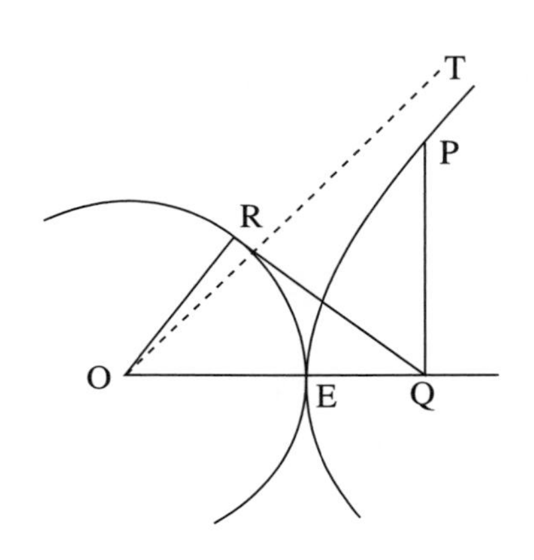

問 右圖，弧 EP 是正（等軸）雙曲線 $x^2-y^2=1$。

漸近線 OT：$y=x$。

右上方的一點，

$P=(\cosh(u), \sinh(u))$。

作垂線 PQ 到長軸，

得垂足 $Q=(\cosh(u), 0)$。

作切線 QR 到輔助圓 $x^2+y^2=1$，
得切點 $R=(\cos(\theta), \sin(\theta))$。
P, R 在 x 軸同樣上下側，
求 θ, u 兩者之關係。

Gudermann 函數

因：$\cosh(u)=\sec(\theta)$, $\sinh(u)=\tan(\theta)$（u 與 θ 同正負！）此地 θ 之依賴於 u，稱為 Gudermann 函數 gh，即是：

$$\theta := \mathrm{gh}(u)。\tan\left(\frac{\theta}{2}\right)=\tanh\left(\frac{u}{2}\right). \tag{i}$$

正餘弦的冪級數展開定理

試證明：對於一切實數 x，

$$\begin{aligned}\cos(x) &= 1-\frac{x^2}{2!}+\frac{x^4}{4!}-+\cdots=\sum_{j=0}^{\infty}\frac{x^{2j}}{(2j)!}\\ \sin(x) &= x-\frac{x^3}{3!}+\frac{x^5}{5!}-+\cdots=\sum_{j=0}^{\infty}\frac{x^{2j+1}}{(2j+1)!}\end{aligned} \tag{ii}$$

解析　整個出發點就是冪級數展開的假定：

$$\begin{aligned}\cos(x) &= \sum_{n=0}^{\infty}a_n x^n = a_0+a_1x+a_2x^2+\cdots\\ \sin(x) &= \sum_{n=0}^{\infty}b_n x^n = b_0+b_1x+b_2x^2+\cdots\end{aligned} \tag{iii}$$

事實上，答案就是如公式(ii)所示明的！並且，這個公式是對於一切 x 都成立的！也就是說，不論 x 為何，不論你想要精確到何種程度，只要 n 取得夠大，右邊的展開式取到 n 項，就會合乎你要求的精確程度！

這是 Euler 最常作的計算！當然我們和他一樣，不管什麼收斂發散！

所以我們的工作就大大簡化了：我們就承認這個收斂性！問題變成了：如何求出這些係數 a_n, b_n。

逐步逼近

我們把問題改變成：如何由前面的 n 次以下的係數$(a_0, a_1, \cdots, a_n)$, $(b_0, b_1, \cdots, b_n)$，決定更高一次項的係數(a_{n+1}, b_{n+1})。

事實上，如果$|x|$很小，我們知道：

$$\frac{\sin(x)}{x} \approx 1 \text{；} \cos(x) \approx 1 .$$

也就是說：我們已經知道：

$$a_0 = 1 \text{，} b_0 = 0 \text{；} b_1 = 1 .$$

奇偶原理

$$a_n = 0 \text{，當 } n \text{ 為奇數，}$$
$$b_n = 0 \text{，當 } n \text{ 為偶數。}$$

證明 這是因為 cos, sin 分別為偶函數與奇函數：

$$\cos(-x) = \cos(x),\ \sin(-x) = -\sin(x) .$$

以下我們只要利用兩個基本關係式就好了，這就是(I)平方關係式與(II)正弦倍角公式：

$$(I)\text{：}\cos^2(x) + \sin^2(x) = 1 ,$$
$$(II)\text{：}\sin(2x) = 2\sin(x) * \cos(x) .$$

我們已經有了 $a_0 = 1, b_0 = 0, b_1 = 1$，以下就依次計算 $a_2, b_3, a_4, b_5, \cdots$。

當我們要計算 a_{2K} 的時候，我們就把展開式寫成：

$$\cos(x) = a_0 + a_2x^2 + a_4x^4 + \cdots + a_{2K}x^{2K} + O(x^{2K+2}) ,$$
$$\sin(x) = b_1x + b_3x^3 + b_5x^5 + \cdots + b_{2K-1}x^{2K-1} + O(x^{2K+1}) .$$

當我們要計算 b_{2K+1} 的時候，我們就把展開式寫成：

$$\cos(x) = a_0 + a_2x^2 + a_4x^4 + \cdots + a_{2K}x^{2K} + O(x^{2K+2}) ,$$
$$\sin(x) = b_1x + b_3x^3 + b_5x^5 + \cdots + b_{2K-1}x^{2K-1} + b_{2K+1}x^{2K+1} + O(x^{2K+3}) .$$

這裡的 O，就唸作「大 O」。我們寫 $O(x^j)$，意思是：
我們把 x 的 j 次方以上的各項都忽略不看了！
對於 $K=1$，代入$(I)_2$（意思就是計算到 x^2 的項為止，更高次的就忽略！）

$$(1+a_2x^2+O(x^2))^2+(x+O(x^3))^2=1\ .$$

那麼：

$$(1+2a_2x^2+O(x^4))+(x^2+O(x^4))=1\ .$$

於是必須 $2a_2+1=0$；$a_2=\frac{-1}{2}$。
對於 $K=1$，代入$(II)_3$（意思就是計算到 x^3 的項為止，更高次的就忽略！）

$$2x+b_3*8x^3=2*(x+b_3x^3+O(x^5))*\left(1-\frac{x^2}{2}+O(x^4)\right)=2x+2b_3x^3-x^3+O(x^5)\ .$$

那麼，$b_3=\frac{-1}{6}$。
以下計算 a_4，也是代入計算$(I)_4$，得到 $a_4=\frac{1}{24}=\frac{1}{4!}$。
這樣子的計算其實可以算出：

$$a_{2j}=\frac{(-1)^j}{(2j)!}\ ;\ b_{2j+1}=\frac{(-1)^j}{(2j+1)!}\ .$$

嚴格的論證，可以用遞迴法。但是看到這些階乘的記號，你就知道，要用到一些二項係數的公式。因此，也許此地以下的計算你可以略去不讀了。
所以我們的工作就很清楚了。我們必須證明，對於一切 $K=1, 2, 3, 4\cdots$，

$$(I)_{2K}\ :\ (\Sigma_{i=0}^{K}a_{2i}x^{2i}+O(x^{2K+2}))^2+(\Sigma_{j=1}^{K}b_{2j-1}x^{2j-1}+O(x^{2K+1}))=1\ .$$
$$(II)_{2K+1}\ :\ \Sigma_{j=1}^{K+1}b_{2j-1}x^{2j-1}2^{2j-1}+O(x^{2K+3})$$
$$=2*(\Sigma_{j=1}^{K+1}b_{2j-1}x^{2j-1}+O(x^{2K+3}))*(\Sigma_{i=0}^{K}a_{2i}x^{2i}+O(x^{2K+2}))\ .$$

二項係數的奇偶對稱性

我們知道二項係數

$${}_mC_k=\frac{m!}{k!\,(m-k)!}={}_mC_{m-k}\ .$$

而有二項式定理（**P.49**）：

$$(1+z)^m=\sum_{k=0}^{m}{}_mC_kz^k\ .$$

那麼令 $z=1$，就得到

$$\sum_{k=0} {}_mC_k = 2^m .$$

令 $z=-1$，就得到

$$\sum_{k=0} {}_mC_k (-1)^k = 0 .$$

$$\sum_k {}_mC_{2k} = \sum_k {}_mC_{2k-1} .$$

m 分成奇偶來說，就是：

$$\Sigma_{i=0}^{K} {}_{2K}C_{2i} = \Sigma_{j=1}^{K} {}_{2K}C_{2j-1} = 2^{2K-1} .$$

$$\Sigma_{i=0}^{K} {}_{2K+1}C_{2i} = \Sigma_{j=0}^{K} {}_{2K+1}C_{2j+1} = 2^{2K} .$$

甲.由遞迴法的假定，在上面的待證式 $(I)_{2K}$ 中，$a_i, b_i, i<2K$ 都是已知的。我們的工作就是：比較此待證式兩側的 x^{2K} 係數，由此算出 a_{2K}。這個係數是：

$$0=2a_{2K}+2\sum_{i=1}^{K-1} a_{2i} * a_{2K-2i} + \sum_{j=1}^{K} b_{2j-1} * b_{2K-2j+1} .$$

此地我們把含 $a_0 * a_{2K} = a_{2K}$ 的項另外寫！其他項都是已知的：

$$2a_{2K}+(-1)^K \sum_{i=1}^{K-1} \frac{1}{(2i)!(2K-2i)!} + (-1)^{K+1} \sum_{j=1}^{K} \frac{1}{(2j-1)!(2K-2j+1)!} = 0 .$$

乘以$(2K)!$就得到：

$$0= (2K)! * 2a_{2K} + (-1)^K \sum_{i=1}^{K-1} {}_{2K}C_{2i} + (-1)^{K+1} \sum_{j=1}^{K} {}_{2K}C_{2j-1} .$$

由上述二項係數的奇偶對消性，就證明了：$(2K)!\, 2a_{2K} = (-1)^K * 2$。

乙.由遞迴法的假定，在上面的待證式$(II)_{2K+1}$ 中，$a_i, b_i, i \le 2K$ 都是已知的。我們比較此待證式兩側的 x^{2K+1} 係數，左側是 $b_{2K+1}2^{2K+1}$，右側是

$$2b_{2K+1} + 2\sum_{j=1} a_{2j} b_{2K-2j+1} ,$$

因此

$$b_{2K+1}(2^{2K}-1)=\sum_{j=1}^{K}\left(\frac{(-1)^j}{(2j)!}*\frac{(-1)^{K-j}}{(2K+1-2j)!}\right).$$

乘以$(2K+1)!$就得到：

$$b_{2K+1}(2^{2K}-1)*(2K+1)!=(-1)^K\sum_{j=1}^{K}{}_{2K+1}C_{2j}.$$

再利用上述二項係數的奇偶對稱性，上式右側$=(-1)^K*(2^{2K}-1)$。
於是就證明了$b_{2K+1}=\frac{(-1)^K}{(2K+1)!}$。

無窮乘積表達法

（我們忍不住要講這個故事！）
由 de Moivre-Euler 公式，我們有

$$\cos(n\theta)+\mathcal{J}\sin(n\theta)=(\cos(\theta)+\mathcal{J}*\sin(\theta))^n.$$

我們取$n=2m+1$為奇數，並且只取虛部，則得恆等式：

$$\sin((2m+1)\theta)=\sin(\theta)*\left(\sum_{j=0}^{m}{}_{2m+1}C_{2*j+1}(-1)^j\cos^{2m-2j}(\theta)\sin^{2j}(\theta)\right).$$

於是我們得到$t=\sin^2(\theta)$的多項式偶函數：

$$\frac{\sin((2m+1)\theta)}{\sin(\theta)}=F(t)=\sum_{j=0}^{m}{}_{2m+1}C_{2*j+1}\,(-1)^j(1-t)^{m-j}t^j=\sum_{j=0}^{m}c_jt^{m-j}.$$

右側多項式的領導係數是

$$c_0=(-1)^m\sum_{j=0}^{m}{}_{2m+1}C_{2*j+1}=(-1)^m*2^{2m}.$$

末項常數是

$$c_m=2*m+1.$$

於是

$$F(t)=c_0*\prod_{j=1}^{m}(t-t_j)\ .$$

其中 t_j 是這個多項式 $F(t)$ 的零根。事實上，<u>幾何地說</u>，$\sin((2m+1)\theta)=0$ 的「根」，除了 $\theta=0$ 之外，就是

$$(2m+1)*\theta=k*\pi，k=\pm1,\pm2,\cdots,\pm m\ .$$

因此就得到：

$$t_k=\sin^2\left(\frac{k\pi}{2m+1}\right)\quad（k=1,2,\cdots,m）.$$

而根與係數的 Vieta 公式給出

$$c_m=(-1)^m*c_0*\prod_{j=1}^{m}t_j=F(0)=2m+1\ .$$

於是：

$$\frac{\sin((2m+1)\theta)}{\sin(\theta)}=(2m+1)*\prod_{j=1}^{m}\left(1-\frac{t}{t_j}\right).$$

現在記

$$(2m+1)\theta=\pi*x\ ,$$

$$\frac{\sin(\pi x)}{(2m+1)\sin\left(\frac{\pi*x}{2m+1}\right)}=\prod_{j=1}^{m}\left(1-\frac{\sin^2\left(\frac{\pi x}{2m+1}\right)}{\sin^2\left(\frac{\pi j}{2m+1}\right)}\right).$$

如果接受三角函數的基本極限公式：

$$\lim_{x\to0}\frac{\sin(x)}{x}=1\ .$$

那麼，對於任意常數 α,β：

$$\lim_{n\to\infty}\frac{\sin\left(\frac{\alpha}{n}\right)}{\sin\left(\frac{\beta}{n}\right)}=\frac{\alpha}{\beta}\ .$$

也就是說：

$$\lim_{m\to\infty}\left(\frac{\sin\left(\frac{\pi x}{2m+1}\right)}{\sin\left(\frac{\pi j}{2m+1}\right)}\right)=\frac{x}{j}.$$

當然：

$$\lim_{m\to\infty}\left[(2m+1)\sin\left(\frac{\pi * x}{2m+1}\right)\right]=\pi * x.$$

於是，只要讓 $m\to\infty$，我們就相信：

$$\frac{\sin(\pi x)}{\pi x}=\prod_{j=1}^{\infty}\left(1-\frac{x^2}{j^2}\right). \qquad \text{(i)}$$

現在 Euler 就把右側的「無窮乘積」乘開來！也把左側的無窮冪級數展開來，他只要展到 x^2 的項：

$$1-\frac{\pi^2x^2}{3!}+\cdots=1-\left(\Sigma\frac{1}{j^2}\right)x^2+\cdots$$

$$\zeta(2):=\sum_{j=1}^{\infty}\frac{1}{j^2}=\frac{\pi^2}{6}.$$

這個美妙的公式，解決了他的老師小 Bernoulli 的問題！
其實他就因此解決了：

$$\zeta(4):=\Sigma_{j=1}^{\infty}\frac{1}{j^4}=\frac{\pi^4}{90}.$$

$$\zeta(6):=\Sigma_{j=1}^{\infty}\frac{1}{j^6}=\frac{\pi^6}{945}.$$

$$\zeta(8):=\Sigma_{j=1}^{\infty}\frac{1}{j^8}=\frac{\pi^8}{9450}.$$

$$\zeta(10):=\Sigma_{j=1}^{\infty}\frac{1}{j^{10}}=\frac{\pi^{10}}{93555}.$$

$$\zeta(12):=\Sigma_{j=1}^{\infty}\frac{1}{j^{12}}=\frac{691 * \pi^{12}}{638512875}.$$

你只要跟他一樣勇敢，一樣脾氣好，這些個計算不難！

事實上，如果把(i)式，展開到 x^4 項：

$$1-\frac{\pi^2x^2}{3!}+\frac{\pi^4x^4}{5!}-+\cdots=1-\left(\Sigma\frac{1}{j^2}\right)x^2+x^4*\left(\sum_{j<k}\frac{1}{j^2*k^2}\right)-+\cdots$$

但是，你記得：

$$(\alpha^2+\beta^2+\gamma^2)=(\alpha+\beta+\gamma)^2-2\,(\alpha*\beta+\alpha*\gamma+\beta*\gamma)\,.$$

（把三項改為無窮多項也可以！我們學 Euler 那麼勇敢吧！）

於是算出 $\zeta(4)$。依此類推！可以算出所有的 $\zeta(2n)$。（原則上！）但是奇數的卻算不出來！

$$\zeta(3)=\sum_{j=1}^{\infty}\frac{1}{j^3}=1.2020569032\cdots=?$$

例題 求 $\Sigma_{j=1}^{\infty}\frac{1}{(2j-1)^2}=?$

解析 把奇數與偶數項分開來算：

$$I=\sum_{j=1}^{\infty}\frac{1}{(2j)^2}，J=\sum_{j=1}^{\infty}\frac{1}{(2j-1)^2}.$$

於是：$I+J=\zeta(2)=\Sigma_{j=1}^{\infty}\frac{1}{j^2}=\frac{\pi^2}{6}$.

但是，很顯然：$I=\Sigma_{j=1}^{\infty}\frac{1}{4j^2}=\frac{1}{4}*\zeta$.

因此：$J=\frac{3}{4}*\zeta=\frac{\pi^2}{8}$.

問 利用 $\cos(\pi x)=\frac{\sin(2\pi x)}{2\sin(\pi x)}$；算出 $\cos(\pi x)$。

答 $\cos(\pi x)=\Pi_{j=1}^{\infty}\left(1-\frac{4x^2}{(2j-1)^2}\right)$.

習題略解

第一章 習題略解

1. 這一題只用到定義，以及（特別簡單的）相似三角形。

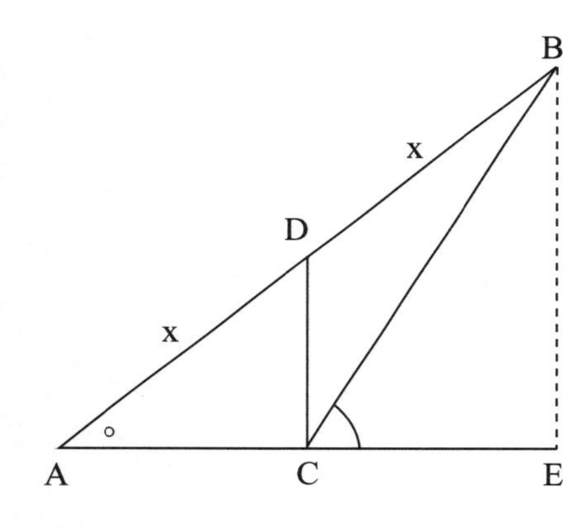

$180° - \angle ACB = \angle BCE$，

因此，$\tan(180° - \angle ACB) = \tan(\angle BCE) = \dfrac{BE}{CE}$；

$\tan(\angle BAC) = \dfrac{BE}{AE}$.

但是，$\overline{CD} \parallel \overline{EB}$，

$\triangle DAC \sim \triangle BAE$，

$AB = 2 * AD$，故 $BE = 2 * DC$，

故：$\tan(180° - \angle ACB) = \dfrac{BE}{CE}$，

$= \dfrac{2 * DC}{AC} = 2 * \tan(\angle BAC)$.

2. 題目牽涉到兩個角度 $\angle APB$，$\angle CPD$，很自然地，必須畫出直角三角形。
這裡有陷阱：若是由點 B 畫出直線 $\overline{BE}$ 到 $\overline{PA}$，或者，由點 C 畫出垂線 $\overline{CF}$ 到 $\overline{PD}$，那就錯了！
要點是正確地畫

$$\overline{BE} \parallel \overline{CP}，\overline{CF} \parallel \overline{BP}.$$

這就給你直角三角形

$$\triangle PBE，\triangle PCF；\theta = \angle EPB，\theta' = \angle CPF.$$

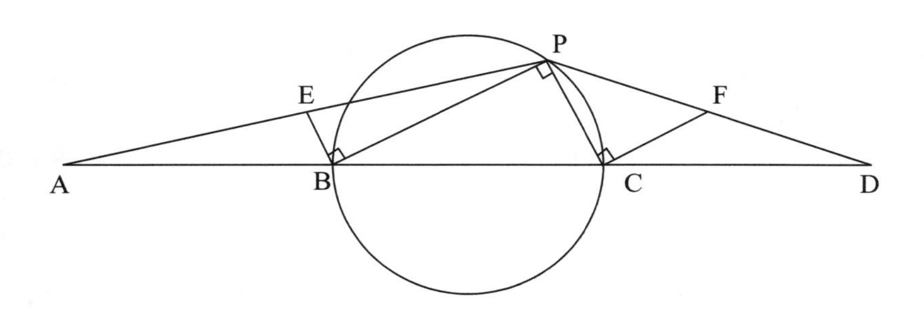

3. 這一題太容易了：相似直角三角形有

$$\triangle DBA \sim \triangle ABE \sim \triangle DAE \sim \triangle BEF \sim \triangle EDG .$$

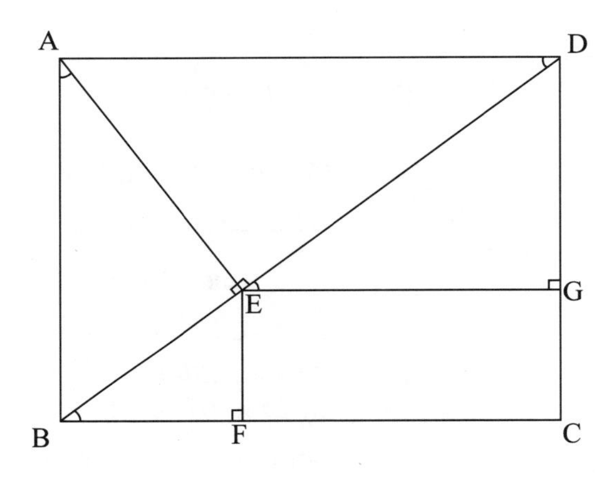

現在設：

$$\theta = \angle CBE = \angle GED = \angle EAB = \angle EDA .$$

於是：

$BF = p * \cot(\theta)$，$BE = p * \csc(\theta)$；$AB = BE * \csc(\theta) = p * \csc^2(\theta)$；
$AE = BE * \cot(\theta) = p * \csc(\theta) * \cot(\theta)$；
$DG = q * \tan(\theta)$，$ED = q * \sec(\theta)$，$AD = ED * \sec(\theta) = q * \sec^2(\theta)$，
$AE = ED * \tan(\theta) = q * \sec(\theta) * \tan(\theta)$；

然則

$AE = AE$，即 $q \sec(\theta) \tan(\theta) = p \csc(\theta) \cot(\theta)$；$q = p * \cot^3(\theta)$；
$c = BD = BE + ED = p * \csc(\theta) + q * \sec(\theta) = p * \csc(\theta) + p * \cot^3(\theta) \sec(\theta)$.

這樣子有一些困擾：妳可以把一切三角函數都化成sin，cos，這樣子會清楚些！故：

$$c = p\left(\frac{1}{\sin(\theta)} + \frac{\cos^3(\theta)}{\sin^3(\theta)} \frac{1}{\cos(\theta)}\right) = p * \frac{1}{\sin^3(\theta)} .$$

那麼就算出：

$$c^{\frac{2}{3}}=p^{\frac{2}{3}}*\frac{1}{\sin^2(\theta)}\text{；}q^{\frac{2}{3}}=p^{\frac{2}{3}}*\frac{\cos^2(\theta)}{\sin^2(\theta)}.$$

證明了 $c^{\frac{2}{3}}=p^{\frac{2}{3}}+q^{\frac{2}{3}}$

4. 這一題有點難！

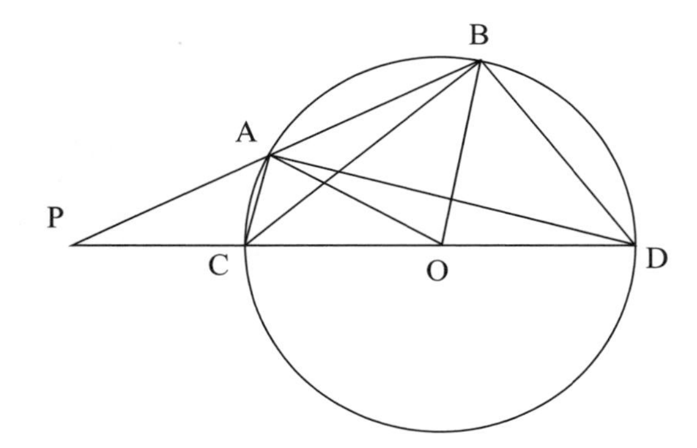

記 $\overline{PO}$ 與圓的交點為 C 與 D，連 $\overline{DA}$ 與 $\overline{CB}$。

$\frac{1}{2}\angle AOP=\angle ADC$；
$\frac{1}{2}\angle BOP=\angle BDC$；
$\angle CAD=90°$；
$\angle CBD=90°$；

因此：

$$\tan\left(\frac{1}{2}\angle AOP\right)*\tan\left(\frac{1}{2}\angle BOP\right)=\frac{AC}{AD}*\frac{BC}{BD}.$$

注意到：

$$\angle ACB=\angle ADB.$$

因此，計算一角相等的兩個三角形面積之比，（參考**基礎平面幾何** p.126）：

$$\frac{\triangle ACB}{\triangle ADB}=\frac{AC*BC}{AD*BD}.$$

底邊 $\overline{AB}$ 相同！面積的比是高的比，因此

$$=\frac{PC}{PD}.$$

6. 用到「一元二次方程式論」的要點之一：若算出 $\sin(\theta)+\cos(\theta)=a$，只要再算出 $\sin(\theta)*\cos(\theta)=q$，則所求方程式為 $x^2-ax+q=0$。用到三角學，當然知道 $\cos(\theta)$，$\sin(\theta)$ 的平方關係！然則，利用

$$(\alpha+\beta)^2-\ (\alpha^2+\beta^2)=2*\alpha*\beta\,,$$

則得：

$$\cos(\theta)*\sin(\theta)=\frac{1}{2}((\cos(\theta)+\sin(\theta))^2-(\cos^2(\theta)+\sin^2(\theta)))=\frac{1}{2}\,(a^2-1)\,.$$

所求方程式為 $x^2-ax+\dfrac{a^2-1}{2}=0$。

7.（一元二次函數的配方法！）今令 $x=\cos(\theta)$，$f(x)=3-2x+x^2=2+(x-1)^2$，則臨界點 $x=1$，是端點之一。

8. 這是「常識」

$$|1-x^2|\le(1+x^2)\ ;\ |\sec(\theta)|\ge 1\,.$$

欲有 $\sec(\theta)=\dfrac{1-x^2}{1+x^2}$，必須 $1-x^2=1+x^2$。
（或者 $(1-x^2)=x^2+1$，但這是不可能的！）

9. 用最常見的「算幾平均不等式」的推論：（取 $x=\tan(A)>0$，）

$$當\ x>0\ 時，\frac{x+\dfrac{1}{x}}{2}\ge 1，等號表示\ x=1。$$

10. 那麼 x 在第一象限！於是

$$\cos(x)=\sqrt{1-\left(\frac{2}{5}\right)^2}=\frac{\sqrt{21}}{5}\,.$$

11. 重點還是畫圖！

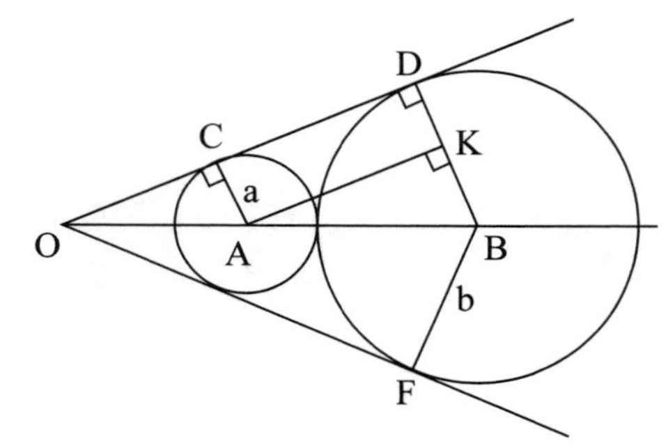

如圖，兩條外公切線是 $\overline{OD}$，$\overline{OF}$，自 B 做垂線到此兩條線，得垂足 D，F。做 $\overline{AK}\perp\overline{BD}$，得垂足 K。

$$\theta = \angle FOD，\frac{\theta}{2} = \angle BOD = \angle BAK.$$

$$AB = a + b；BK = b - a；AK = \sqrt{(a+b)^2 - (b-a)^2} = \sqrt{4ab}.$$

$$因此算出：\cos\left(\frac{\theta}{2}\right) = \frac{AK}{AB} = \frac{\sqrt{4ab}}{a+b}；\sin\left(\frac{\theta}{2}\right) = \frac{BK}{AB} = \frac{b-a}{a+b}.$$

第二章　習題略解

1. $\cos(2\theta) = 2\cos^2(\theta) - 1$；因此，若 $\cos(2\alpha)$，$\cos(2\beta)$是某個方程式 $u^2 - pu + q = 0$ 有兩個根，則

$$\cos(2\alpha) + \cos(2\beta) = p，\cos^2(\alpha) + \cos^2(\beta) = \frac{p}{2} + 1.$$

2. 這是典型的三角一次式的極值問題！

$$\cos(\theta) + \sqrt{3}\cos(\theta) = 2\left(\cos(\theta)\cos\left(\frac{\pi}{3}\right) + \sin(\theta)\sin\left(\frac{\pi}{3}\right)\right) = 2\cos\left(\theta - \frac{\pi}{3}\right).$$

3. 簡單地，「積化和差」：

$$\sin(x)\sin(y) = \frac{1}{2}(\cos(x-y) - \cos(x+y)) = \frac{\cos(x-y)}{2} - \frac{\cos(A)}{2}.$$

4. 這個題目其實是上一題的推論！此時，$0 < A, B, C < \pi$。正弦全為正！
要點是有個限制條件 $A + B + C = \pi = 180°$。
如果固定 A，則：$f(B, C) = \sin\left(\frac{B}{2}\right)\sin\left(\frac{C}{2}\right) * \sin\left(\frac{A}{2}\right)$ 的極大，在 $B = C$ 時；
因此，由對稱性，原式 $g(A, B, C) = \Pi\sin\left(\frac{A}{2}\right)$ 的極大，在 $B = C = A = 60°$時，
也就是說：

$$g(A, B, C) = g(60°, 60°, 60°) = \frac{1}{8}.$$

5. 方法很多！例如，先做末兩項寫之為：

$$\begin{aligned}\cos^2(A+B) - 2\cos(A)\cos(B)\cos(A+B) &= \cos(A+B)(\cos(A+B) - 2\cos(A)\cos(B))\\ &= \cos(A+B) * (\cos(A)\cos(B) - \sin(A)\sin(B) - 2\cos(A)\cos(B))\\ &= -\cos(A+B)\cos(A-B) = \frac{-1}{2}(\cos(2B) + \cos(2A)) = \sin^2(B) - \cos^2(A)\end{aligned}$$

最後答案是 $\sin^2(B)$。

6. 注意到輪換性！最簡單的辦法是對於最下面的一列來展開！

$$\begin{aligned} D &= \Sigma_{\text{cyc}} \sin(B-C)(\cos(\theta+B)\sin(\theta+C) - \cos(\theta+C)\sin(\theta+B)) \\ &= \Sigma_{\text{cyc}} \sin(B-C) * \sin(C-B) = -\Sigma_{\text{cyc}} \sin^2(B-C) . \end{aligned}$$

7. $n=1$ 時，驗證

$$\frac{1}{2} + \cos(x) \stackrel{?}{=} \frac{\cos(x) - \cos(2x)}{2(1-\cos(x))} .$$

這是很容易的！（「只要脾氣好」！）
根據遞迴法的意思，如果已經有了

$$\frac{1}{2} + \cos(x) + \cos(2x) + \cdots + \cos(nx) = \frac{\cos(nx) - \cos((n+1)x)}{2(1-\cos(x))} ,$$

我們必須證明：
兩邊加上 $\cos((n+1)x)$之後，右邊會變成：$\dfrac{\cos((n+1)x) - \cos((n+2)x)}{2(1-\cos(x))}$.
換句話說，我們只要證明：

$$\frac{\cos(nx) - \cos((n+1)x)}{2(1-\cos(x))} + \cos((n+1)x) \stackrel{?}{=} \frac{\cos((n+1)x) - \cos((n+2)x)}{2(1-\cos(x))} .$$

當然這就改為其通分的式子：

$$\cos(nx) - \cos((n+1)x) + 2(1-\cos(x)) * \cos((n+1)x) \stackrel{?}{=} \cos((n+1)x) - \cos((n+2)x) .$$

8. 若 α, β, γ 為三次方程式的三根，則這方程式就是

$$(x-\alpha)(x-\beta)(x-\gamma) = 0 .$$

也就是：

$$x^3 - (\Sigma\alpha)\, x^2 + (\Sigma\alpha * \beta)x - \alpha * \beta * \gamma = 0 .$$

所以必須計算：

$$c_1=\Sigma\tan A，c_2=\Sigma\tan(A)\tan(B)，c_3=\tan(A)\tan(B)\tan(C)\ .$$

例如說，我們馬上得到：$c_3=\dfrac{p}{q}$
我們已有很方便的公式（若 $A+B+C=180°$，則）

$$\tan(A)+\tan(B)+\tan(C)=\tan(A)\tan(B)\tan(C)\ .$$

故 $c_1=c_3$；只剩下要計算

$$c_2=\Sigma\tan(A)\tan(B)=\Sigma\frac{\sin(A)\sin(B)\cos(C)}{\cos(A)\cos(B)\cos(C)}\ .$$

這用到

$$(v)：\Sigma\sin(B)\sin(C)\cos(A)=1+\Pi\cos(A)\ .$$

9. 答案是 $\dfrac{\sqrt{3}}{2}$，一個要點是：

$$\sin(20°)+\sin(40°)=2\sin(30°)\cos(10°)=\cos(10°)=\sin(80°)\ .$$

為了讓你的書寫更方便，所以我們將用略寫：

$$s_2=\sin(20°)，s_4=\sin(40°)，s_8=\sin(80°)，c_2=\cos(20°)，c_6=\cos(60°)=\frac{1}{2}$$

而我們已經有了 $s_8=s_2+s_4$，於是原式

$$\Delta=\begin{vmatrix} s_4+(s_2+s_4), & s_2, & s_2 \\ s_4, & s_2+s_4+s_2, & s_4 \\ s_8, & s_8, & s_8 \end{vmatrix}\ .$$

前兩行減去末一行，

$$\Delta=\begin{vmatrix} 2s_4, & 0, & s_2 \\ 0, & 2s_2, & s_4 \\ 0, & 0, & s_8 \end{vmatrix}=4s_2\,s_4\,s_8\ .$$

但是

$$2s_2 * s_4 = c_2 - c_6\text{；}\Delta = 2\,(c_2 - c_6)\,s_8 = 2s_8 * c_2 - s_8 = s_{10} + s_6 - s_8 = s_6 = \frac{\sqrt{3}}{2}.$$

這裡用到：$s_{10} = \sin(100°) = s_8$.

10. 左邊（依照 Sarrus，）$= 1 + 2\Pi\cos(\alpha) - \Sigma\cos^2(\alpha)$.
右邊，用積化和差：兩兩，

$$2\sin(\theta)\sin(\theta-\alpha) = \cos(\alpha) - \cos(2\theta-\alpha) = \cos(\alpha) - \cos(\beta+\gamma).$$
$$2\sin(\theta-\beta)\sin(\theta-\gamma) = \cos(\beta-\gamma) - \cos(2\theta-\beta-\gamma) = \cos(\beta-\gamma) - \cos(\alpha).$$

因此將右邊乘開，得：

$$-\cos^2(\alpha) + \cos(\alpha)\cos(\beta-\gamma) + \cos(\beta+\gamma)\cos(\alpha) - \cos(\beta+\gamma)\cos(\beta-\gamma).$$

把中間兩項寫成：

$$\cos(\alpha) * (\cos(\beta-\gamma) + \cos(\beta+\gamma)) = 2\cos(\alpha)\cos(\beta)\cos(\gamma).$$

差不多了！

11. 通分使分母成為 $\sin(\alpha-\beta)\sin(\beta-\gamma)\sin(\gamma-\alpha)$；現在只要計算分子：

$$-\sum_{\text{cyc}}\sin\,(\theta-\alpha)\,\sin\,(\beta-\gamma) = \frac{-1}{2}\sum_{\text{cyc}}\left(\cos\left(\frac{3\gamma-\alpha-\beta}{2}\right) - \cos\left(\frac{3\beta-\alpha-\gamma}{2}\right)\right) = 0.$$

12. 常見的公式是

$$\tan(x) - \tan(y) = \frac{\sin(x-y)}{\cos(x)\cos(y)}.$$

13. 注意到：

$$1 + \cot^2(\theta) = \csc^2(\theta),$$

而

$$\cot^2 x - \cot^2 y = \csc^2(x) - \csc^2(y) = \frac{\sin(y+x)\sin(y-x)}{\sin^2(x)\sin^2(y)}.$$

14. 這一題的要點是三角等差級數：從兩端兩兩來「和差化積」！

$$\begin{aligned}&(\sin(A)+\sin(7A))+(\sin(3A)+\sin(5A))\\&=2\sin(4A)\cos(3A)+2\sin(4A)\cos(A)=2\sin(4A)\cos(2A)\cos(A),\\&(\cos(A)+\cos(7A))+(\cos(3A)+\cos(5A))\\&=2\cos(4A)\cos(3A)+2\cos(4A)\cos(A)=2\cos(4A)\cos(2A)\cos(A).\end{aligned}$$

15. 「和差化積」！（兩個兩個！）

16. 對第一行來展開！馬上得到(i)。
於是將(i)，對前兩項來「和差化積」！對末項用倍角公式！

$$2\sin\left(\frac{b-a}{2}\right)\cos\left(\frac{a+b-2c}{2}\right)+2\sin\left(\frac{a-b}{2}\right)\cos\left(\frac{a-b}{2}\right).$$

括出 $\sin\left(\frac{b-a}{2}\right)$，繼續「和差化積」！

17. $\cos\left(\frac{7\pi}{8}\right)=-\cos\left(\frac{\pi}{8}\right)$；$\cos\left(\frac{5\pi}{8}\right)=-\cos\left(\frac{3\pi}{8}\right)$，
半角公式是說：

$$\cos^2\frac{\theta}{2}=\frac{1+\cos(\theta)}{2}.$$

18. 當然猜得出來是要證明 $A=90°$。
由假設，「和差化積」，再用 $A+B+C=180°$；

$$\sin(A)=\frac{\sin\left(\frac{B+C}{2}\right)}{\cos\left(\frac{B+C}{2}\right)}=\frac{\cos\left(\frac{A}{2}\right)}{\sin\left(\frac{A}{2}\right)}.$$

左側 $=2\sin\left(\frac{A}{2}\right)\cos\left(\frac{A}{2}\right)$，因此

$$\sin\left(\frac{A}{2}\right)=\frac{1}{\sqrt{2}}.$$

在 $0<A<180°$ 的範圍內，必須是 $\frac{A}{2}=45°$。

【另證】移動分母，續「和差化積」：

$$\sin(A)\cos(B)+\sin(A)\cos(C)=\sin(B)+\sin(C)\,;$$
$$\frac{1}{2}(\sin(A+B)+\sin(A-B)+\sin(A+C)+\sin(A-C))=\sin(B)+\sin(C)\,.$$

因為 $A+B+C=180°$，所以 $\sin(A+B)=\sin(C)$，
所以：

$$\sin(A-B)+\sin(A-C)=\sin(B)+\sin(C)\,,$$

再「和差化積」：

$$\sin\left(\frac{2A-B-C}{2}\right)\cos\left(\frac{B-C}{2}\right)=\sin\left(\frac{B+C}{2}\right)\cos\left(\frac{B-C}{2}\right),$$

亦即：

$$-\cos\left(\frac{3A}{2}\right)=\cos\left(\frac{A}{2}\right)\,;\ 2\cos(A)\cos\left(\frac{A}{2}\right)=0\,.$$

19. 將第二三兩行都減去第一行，得：
原定準式＝

$$\Delta=\begin{vmatrix}\tan(B)-\tan(A), & \tan(C)-\tan(A)\\ \sin(2B)-\sin(2A), & \sin(2C)-\sin(2A)\end{vmatrix},$$

注意到

$$\tan(B)-\tan(A)=\frac{\sin(B-A)}{\cos(A)\cos(B)}\,.$$
$$\sin(2B)-\sin(2A)=2\sin(B-A)\cos(A+B)=-2\sin(B-A)\cos(C)\,.$$

於是：

$$\Delta=\begin{vmatrix}\dfrac{\sin(B-A)}{\cos(A)\cos(B)} & \dfrac{\sin(C-A)}{\cos(A)\cos(C)}\\ -2\sin(B-A)\cos(C) & -2\sin(C-A)\cos(B)\end{vmatrix}.$$

可以括出：第一列的 $\frac{1}{\cos(A)}$，第二列的（−2）；第一行的 $\sin(B-A)$，以及第二行的 $\sin(C-A)$，

得：
$$\Delta=\frac{-2}{\cos(A)}\sin(B-A)\sin(C-A)*\begin{vmatrix}\frac{1}{\cos(B)} & \frac{1}{\cos(C)}\\ \cos(C) & \cos(B)\end{vmatrix}=0.$$

20.利用 $\tan(x)+\tan(y)=\frac{\sin(x+y)}{\cos(x)\cos(y)}$，以及 $\sin(B+C)=\sin(A)$ 等，

$$\text{左側}=\sum\frac{\tan(B)+\tan(C)}{\tan(A)}=\sum\frac{\frac{\sin(A)}{\cos(B)\cos(C)}}{\tan(A)}=\sum\frac{\cos(A)}{\cos(B)\cos(C)},$$

通分，得：

$$\frac{1}{\Pi\cos(A)}*\Sigma\cos^2(A).$$

現在要用到

$$\Sigma\cos^2(A)=1-2\Pi\cos(A).$$

21.破壞對稱，把 A 特殊化，但是保留 B，C 的對稱，$B+C=90°-A$。

$$\text{左側}=\tan(A)+\frac{\sin(B+C)}{\cos(B)\cos(C)}=\frac{\sin(A)}{\cos(A)}+\frac{\cos(A)}{\cos(B)\cos(C)}=\frac{\sin(A)\cos(A)+\cos^2(A)}{\Pi\cos(A)}.$$

比較右側，所以只要證明：

$$\sin(A)\cos(B)\cos(C)+\cos^2(A)\stackrel{?}{=}1+\Pi\sin(A).$$

現在的左側，利用 $\cos^2(A)=1-\sin^2(A)$，$\sin(A)=\cos(B+C)$，故：

$$\begin{aligned}\text{左側}&=\sin(A)\cos(B)\cos(C)+1-\sin^2(A)=1-\sin(A)(\cos(B)\cos(C)-\sin(A))\\&=1-\sin(A)(\cos(B)\cos(C)-\cos(B+C))=1+\Pi\sin(A)=\text{右側}.\end{aligned}$$

22.這一題相當難！要多讀幾遍，多多「看」！想！

題目的意思是把 α，β 當作已知，只有是變數，三角函數出現了 sin、tan（在分母，）以及 cos。目的都在困擾你！

實際上，常數 α，β 有兩個，但是只是以 $\tan(\alpha)$，$\tan(\beta)$的形式出現！妳本來

就應該看成「常數」$\tan(\alpha)$，$\tan(\beta)$。（不是常數 α，β。）
其實，兩個常數的功能只是一個！題目是「假設 A 求證 B」。而不論 A 或 B，出現的常數 $\tan(\alpha)$，$\tan(\beta)$ 是齊次的形式！這一件事情非常重要！齊次的意思就是說：只有一個真正的變數，就是「兩者之比」。
妳可以取 $\gamma := \dfrac{\tan(\beta)}{\tan(\alpha)}$，也可以顛倒！我們當然取前者！因為，這就影響到選 $|\gamma| \le 1$，或者 $|\gamma| \ge 1$。我就傾向於前者！（照題目的結論式 B 來看，當然。）
那麼一個很簡單的技巧就是原來的條件式 A 整個除以 $\tan^2(\alpha)$，成為

$$A^{\spadesuit}：\left(\frac{1}{\sin(\theta)} - \frac{\gamma}{\tan(\theta)}\right)^2 = 1 - \gamma^2 .$$

而原來的結論式 B，成為 $B^{\clubsuit}$：$\cos(\theta) = \gamma$。大大清爽了！
「不要分式方程式」，就改成：

$$A^{\heartsuit}：(\csc(\theta) - \gamma * \cot(\theta))^2 = 1 - \gamma^2 .$$

這就是所謂的三角方程式，這裡又用到一個最重要的技巧，就是：把這個方程式，看成兩個未知數 $v = \csc(\theta)$，$u = \cot(\theta)$ 的方程式！
這需要兩個方程式聯立，一個方程式是這個 $A^{\heartsuit}$，另外一個是

$$A^{\diamondsuit}：\csc^2(\theta) = \cot^2(\theta) + 1。$$

我們先由 $A^{\heartsuit}$，解出：

$$\csc(\theta) = \gamma * \cot(\theta) \pm \sqrt{1 - \gamma^2} .$$

代入 $A^{\diamondsuit}$：

$$(1 - \gamma^2) \cot^2(\theta) \mp 2 \left(\gamma \sqrt{1 - \gamma^2}\right) * \cot(\theta) + \gamma^2 = 0 .$$

即 $$(1 - \gamma^2)\, u^2 \mp 2 \left(\gamma \sqrt{1 - \gamma^2}\right) * u + \gamma^2 = 0 .$$

這個二次方程式只有重根：

$$u = \cot(\theta) = \pm \frac{\gamma\sqrt{1 - \gamma^2}}{1 - \gamma^2} = \pm \frac{\gamma}{\sqrt{1 - \gamma^2}} .$$

於是得到待證式：

$$\cos(\theta)=\gamma=\frac{\tan(\beta)}{\tan(\alpha)}.$$

23.題目是說，已知：

$$\frac{1}{\cos(\beta-\alpha)}+\frac{1}{\cos(\beta+\alpha)}=\frac{2}{\cos(\beta)},$$

那麼：

$$\frac{\cos(\beta-\alpha)+\cos(\beta+\alpha)}{\cos(\beta-\alpha)*\cos(\beta+\alpha)}=\frac{2}{\cos(\beta)},$$
$$\frac{2\cos(\beta)*\cos(\alpha)}{\cos(\beta-\alpha)*\cos(\beta+\alpha)}=\frac{2}{\cos(\beta)},$$
$$2\cos^2(\beta)*\cos(\alpha)=2\cos(\beta-\alpha)*\cos(\beta+\alpha)=\cos(2\beta)+\cos(2\alpha)$$
$$=2\cos^2(\beta)-2\sin^2(\alpha).$$

於是

$$\cos^2(\beta)(1-\cos(\alpha))=\sin^2(\alpha)\text{；}\cos^2(\beta)=2\cos^2\left(\frac{\alpha}{2}\right).$$

24.(i)。兩個兩個和差化積：$A+B+C+D=360°$，求證：

$$\cos(A)+\cos(B)+\cos(C)+\cos(D)$$
$$=2\cos\left(\frac{A+B}{2}\right)\cos\left(\frac{A-B}{2}\right)+2\cos\left(\frac{C+D}{2}\right)\cos\left(\frac{C-D}{2}\right).$$

但是$\frac{A+B}{2}+\frac{C+D}{2}=180°$，於是，$\cos\left(\frac{A+B}{2}\right)=-\cos\left(\frac{C+D}{2}\right)$，

那麼左側$=2\cos\left(\frac{A+B}{2}\right)\left[\cos\left(\frac{A-B}{2}\right)-\cos\left(\frac{C-D}{2}\right)\right]$

$$=4\cos\left(\frac{A+B}{2}\right)\sin\left(\frac{A+C-B-D}{4}\right)\sin\left(\frac{C-D-A+B}{4}\right),$$

注意到：　$B+D=2\pi-(A+C)$

$$\sin\left(\frac{A+C-B-D}{4}\right)=\sin\left(\frac{A+C-\pi}{4}\right)=-\cos\left(\frac{A+C}{2}\right).$$

(ii)。方法同上題。

第三章　習題略解

1. $A=45°$，$B=60°$，$C=75°$；要計算

$$\sin(75°)=\sin(45°, B=30°)=\frac{\sqrt{6}+\sqrt{2}}{4}.$$

2. 由餘弦定律，a^2

$$= (x+y\cos(A))^2+(y+x\cos(A))^2-2(x+y\cos(A))(y+x\cos(A))\cos(A)$$
$$=\sin^2(A)(x^2+y^2+2xy\cos(A)).$$

3. $\triangle ABC$ 有分角線 $\overline{AD}$，$\overline{BE}$，$\overline{CF}$

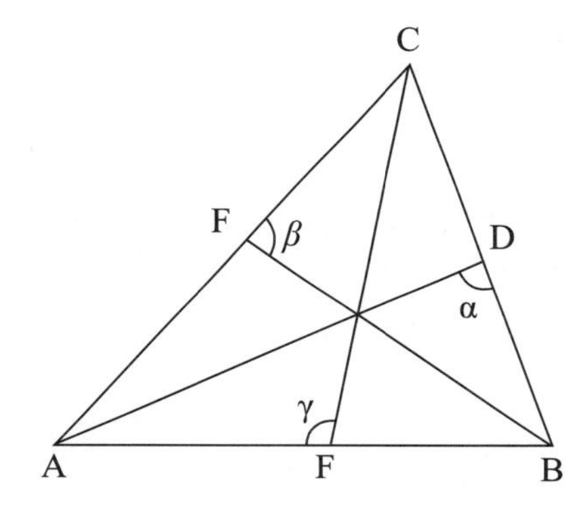

$\angle ADB=\alpha$，

$\angle BEC=\beta$，$\angle CFA=\gamma$

因此：$\alpha=\frac{A}{2}+C$，$2\alpha=A+2C$.

同理：$2\beta=B+2A$；$2\gamma=C+2B$

$a=2R*\sin(A)$，$\Sigma_{\text{cyc}}\, a\sin(2\alpha)$

$=2R\Sigma_{\text{cyc}}\sin(A)\sin(A+2C)$,

$\Sigma_{\text{cyc}}(\cos(2C)-\cos(2A+2C))$

$=\Sigma_{\text{cyc}}(\cos(2C)-\cos(2B))=0$.

4. 今 a，b，c 等差，所以用正弦定律，就得到：

$$\sin(A)+\sin(C)=2\sin(B)；2\sin\left(\frac{A+C}{2}\right)\cos\left(\frac{C-A}{2}\right)=4\sin\left(\frac{B}{2}\right)\cos\left(\frac{B}{2}\right).$$

故得：$\cos\left(\frac{C-A}{2}\right)=2\sin\left(\frac{B}{2}\right)$.

因為 $C-A=90°$，$\sin\left(\frac{B}{2}\right)=\frac{\sqrt{2}}{4}$；$\cos\left(\frac{B}{2}\right)=\frac{\sqrt{14}}{4}$.

用正切定律，

$$\frac{c+a}{c-a}=\frac{\tan\left(\frac{C+A}{2}\right)}{\tan\left(\frac{C-A}{2}\right)}=\cot\left(\frac{B}{2}\right)=\frac{\sqrt{14}}{\sqrt{2}}.$$

於是：

$$a:b:c=\sqrt{7}-1:\sqrt{7}:\sqrt{7}+1\ .$$

其實

$$\sin(A)=\frac{\sqrt{7}-1}{4}\ ;\ \sin(B)=\frac{\sqrt{7}}{4}\ ;\ \sin(C)=\frac{\sqrt{7}+1}{4}\ .$$

5.利用餘弦定律，就得到：

$$\heartsuit:c^2=a^2+b^2-ab\ .$$

待證式左側通分

$$=\frac{a+b+2c}{ab+c^2+ac+bc}=\frac{a+b+2c}{a^2+b^2+ac+bc}\ .$$

待證式成為

$$\frac{a+b+2c}{a^2+b^2+ac+bc}\stackrel{?}{=}\frac{3}{a+b+c},$$

亦即

$$(a+b+2c)(a+b+c)\stackrel{?}{=}3\ (a^2+b^2+ac+bc)\ .$$

利用♡，驗證無誤！

6.已知：

$$2(1-\cos(A))=\cos(B)+\cos(C)=2\cos\left(\frac{B+C}{2}\right)\cos\left(\frac{B-C}{2}\right).$$

當然是把左側改為 $4\sin^2\left(\frac{A}{2}\right)$，且 $\sin\left(\frac{A}{2}\right)=\cos\left(\frac{B+C}{2}\right)$.
於是約去此因子，得：

$$2\sin\left(\frac{A}{2}\right)=\cos\left(\frac{B-C}{2}\right).$$

現在再乘以 $2\cos\left(\frac{A}{2}\right)=\sin\left(\frac{B+C}{2}\right)$，得到：

$$4\sin\left(\frac{A}{2}\right)\cos\left(\frac{A}{2}\right)=2\sin\left(\frac{B+C}{2}\right)\cos\left(\frac{B-C}{2}\right)=\sin(B)+\sin(C)$$。

$2\sin(A)=\sin(B)+\sin(C)$。由正弦定律，此即所求。

7. (i)此題很難，但是我們順便學一些代數！

如果已知三邊長 a，b，c，要計算面積△，當然就想到 Heron 公式。

如果腦筋不那麼死板，那麼應該說：

$$\triangle^2=s\,(s-a)(s-b)(s-c)\,.$$

開根號最後再做！那麼這個公式其實是 a，b，c，的三次齊次對稱多項式！Newton 的定理說：a，b，c 的任何對稱多項式。都可以表達為 p，q，r，這三個東西（基本齊次對稱多項式）的多項式！

其實很容易：

$$\triangle^2=s*\,(s^3-p*s^2+q*s-r)\,.$$

再用 $s=\frac{p}{2}$ 代入就好了！

$$16\triangle^2=-p^4+4p^2q-8pr\,.$$

7. (ii)沒有想像中那麼難！通分！

$$\frac{\Sigma bc\cos(A)}{abc}=\frac{1}{2}\frac{\Sigma(b^2+c^2-a^2)}{abc}=\frac{\Sigma a^2}{2abc}=\frac{p^2-2q}{2r}\,.$$

8. 正弦定律！與 $\Sigma\sin(A)$ 的公式！

9. (i)這要用到正弦定律，以及奇怪的正弦平方差公式！

對稱的待證明式三件，你只要計算其中之一！算出一個對稱式答案就好了！

$$\frac{a\sin(B-C)}{b^2-c^2}=\frac{2R\sin(A)*\sin(B-C)}{4R^2(\sin^2(B)-\sin^2(C))}=\frac{1}{2R}\,.$$

9. (ii)由正弦定律，待證式成為：

$$(\sin(B)+\sin(C)-\sin(A))\left(\cot\left(\frac{B}{2}\right)+\cot\left(\frac{C}{2}\right)\right)\stackrel{?}{=}2\sin(A)\cot\left(\frac{A}{2}\right)\,.$$

左側是：

$$\left(2\sin\left(\frac{B+C}{2}\right)\cos\left(\frac{B-C}{2}\right)-2\sin\left(\frac{A}{2}\right)\cos\left(\frac{A}{2}\right)\right)*\left(\frac{\sin\left(\frac{B+C}{2}\right)}{\sin\left(\frac{B}{2}\right)\sin\left(\frac{C}{2}\right)}\right)$$

$$=\left(2\cos\left(\frac{A}{2}\right)\right)\left(\cos\left(\frac{B-C}{2}\right)-\cos\left(\frac{B+C}{2}\right)\right)*\left(\frac{\cos\left(\frac{A}{2}\right)}{\sin\left(\frac{B}{2}\right)\sin\left(\frac{C}{2}\right)}\right)$$

$=4\cos^2\left(\frac{A}{2}\right)=$ 右側．

11. 將已知條件式平方，用正弦定律！

$$\cos^2\left(\frac{A}{2}\right):\cos^2\left(\frac{B}{2}\right)=\sin(A):\sin(B)=\sin\left(\frac{A}{2}\right)\cos\left(\frac{A}{2}\right):\sin\left(\frac{B}{2}\right)\cos\left(\frac{B}{2}\right).$$

於是得到：

$$\cos\left(\frac{A}{2}\right):\cos\left(\frac{B}{2}\right)=\sin\left(\frac{A}{2}\right):\sin\left(\frac{B}{2}\right).$$

於是得到：$\cot\left(\frac{A}{2}\right)=\cot\left(\frac{B}{2}\right)$.

12. 由餘弦定律，待證式左側成為：

$$\Sigma a\,(b^2+c^2)\frac{b^2+c^2-a^2}{2bc}=\frac{1}{abc}\Sigma a^2\,(b^2+c^2)(b^2+c^2-a^2)$$
$$=\frac{1}{abc}\Sigma\,(a^2b^4+a^2c^4+2a^2b^2c^2-a^4b^2-a^4c^2)=3\frac{a^2b^2c^2}{2abc}=3abc\,.$$

13. 已知 $a+c=2b$，欲由此往證：下列是「等差」：

$$\frac{b^2+c^2-a^2}{2bc}*\sqrt{\frac{s(s-a)}{(s-b)(s-c)}},\cdots,\cdots.$$

括出共同的因子 $\frac{1}{2abc}\sqrt{\frac{s}{(s-a)(s-b)(s-c)}}$ 之後，則成為：

$a\,(b^2+c^2-a^2)(s-a)$，$b\,(c^2+a^2-b^2)(s-b)$，$c\,(a^2+b^2-c^2)(s-c)$，成 $A.P$.

也就是說，要證明：

$$a(b^2+c^2-a^2)(s-a)+c(a^2+b^2-c^2)(s-c)=2b(c^2+a^2-b^2)(s-b).$$

有一個簡單的辦法來利用等差的條件式，這就是令：公差 $=\epsilon$，

因而 $$a=b-\epsilon，c=b+\epsilon，$$

代入計算！一切化為 b，ϵ。
注意到 $s=\dfrac{3b}{2}$，$c^2-a^2=4b\epsilon$.
那麼可以算出兩側都是 $b^2(b^2+2\epsilon^2)$.

14. 左側，先把第三列加到第二列去！（變成都是1。）另外由半角公式，得到

$$\begin{vmatrix} a, & b, & c \\ 1, & 1, & 1 \\ \dfrac{s(s-a)}{bc}, & \dfrac{s(s-b)}{ca}, & \dfrac{s(s-c)}{ab)} \end{vmatrix}.$$

通分，就可以括出共同因子，

$$=\frac{s}{abc}\begin{vmatrix} a, & b, & c \\ 1, & 1, & 1 \\ a(s-a), & b(s-b), & c(s-c) \end{vmatrix}=\frac{s}{abc}\begin{vmatrix} a, & b, & c \\ 1, & 1, & 1 \\ as-a^2, & bs-b^2, & cs-c^2 \end{vmatrix}.$$

把第一列乘以 $-s$ 加到第三列去！得到

$$=\frac{s}{abc}\begin{vmatrix} a, & b, & c \\ 1, & 1, & 1 \\ -a^2, & -b^2, & -c^2 \end{vmatrix}.$$

這個定準是所謂的 Vandermond 定準。故等於右側。

15. 只要用半角公式就好了！

16. 因為 $\Delta=\dfrac{ab}{2}\sin(C)$，用正弦定律，就得到第一個式子。
用半角公式，以及 r，R，的公式。就得到第二個式子。

17. (i) 先算 $r_a-r=\dfrac{\Delta}{s-a}-\dfrac{\Delta}{s}=\dfrac{a\Delta}{s(s-a)}$

$$於是左側=\frac{(\Pi a)\Delta^3}{s^3\Pi(s-a)}=\frac{(\Pi a)\Delta}{s^2}=右側 .$$

(ii)有一種蠻力（brute force）計算法，我很喜歡！這只是 a，b，c 三元對稱式的計算練習！

Newton 對稱式的基本定理是說：任何這樣子的式子，一定可以用 $2s=a+b+c$，$q=bc+ca+ab$，以及 $p=a*b*c$ 的多項式表達出來！而且表達方式還是唯一的！

因為：$r^2=\frac{(s-a)(s-b)(s-c)}{s}$；$r_a^2=\frac{s(s-b)(s-c)}{s-a}$；$R=\frac{abc}{4\Delta}$；我們將待證式通分，也就是乘以 $\Delta^2=s(s-a)(s-b)(s-c)$，就成為

$$\Pi(s-a)^2+s*\Sigma(s-b)^2(s-c)^2\overset{?}{=}a^2b^2c^2-(\Sigma a^2)*\Delta^2 .$$

現在要用到：

$$\Sigma a^2=(\Sigma a)^2-2\Sigma ab=4s^2-2q ,$$

$$\Sigma b^2c=2s(q)-3p .$$

$$(s-b)(s-c)=s^2-s(b+c)+bc .$$

$$(s-b)^2(s-c)^2=s^4-2s^3(b+c)+s^2(b^2+c^2+4bc)-2s*bc(b+c)+b^2c^2 .$$

$$\Sigma(s-b)^2(s-c)^2=7s^4-4s^2q+2sp+q^2 .$$

$$\Pi(s-a)=s^3-s^2\Sigma a+s\Sigma a^2-\Pi a=-s^3+sq-p .$$

$$\Pi(s-a)^2=s^6-2qs^4+2ps^3+q^2s^2-2pqs+p^3 .$$

$$代入左側=8s^6-6qs^4+4ps^3+2q^2s^2-2pqs+p^2 .$$

$$右側=4s^6-6qs^4+4ps^3+2q^2s^2-2pqs+p^2 .$$

好像差了一點點！（s^6 的項。）

18. 由假設，

$$\frac{\Delta}{s-a}-\frac{\Delta}{s}=\frac{\Delta}{s-b}+\frac{\Delta}{s-c} .$$

此即：

$$\frac{a}{s(s-a)}=\frac{(s-b)+(s-c)}{(s-b)(s-c)}=\frac{a}{(s-b)(s-c)},$$

$$s^2-as=s^2-bs-cs+bc；(b+c-a)(a+b+c)=2bc ,$$

$$b^2+c^2=a^2 .$$

19. 由半角公式，

$$\tan^2\left(\frac{A}{2}\right)=\frac{(s-b)(s-c)}{s(s-a)}=\frac{r*r_a}{r_b*r_c} .$$

第四章　習題略解

1. （我改寫角度為 α，β。）塔 $\overline{BA}=h$ 已知；

電桿 $\overline{CE}=y=$？待求，而我們多設置了「塔桿水平距」$\overline{BC}=x$。

仰角 $\beta=\angle CBE$，俯角 $\alpha=\angle DAE$；

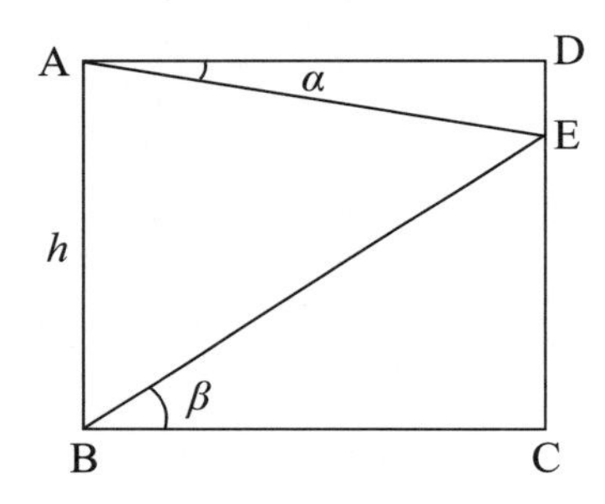

則 $y=\overline{CE}=x\tan(\beta)$.

$\overline{ED}=x\tan(\alpha)$.

$h=\overline{CE}+\overline{ED}$

$=x(\tan(\alpha)+\tan(\beta))$.

$x=\dfrac{h}{\tan(\alpha)+\tan(\beta)}$.

$y=h*\dfrac{\tan(\beta)}{\tan(\alpha)+\tan(\beta)}$.

2. （圖只是示意而已。）塔 $\overline{CA}=49$，竿 $\overline{AD}=50$。立足點 B，$\overline{BC}=x$ 待求。

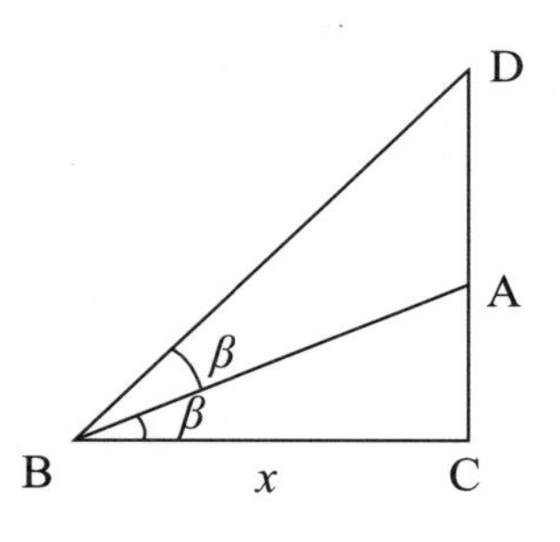

仰角 $\beta=\angle CBA$，$2\beta=\angle CBD$.

則 $\overline{CA}=x\tan(\beta)=49$.

$\overline{CD}=x\tan(2\beta)=49+50=99$

$=\dfrac{2}{1-\tan^2(\beta)}*x\tan(\beta)$.

$\tan^2(\beta)=\dfrac{1}{99}$，

$x=\dfrac{49}{\tan(\beta)}=49\sqrt{99}$.

$x=147\sqrt{11}\approx 487.54$.

3. 太簡單了！

塔 $\overline{CA}=49$，竿 $\overline{AD}=50$。立足點 B，$\overline{BC}=x$ 待求。

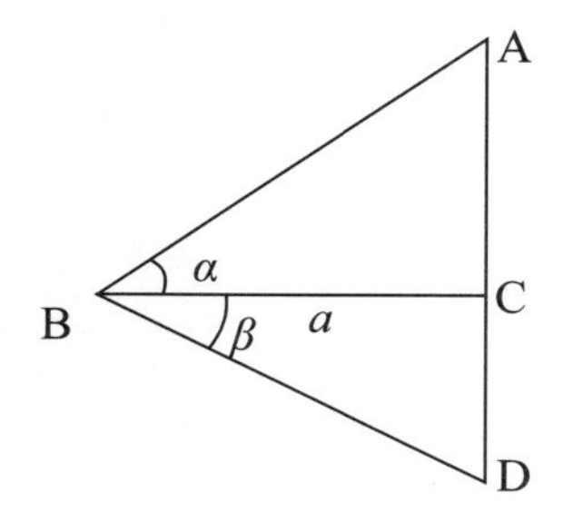

上仰高度 $\overline{CA}=a\tan(\alpha)$，

下俯高度 $\overline{CD}=a\tan(\beta)$，

塔高 $\overline{DA}=a*(\tan(\alpha)+\tan(\beta))$.

4. 太簡單了！雖然題目似乎有問題：必須知道軍艦與島之距離！

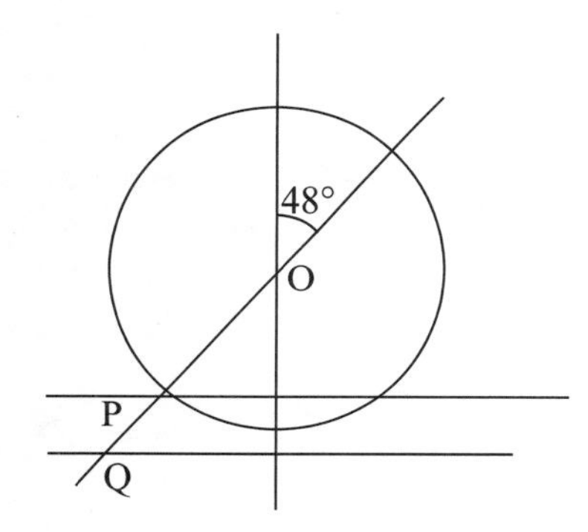

圖 O 的半徑 $=3$.

若軍艦位置在 P，$\overline{OP}\cos(48°)<3$ 則危險；

若軍艦位置在 Q，$\overline{OQ}\cos(48°)>3$ 則安全；

5. 山高 $h=\overline{OS}=$？塔 $\overline{ST}$，立足點 A，前進 $d=\overline{AB}$，到 B。

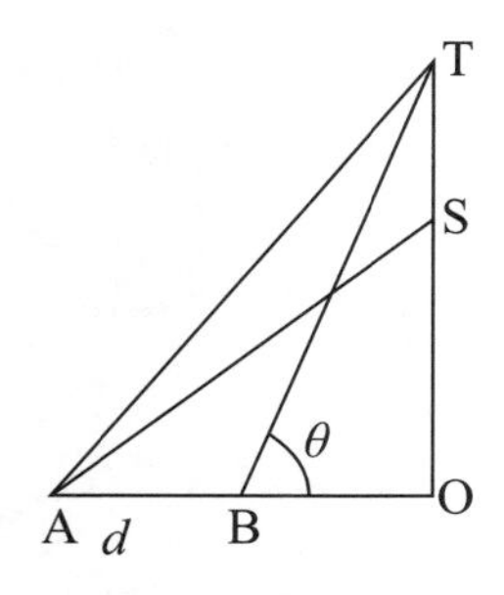

仰角 $\alpha=\angle OAT$，$\beta=\angle OAS$.

$\overline{OA}=h\cot(\beta)$，

$\overline{OB}=\overline{OA}-\overline{AB}=h\cot(\beta)-d$.

$\overline{OT}=\overline{OA}\tan(\alpha)=\overline{OB}\tan(\theta)$.

即是 $h\cot(\beta)\tan(\alpha)$

$=(h\cot(\beta)-d)\tan(\theta)$.

故：$h=d*\dfrac{\tan(\theta)\tan(\beta)}{\tan(\theta)-\tan(\alpha)}$.

6. 石岩 C 之仰角 $\angle OAC=47°$，$\angle DBC=77°$，斜坡之仰角 $\angle OAB=32°$，長度 $\overline{AB}$ $=1$（公里）。求岩高 $\overline{OC}=$？

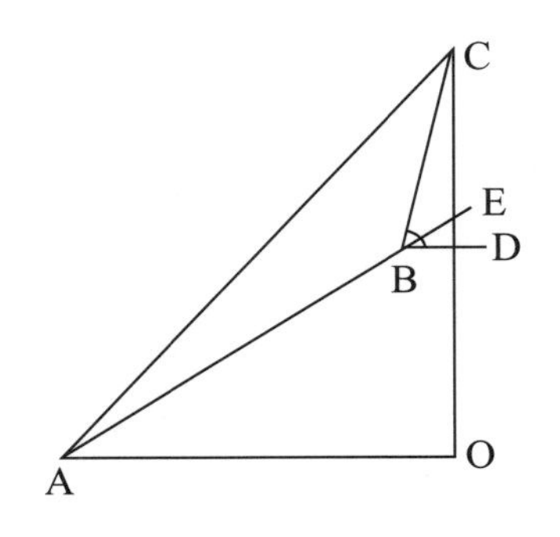

$\angle BAC = 47° - 32° = 15°$.

$\angle EBC = 77° - 32° = 45°$.

$\angle ACB = 45° - 15° = 30°$.

$\overline{AC} : \overline{AB} = \sin(135°) : \sin(30°) = \sqrt{2} : 1$.

$\overline{AC} = \sqrt{2}$.

岩高 $\overline{OC} = \overline{AC}\sin(47°) = 1.03413$.

7. 氣球 T，垂足 O。仰角 $\angle OAT = \alpha$，$\angle OBT = 2\alpha$，$\angle OCT = 3\alpha$；$\overline{AB} = a$，$\overline{BC} = b$。
求證氣球高 $\overline{OT} = h = \frac{a}{2b}\sqrt{(a+b)(3b-a)}$。

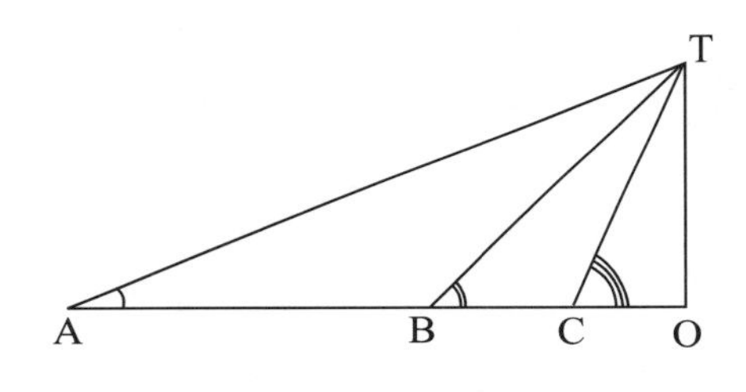

今 $\overline{OA} = h\cot(\alpha)$，$\overline{OB} = h\cot(2\alpha)$，$\overline{OC} = h\cot(3\alpha)$,

$a = \overline{AB} = h(\cot(\alpha) - \cot(2\alpha)) = h\csc(2\alpha)$,

$b = \overline{BC} = h(\cot(2\alpha) - \cot(3\alpha)) = h\frac{\sin(\alpha)}{\sin(2\alpha)\sin(3\alpha)}$,

$a + b = \frac{h * 2\sin(2\alpha)\cos(\alpha)}{\sin(2\alpha)\sin(3\alpha)}$,

$3b - a = \frac{h(3\sin(\alpha) - \sin(3\alpha))}{\sin(2\alpha)\sin(3\alpha)}$.

8. 塔頂 T，垂足 O。仰角 $\angle OAT = \alpha$，$\angle OBT = 2\alpha$，$\angle OCT = 4\alpha$。
$\overline{AB} = 30$，$\overline{BC} = 10\sqrt{3}$。求仰角 $\alpha = \angle OAT$。

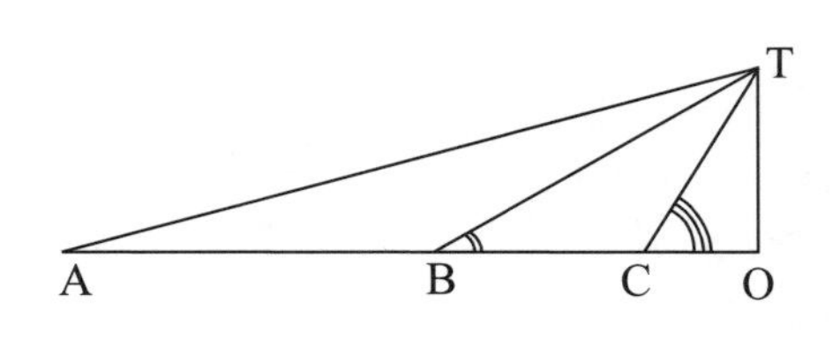

這題比起上題更好算！今仍然令塔頂高 $\overline{OT} = h$,

$\overline{OA} = h\cot(\alpha)$，$\overline{OB} = h\cot(2\alpha)$，$\overline{OC} = h\cot(4\alpha)$.

$30 = \overline{AB} = h(\cot(\alpha) - \cot(2\alpha)) = h\csc(2\alpha)$.

$10\sqrt{3} = \overline{BC} = h(\cot(2\alpha) - \cot(4\alpha)) = h\csc(4\alpha)$.

$\frac{\overline{AB}}{\overline{BC}} = \sqrt{3} = \frac{\sin(4\alpha)}{\sin(2\alpha)} = 2\cos(2\alpha)$,

$2\alpha = 30°$.

9. （倒影問題）我們把角度改寫為 $\alpha = \angle TEA$，$\beta = \angle TEC$，$\gamma = \angle TED$。眼睛平視線 $\overline{ET}$，湖面水平線 $\overline{PQ}$。高 $\overline{PE} = a$。

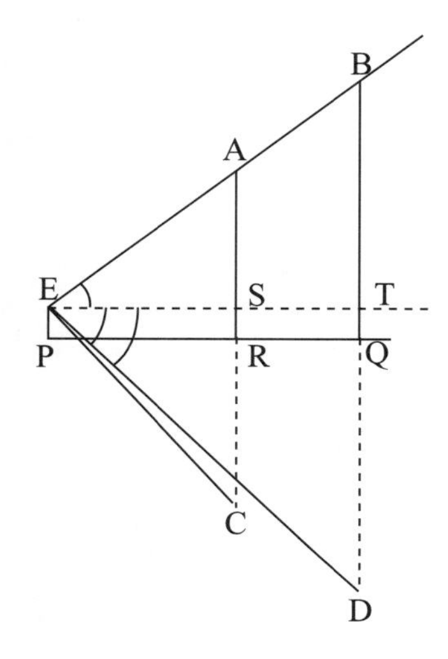

令 $\overline{ES}=s$，$\overline{ET}=t$.

於是：$\overline{SA}=s\tan(\alpha)$，$\overline{SC}=s\tan(\beta)$,

$\overline{TB}=t\tan(\alpha)$，$\overline{TD}=t\tan(\gamma)$,

$2a=\overline{SC}-\overline{SA}=\overline{TD}-\overline{TB}$.

於是

$$t=\frac{2a}{\tan(\gamma)-\tan(\alpha)}\;;\;s=\frac{2a}{\tan(\beta)-\tan(\alpha)}.$$

於是就算出 $t-s=\dfrac{2a\cos^2(\alpha)\sin(\beta-\gamma)}{\sin(\gamma-\alpha)\sin(\beta-\alpha)}$.

10. 可設氣球為 $C=(0, 0, c)$，垂足為 $O=(0, 0, 0)$，點 $A=(0, d, 0)$，$B=(a, d, 0)$；此地 $d>0$，$a>0$，$c>0$。於是，

$$\tan(x)=\frac{c}{d}，\tan(y)=\frac{c}{\sqrt{d^2+a^2}}.$$

要小心思考：何為已知，何為未知！此地 a、x、y 為已知；c、d 為未知！故先由 $\dfrac{\tan(x)}{\tan(y)}=\dfrac{\sqrt{d^2+a^2}}{d}$ 來求出 d。事實上，

$$\frac{\tan^2(x)}{\tan^2(y)}=\frac{d^2+a^2}{d^2}\;;\;\frac{\tan^2(x)-\tan^2(y)}{\tan^2(y)}=\frac{a^2}{d^2}.$$

（你要妥善利用「和分比」的技巧！）這就求出

$$d=a\frac{\tan(y)}{\sqrt{\tan^2(x)-\tan^2(y)}}\;;\;c=a\frac{\tan(y)}{\sqrt{\tan^2(x)-\tan^2(y)}}\tan(x).$$

11. 設甲砲台在 $A=(0, 0, 0)$，乙砲台在 $B=(1, 0, 0)$，敵機在 $D=(0, y, z)$，$y>0$，$z>0$ 都是未知數。

今 $\tan(20°)=\dfrac{z}{y}$，敵機墜落在 $C=(0, y, 0)$，

而 C 相對於 B 之方位角是北 60° 西，即是

$$\frac{y}{-1}=\tan(150°)=\frac{-1}{\sqrt{3}}\text{；}z=y\tan(20°)=0.210\ .$$

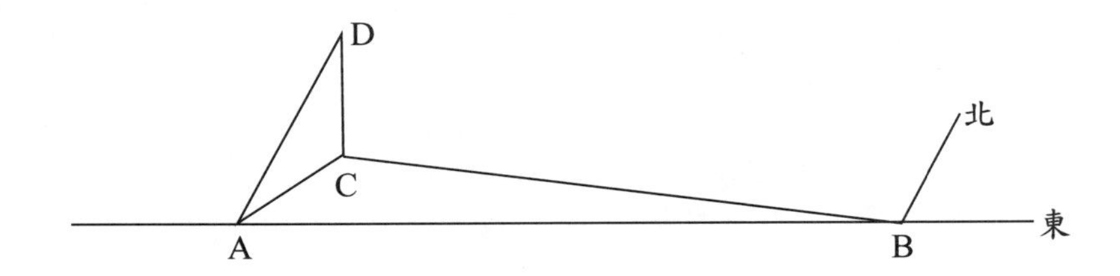

12. 設：原立足點 $=O=(0, 0, 0)$，塔頂 $=T=(0, y, h)$，塔基 $=N=(0, y, 0)$，$\angle NOT=\alpha$，$A=(-a, 0, 0)$，$B=(-b, 0, 0)$，$\angle NAT=\beta$，$\angle NBT=\gamma$，已知 h、α、β、γ。未知 a、b，求 $b-a=\overline{AB}$。

$$\overline{NA}=h\cot(\beta)=\sqrt{a^2+b^2}\text{，}\overline{NB}=h\cot(\gamma)=\sqrt{y^2+(b)^2}\text{，}y=h\cot(\alpha)\ .$$

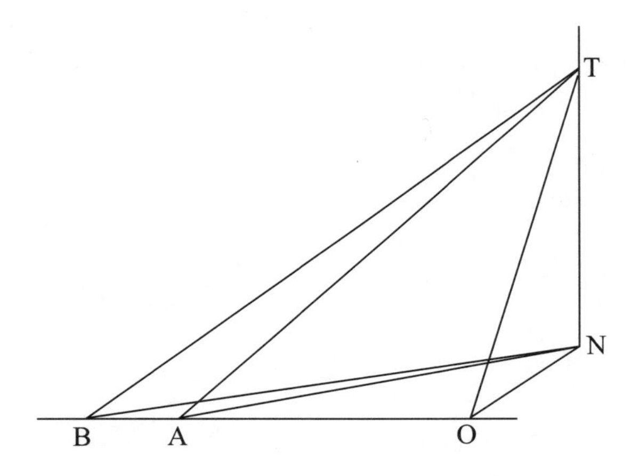

因此，$a^2=(h\cot(\beta))^2-(h\cot(\alpha))^2$

$=h^2(\cot^2(\alpha)-\cot^2(\beta))$.

$a=h\sqrt{\cot^2(\alpha)-\cot^2(\beta)}$；

同理　$b=h\sqrt{\cot^2(\alpha)-\cot^2(\gamma)}$.

13. 與前一題相同，但是更簡單！a 改寫為 d，為已知，而 h 未知！

$$y=h\cot(\alpha)\text{，}\sqrt{d^2+y^2}=h\cot(\beta)\text{，}d=h\sqrt{\cot^2(\alpha)-\cot^2(\beta)}\ .$$

$$h=\frac{d}{\sqrt{\cot^2(\alpha)-\cot^2(\beta)}}.$$

14. 設：塔底＝原點 $O=(0,0,0)$，塔頂＝$T=(0,0,h)$，
$A=(a,0,0)$，$B=\left(\frac{b}{\sqrt{2}},\frac{-b}{\sqrt{2}},0\right)$，$\angle OAT=30°$，$\angle OBT=45°$，$\overline{AB}=1000$，求 h。

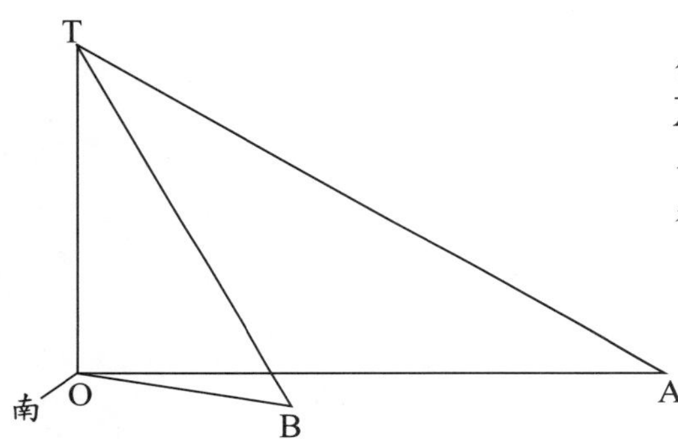

餘弦定律說：
$\overline{AB}^2=a^2+b^2-2ab\cos(45°)=a^2+b^2-\sqrt{2}ab$，
今 $a=h\cot(30°)=\sqrt{3}h$，$b=h$，代入 $\overline{AB}$，
得 $h^2(4-\sqrt{6})=1000^2$.

第五章　習題略解

1. $2\arctan\left(\frac{1}{5}\right)=\arctan\left(\frac{5}{12}\right)$；$4\arctan\left(\frac{1}{5}\right)=\arctan\left(\frac{120}{119}\right)$.

$\arctan\left(\frac{1}{70}\right)-\arctan\left(\frac{1}{99}\right)=\arctan\left(\frac{1}{239}\right)$；

原式左側 $=\arctan\left(\dfrac{\frac{120}{119}-\frac{1}{239}}{1+\frac{120}{119}*\frac{1}{239}}\right)=\arctan(1)=45°$.

2. 這只是計算

$$\frac{\frac{\alpha+\beta}{1-\alpha*\beta}+\frac{1-\alpha-\beta-\alpha*\beta}{1+\alpha+\beta-\alpha*\beta}}{1-\frac{\alpha+\beta}{1-\alpha*\beta}*\frac{1-\alpha-\beta-\alpha*\beta}{1+\alpha+\beta-\alpha*\beta}}=1.$$

3. 這只是計算

$$\arctan\left(\frac{20}{29}\right)=\arctan\left(\frac{21}{20}\right)；\frac{\frac{21}{20}-\frac{16}{63}}{1+\frac{21}{20}*\frac{16}{63}}=\frac{1003}{1596}.$$

$$\sqrt{1003^2+1596^2}=1885\text{；原式}=\arctan\left(\frac{1596}{1885}\right).$$

4. $\arctan\left(\frac{3}{5}\right)=\arctan\left(\frac{3}{4}\right)$；$\arctan\left(\frac{12}{13}\right)=\arctan\left(\frac{5}{12}\right)$，

$$\frac{\frac{3}{4}-\frac{5}{12}}{1+\frac{3}{4}*\frac{5}{12}}=\frac{16}{63}.$$

5. $\arctan\left(\frac{3}{4}\right)+\arctan\left(\frac{8}{15}\right)=\arctan\left(\frac{77}{36}\right).$

6. 設 $\arctan(x_j)=\theta_j$，則：

$$\tan(\theta_1+\theta_2)=\frac{x_1+x_2}{1-x_1x_2},$$
$$\tan(\theta_3+\theta_4)=\frac{x_3+x_4}{1-x_3x_4},$$
$$\tan(\theta_1+\theta_2+\theta_3+\theta_4)=\frac{\frac{x_1+x_2}{1-x_1x_2}+\frac{x_3+x_4}{1-x_3x_4}}{1-\frac{x_1+x_2}{1-x_1x_2}*\frac{x_3+x_4}{1-x_3x_4}}$$
$$=\frac{\Sigma x_1-\Sigma x_1x_2x_3}{1-\Sigma x_1x_2+x_1x_2x_3x_4}.$$

但是由根與係數的關係（Vieta 定理），$\Sigma x_1=\sin(2\beta)$，$\Sigma x_1x_2=\cos(2\beta)$，$\Sigma x_1x_2x_3=\cos(\beta)$，$\Pi x_1=-\sin(\beta)$。代入計算就好了！

$$\tan(\Sigma\theta_j)=\frac{\sin(2\beta)-\cos(\beta)}{1-\cos(2\beta)-\sin(\beta)}=\frac{\cos(\beta)*(2\sin(\beta)-1)}{\sin(\beta)*(2\sin(\beta)-1)}=\cot(\beta).$$

7. $\arctan\left(\frac{x+1-x}{1-x(1-x)}\right)=\arctan\left(\frac{2\sqrt{x-x^2}}{1-(x-x^2)}\right)$

即是：$\frac{x+1-x}{1-x(1-x)}=\frac{2\sqrt{x-x^2}}{1-(x-x^2)}$；$\sqrt{x-x^2}=\frac{1}{2}=x.$

8. 即是 $\arcsin(x)=\frac{\pi}{2}-\arctan(x)$，

$\arctan\left(\frac{x}{\sqrt{1-x^2}}\right)=\arctan\left(\frac{1}{x}\right)$；$x^4+x^2-1=0.$

因此 $x^2=\dfrac{\sqrt{5}-1}{2}$.

9. 利用 sin 來做，比用 tan 更方便！

令 $\arcsin(x)=\theta$ 設想 $1\ge x\ge 0$，$0\le\theta\le\dfrac{\pi}{2}2$；於是 $\arccos(x)=\dfrac{\pi}{2}-\theta$；

原方程式成為 $2\theta-\dfrac{\pi}{2}=\arcsin\,(x(3x-2))$.

將此式兩側都取 sin，則得：

$$-\cos(2\theta)=2\sin^2(\theta)-1=2x^2-1=x(3x-2)\,,$$
$$x^2-2x+1=0\,，\,x=1\,.$$

10. 利用 sin 來做，比用 tan 更方便！$\theta=\arcsin(x)$，$\cos\,(\theta)=\sqrt{1-x^2}$，則原方程式成為 $\arcsin(2x)=\dfrac{\pi}{3}-\theta$；

將此式兩側都取 sin，則得：

$$2x=\frac{\sqrt{3}}{2}\sqrt{1-x^2}-\frac{x}{2}\,；\,x^2=\frac{3}{28}\,.$$

11. 限定自然數就好做了！

$$\frac{x+y}{1-xy}=-1\,；\,x+y\,；\,\{x,y\}=\{2,3\}\,.$$

12. 這一題的要點是向量（或者複數）的觀點！換句話說，令三個單位向量為

$$\mathbf{a}=\cos\,(A)\,\mathbf{i}+\sin\,(A)\,\mathbf{j}\,；\text{ 或 }\alpha=\cos\,(A)+\jmath\sin\,(A)\in\mathbb{C}\,,$$
$$\mathbf{b}=\cos\,(B)\,\mathbf{i}+\sin\,(B)\,\mathbf{j}\,；\text{ 或 }\beta=\cos\,(B)+\jmath\sin\,(B)\in\mathbb{C}\,,$$
$$\mathbf{c}=\cos\,(C)\,\mathbf{i}+\sin\,(C)\,\mathbf{j}\,；\text{ 或 }\gamma=\cos\,(C)+\jmath\sin\,(C)\in\mathbb{C}\,.$$

這些都是單位向量（或者複數）

$$1=|\mathbf{a}|=|\mathbf{b}|=|\mathbf{c}|\,；\text{ 或 }1=|\alpha|=|\beta|=|\gamma|\,.$$

如果解釋為力，都是同樣的大小，兩力 **a**，**b** 的合力，就折衷在分角線上，而且其大小，是把這兩力都投影到合力方向上，都打了折扣 $\cos\left(\dfrac{1}{2}\widehat{\mathbf{a},\mathbf{b}}\right)$，這樣子合力要與 **c** 相抵銷！故

$$\cos\left(\frac{1}{2}\widehat{\mathbf{a},\mathbf{b}}\right)=\frac{1}{2};\ \widehat{\mathbf{a},\mathbf{b}}=120^\circ\ .$$

我們也可以蠻力計算：

$$-\cos(C)=\cos(A)+\cos(B)=2\cos\left(\frac{A+B}{2}\right)*\cos\left(\frac{B-A}{2}\right),$$
$$-\sin(C)=\sin(A)+\sin(B)=2\sin\left(\frac{A+B}{2}\right)*\cos\left(\frac{B-A}{2}\right),$$
$$\sqrt{\cos^2(C)+\sin^2(C)}=2|\cos\left(\frac{B-A}{2}\right)=1\ ;$$

13. 如果你用「視察法」，可以看出，如果 $\sin(\theta)=0$，$\cos(\theta)+1=0$，當然就是一個解。不過應該還有別的解！但是這個觀察還是有些用途！
如果你將它整個乘開，整理一下，就得到：

$$\cos^2(\theta)+\cos(\theta)-2\sin(\theta)-2\sin(\theta)\cos(\theta)-\sin^2(\theta)=0\ .$$

我們用變數代換：$u:=\sin(\theta)$；但是先把含有 $\cos(\theta)$ 一次項的項，放在一邊，

$$\cos(\theta)(1-2\sin(\theta))=2\sin(\theta)-1+2\sin^2(\theta)\ ,$$

那麼：

$$\pm\sqrt{1-u^2}(1-2u)=2u-1+2u^2\ .$$

平方之後將成為 u 的四次方程式！豈非很可怕？不！因為你的視查法已經有了根 $u=0$，方程式會因而降次！（此即因式定理），即：

$$(4u^2-4u+1)(1-u^2)=1-4u+8u^3+4u^4\ ;\ 8u^4+4u^3-3u^2=0\ ,$$

得到 $u=0$，$u=\dfrac{-1\pm\sqrt{7}}{4}$.
前者給出一個偽根 $\cos(\theta)=1$，$\theta=2n\pi$。（平方操作，常會製造偽根。）只有 $\sin(\theta)=0=\cos(\theta)+1$，$\theta=(2n+1)\pi$，才是真的根。
後者給出：

$$\theta=n\pi+(-1)^n\arcsin\left(\frac{-1\pm\sqrt{7}}{4}\right).$$

14. $(\sin(x)+\sin(4x))+(\sin(2x)+\sin(3x))=0=2\sin\left(\frac{5x}{2}\right)\left(\cos\left(\frac{3x}{2}\right)+\cos\left(\frac{x}{2}\right)\right)$,
因此得：

$$4\sin\left(\frac{5x}{2}\right)\cos(x)\cos\left(\frac{x}{2}\right)=0\,.$$

15. 因為 $\tan(15°)=2-\sqrt{3}$，只要令 $t=\tan(x)$，得到

$$\tan(x\pm 15°)=\frac{t\pm(2-\sqrt{3})}{1\mp t(2-\sqrt{3})}\,.$$

就可以化為二次方程式 $t^2-2t+1=0$，$t=1$；$x=n\pi+45°$.

16. 只要令 $t=\tan(\theta)$，得到

$$\tan(2\theta)=\frac{2t}{1-t^2}\text{；}\tan(3\theta)=\frac{3t-t^3}{1-3t^2},$$

t 的方程式有一根為 $t=0$，括去之後，成為

$$\frac{t^2-3}{1-3t^2}=1+\frac{2}{1-t^2}=\frac{3-t^2}{1-t^2}\,.$$

化成

$$2t^4-7t^2+3=0\text{，}t^2=\frac{1}{2}\text{，或}3\,.$$

17. 利用聯立齊次一次方程式論的有聊解定理，這就得到：

$$\begin{vmatrix} 1, & 1, & 1 \\ \cos(2\theta), & \cos(4\theta), & \cos(6\theta) \\ \sin(\theta), & \sin(2\theta), & \sin(3\theta) \end{vmatrix}=0\,.$$

第三行減去第二行，再第二行減去第一行，就得到，

$$\begin{vmatrix} 1, & 0, & 0 \\ \cos(2\theta), & \cos(4\theta)-\cos(2\theta), & \cos(6\theta)-\cos(4\theta) \\ \sin(\theta), & \sin(2\theta)-\sin(\theta), & \sin(3\theta)-\sin(2\theta) \end{vmatrix}=0\,.$$

我的意思是：在和差化積時，保持盡量多的公因子！
第一行第一列可以不要，降為二維定準！

$$=\begin{vmatrix} -2\sin(\theta)\sin(3\theta) & -2\sin(\theta)\sin(5\theta) \\ 2\sin\left(\frac{\theta}{2}\right)\cos\left(\frac{3\theta}{2}\right) & 2\sin\left(\frac{\theta}{2}\right)\cos\left(\frac{5\theta}{2}\right) \end{vmatrix}=0 .$$

從第一第二列，括出公因子，於是除了

$$(-2\sin(\theta)) * \left(2\sin\left(\frac{\theta}{2}\right)\right)=0 .$$

之外，約簡的方程式就是：

$$0=\begin{vmatrix} \sin(3\theta), & \sin(5\theta) \\ \cos\left(\frac{3\theta}{2}\right), & \cos\left(\frac{5\theta}{2}\right) \end{vmatrix}=\begin{vmatrix} 2\sin\left(\frac{3\theta}{2}\right)\cos\left(\frac{3\theta}{2}\right), & 2\sin\left(\frac{5\theta}{2}\right)\cos\left(\frac{5\theta}{2}\right) \\ \cos\left(\frac{3\theta}{2}\right), & \cos\left(\frac{5\theta}{2}\right) \end{vmatrix},$$

從第一第二行，括出公因子，於是除了

$$2 * \cos\left(\frac{3\theta}{2}\right) * \cos\left(\frac{5\theta}{2}\right)=0 .$$

之外，約簡的方程式就是：

$$0=\begin{vmatrix} \sin\left(\frac{3\theta}{2}\right), & \sin\left(\frac{5\theta}{2}\right) \\ 1, & 1 \end{vmatrix}=-2\sin\left(\frac{\theta}{2}\right)\cos(2\theta) ,$$

18. 這一題與前題相同！

$$\begin{vmatrix} 1, & -\cos(C), & -\cos(B) \\ -\cos(C), & 1, & -\cos(A) \\ -\cos(B), & -\cos(A), & 1 \end{vmatrix}=0 .$$

亦即：

$$1-\Sigma\cos(A)-2\Pi\cos(A)=0 。$$

注意到：若是$A+B+C=\pi$，則此條件將成立！（而且這式子對於A，B，C都是偶函數！）
再根據有聊解定理，有聊解必然有：

$$x：y：z=(1-\cos^2(A))：(\cos(A)\cos(B)+\cos(C))：(\cos(A)\cos(C)+\cos(B))；$$

在$A+B+C=\pi$時，$\cos(C)=\sin(A)\sin(B)-\cos(A)\cos(B)$，這個比就是：

$$\sin^2(A)：\sin(A)\sin(B)：\sin(A)\sin(C)=\sin(A)：\sin(B)：\sin(C)。$$

19.要注意到：和差化積之後，兩式的比，是個正切！

$$2\sin\left(\frac{x+y}{2}\right)*\cos\left(\frac{x-y}{2}\right)=2m\sin(\alpha)；$$
$$2\cos\left(\frac{x+y}{2}\right)*\cos\left(\frac{x-y}{2}\right)=2n\cos(\alpha)；$$
$$故\ \tan\left(\frac{x+y}{2}\right)=\frac{m}{n}\tan(\alpha)=\frac{m\sin(\alpha)}{n\cos(\alpha)}；$$
$$\cos\left(\frac{x-y}{2}\right)=\pm\sqrt{m^2\sin^2(\alpha)+n^2\cos^2(\alpha)}；$$

20.和上一題差不多！只要用$Y=\frac{\pi}{2}-y$；則變成：

$$\sin(x)+\sin(Y)=a，$$
$$\cos(x)+\cos(Y)=b，$$

21.當然$y=\frac{\sin^2(\theta)+\cos^2(\theta)}{\cos(\theta)*\sin(\theta)}$。而$x^2=1+2\cos(\theta)\cos(\theta)$。

23.因為$a^2=1+2\sin(\theta)\cos(\theta)=1+\sin(2\theta)$，就得到$b-(a^2-1)=\cos(2\theta)$。

24.你可以先做三角通分法：

$$x=\frac{1}{\sin(\theta)\cos(\theta)}，$$
$$y=\frac{\cos^2(\theta)}{\sin(\theta)}.$$

馬上湊出

$$\cos^3(\theta)=\frac{y}{x}\text{；}\cos(\theta)=\sqrt[3]{\frac{y}{x}}.$$

代入算出 $\sin(\theta)$，那麼就可以用 $\cos^2(\theta)+\sin^2(\theta)=1$，「消去」$\theta$。

25. 這裡的要領都是（如上題）用「正餘弦平方和為一」。我們都是想像要去解出二「元」（$\cos(\theta), \sin(\theta)$）的聯立方程式，解出之後，就依照要領！現在，由後式，就可以算出

$$\cos(\theta)：\sin(\theta)=-\sqrt[3]{ax}：\sqrt[3]{by}.$$

代入第一式就可以解出：$\frac{1}{\cos(\theta)}$，$\frac{1}{\sin(\theta)}$，於是得到所要的消去式。

27. 首先，

$$x^2+y^2=a^2+b^2+2ab\cos(\theta).$$

基本上已經有 $\cos(\theta)$可以利用了！其次，$y=\sin(\theta)*(a+2b\cos(\theta))$，所以我們由 x 湊出一個因子$(a+2b\cos(\theta))$，辦法就是

$$(x+b)=a\cos(\theta)+b*(1+\cos(2\theta))=\cos(\theta)*(a+2b\cos(\theta)),$$

因而$(x+b)^2+y^2=(a+2b\cos(\theta))^2$。這就得到了消去式。

28. 思考三角一次式的幾何意義！

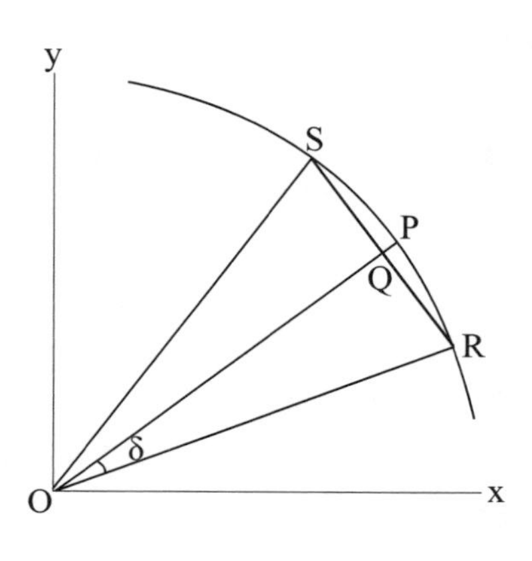

假設畫出點 $P=(a, b)$，其輻角為γ，因而 $a=\sqrt{a^2+b^2}\cos(\gamma)$, $b=\sqrt{a^2+b^2}\sin(\gamma)$

以原點 O 為圓心，$OP=\sqrt{a^2+b^2}$ 為半徑，畫圓；
在向徑 $\overrightarrow{OP}$ 上，量度出 $OQ=c$，（須考慮其正負號！）過點 Q 做垂線 $\overline{RS}\perp\overline{OP}$，交圓於 R，S 兩點。於是

$$\angle ROP=\angle POS=\delta，\cos(\delta)=\frac{c}{\sqrt{a^2+b^2}}；\sin(\delta)=\frac{\sqrt{a^2+b^2-c^2}}{\sqrt{a^2+b^2}}.$$

這個題目的意思是：給了我們(a,b,c)，當 $c^2\le a^2+b^2$ 時，題設的前兩個條件式的角度θ，ϕ 有解答！就是這裡兩點 R，S 的輻角。

$$\theta,\phi,=\psi_{\pm}:=\gamma\pm\delta.$$

那麼這個消去法就可以解決了！事實上

$$\tan(\psi_{\pm})=\tan(\gamma\pm\delta)=\frac{\tan(\gamma)\pm\tan(\delta)}{1\mp\tan(\gamma)\tan(\delta)}$$

$$=\frac{\frac{b}{a}\pm\frac{\sqrt{a^2+b^2-c^2}}{c}}{1\mp\frac{b}{a}*\frac{\sqrt{a^2+b^2-c^2}}{c}}=\frac{cb\pm a\sqrt{a^2+b^2-c^2}}{ac\mp b\sqrt{a^2+b^2-c^2}}.$$

現在只要代入

$$m=\tan(\psi_+)*\tan(\psi_-)=\frac{c^2b^2-a^2(a^2+b^2-c^2)}{a^2c^2-b^2(a^2+b^2-c^2)},$$

（再化簡！）就好了！

29. 這裡有一個要點：若是 $u=\cos(x)$，則：$\cos(2x)=2u^2-1$，$\cos(3x)=4u^3-3u$；（其實一切的$\cos(nx)$都是 $u=\cos(x)$的多項式，在高等數學中，叫做 Chebyshev 多項式。）
所以題目是說：（令 $u=\cos(x)$，$v=\cos(y)$，）則：

$$\begin{aligned}u+v&=a,\\2(u^2+v^2)&=b+2,\\4(u^3+v^3)&=c+3(u+v)=c+3a.\end{aligned}$$

題目改為要消去(u, v)；但是我們知道：(u, v)的對稱多項式，例如u^3+v^3，都可以用$u+v$，$u*v$這兩個式子表達出來，也可以用$u+v$，u^2+v^2這兩個式子表達出來！

$$u^3+v^3=(u+v)*(u^2+v^2-u*v)=a*\left(\frac{3(u^2+v^2)-(u+v)^2}{2}\right)=a*\frac{\frac{3}{2}(b+2)-a^2}{2}.$$

於是

$$c=4*(u^3+v^3)-3(u+v)=a(3(b+2)-2a^2)-3a.$$

30. 我們由前二個方程式，可以算出：

$$甲：\frac{a}{\sin(\gamma-\beta)}=\frac{b}{\sin(\alpha-\gamma)}=\frac{c}{\sin(\beta-\alpha)}.$$

若是第一與第三列，就得到：

$$\frac{a}{\frac{\cos(\beta)}{\cos(\gamma)}-\frac{\cos(\gamma)}{\cos(\beta)}}=等等。$$

也就是

$$\frac{a\cos(\beta)\cos(\gamma)}{\cos^2(\beta)-\cos^2(\gamma)}=等等。$$

也就是

$$乙：\frac{a}{\cos(\alpha)\sin(\gamma-\beta)\sin(\gamma+\beta)}=等等。$$

比較甲乙，則得：

$$\cos(\alpha)\sin(\gamma+\beta)=等等。$$

因此，積化和差：

$$\sin(\gamma+\beta-\alpha)=等等。$$

總之，輻角α，β，γ，必然是相差π的整倍數，而

$$c^2 = (a \pm b)^2 .$$

31. 對於第一個方程式，我們如果令$t = \cos(\theta)$，把它改寫為：

$$(x * t - 2z)^2 = y^2(1 - t^2)；(x^2 + y^2)\, 8t^2 - 4zx * t + (4z^2 - y^2) = 0 .$$

這是一元二次方程式，而其兩根為$t = \cos(\theta)$，$\cos(\phi)$；因此，(i, ii)變成了（兩根的和與積）：

$$\cos(\theta) + \cos(\phi) = \frac{4zx}{x^2 + y^2},$$
$$\cos(\theta) * \cos(\phi) = \frac{4z^2 - y^2}{x^2 + y^2}.$$

如果把(iii)平方，則：

$$(1 - \cos(\theta))(1 - \cos(\phi)) = 1 .$$

利用和與積的關係，得：$y^2 = 4z\,(z - x)$。

32. 若(ii) + (iii)，則得「和差化積」：

$$\cos(\phi) * \ (x \cos(\theta) + y \sin(\theta)) = 3z .$$

利用(i)，立得：

$$\cos(\phi) = \frac{\sqrt{3}}{2}；\sin(\phi) = \frac{1}{2},$$

因而：

$$(iv)：(x \cos(\theta) + y \sin(\theta)) = 2\sqrt{3}\, z ,$$

現在做(ii) − (iii)：

$$\sin(\phi) * \ (-x \sin(\theta) + y \cos(\theta)) = z ,$$

即是：

$$(\mathrm{v})：(-x\sin(\theta)+y\cos(\theta))=-2z\,,$$

於是$(\mathrm{iv})^2+(\mathrm{v})^2$：

$$x^2+y^2=16z^2\,.$$

p.174之補註：

此拋物運動之鉛垂落下的部份，初速為v_y，動能為$\frac{m}{2}v_y^2$，著地時把位能$mgR\sin\phi$也轉化成動能，而得到著地時的鉛垂部份的動能

$$\left(\frac{m}{2}v_y^2+\frac{2}{3}Rgm\right)$$

故（鉛垂的）末速為

$$\sqrt{v_y^2+\frac{4}{3}Rg}$$

這個（鉛垂）速度之變化，來自於固定的重力加速度g，因此，時間的經過為

$$\tau=\frac{\sqrt{v_y^2+\frac{4}{3}Rg}-v_y}{g}\,.$$

記號與希臘字母索引

【註】式子中, x 代表變數，z代表複變數，X代表數據；$a<b$代表常數；n，k代表自然數；O，P，Q，代表平面上的點
♠為作者所撰，不是通用的！

希臘字母表

小寫	大寫	讀音	小寫	大寫	讀音
α	A	alpha	ν	N	nu
β	B	beta	ξ	Ξ	xi
γ	Γ	gamma	ο	O	omicron
δ	Δ	delta	π	Π	pi
ε	E	epsilon	ρ	P	rho
ζ	Z	zeta	σ	Σ	sigma
η	H	eta	τ	T	tau
θ	Θ	theta	υ	Υ	upsilon
ι	I	iota	φ	Φ	phi
κ	K	kappa	χ	X	chi
λ	Λ	lambda	ψ	Ψ	psi
μ	M	mu	ω	Ω	omega

註 大寫字母有很多（小寫字母只有 o，）是與拉丁字母相同的！
（是被羅馬人抄襲！）那麼你不用理它。

但是讀法不同！（這些字母變成斯拉夫語文的字母，因為他們採用希臘東正教！所以你看到俄文的 P，是英文的 R。）

英文「alphabet」（字母集）就是取自希臘字母頭兩個。你要習慣於：
用 λ, μ, ν，相當於 ℓ, m, n；用 ξ, η, ζ，相當於 x, y, z，用 α, β, γ，相當於 a, b, c。

索　引

歐字索引

國家圖書館出版品預行編目資料

楊維哲高中資優數學講義. 一, 三角學／楊維哲編著. 一二版.一臺北市：五南， 2017.04
面； 公分.
ISBN 978-957-11-9098-3(平裝)
1.數學教育 2.三角學 3.中等教育
524.32 106003370

ZD04

楊維哲高中資優數學講義之一：三角學

編　　著 一 楊維哲(313.5)
發 行 人 一 楊榮川
總 經 理 一 楊士清
總 編 輯 一 楊秀麗
主　　編 一 高至廷
責任編輯 一 蔣晨晨　楊景涵　金明芬
封面設計 一 簡愷立
出 版 者 一 五南圖書出版股份有限公司
地　　址：106 台北市大安區和平東路二段 339 號 4 樓
電　　話：(02)2705-5066　傳　　真：(02)2706-6100
網　　址：http://www.wunan.com.tw
電子郵件：wunan@wunan.com.tw
劃撥帳號：01068953
戶　　名：五南圖書出版股份有限公司
法律顧問　林勝安律師事務所　林勝安律師
出版日期　2011 年 3 月初版一刷
　　　　　2017 年 4 月二版一刷
　　　　　2020 年 2 月二版二刷
定　　價　新臺幣 320 元

經典永恆‧名著常在

五十週年的獻禮——經典名著文庫

五南，五十年了，半個世紀，人生旅程的一大半，走過來了。
思索著，邁向百年的未來歷程，能為知識界、文化學術界作些什麼？
在速食文化的生態下，有什麼值得讓人雋永品味的？

歷代經典‧當今名著，經過時間的洗禮，千錘百鍊，流傳至今，光芒耀人；
不僅使我們能領悟前人的智慧，同時也增深加廣我們思考的深度與視野。
我們決心投入巨資，有計畫的系統梳選，成立「經典名著文庫」，
希望收入古今中外思想性的、充滿睿智與獨見的經典、名著。
這是一項理想性的、永續性的巨大出版工程。
不在意讀者的眾寡，只考慮它的學術價值，力求完整展現先哲思想的軌跡；
為知識界開啟一片智慧之窗，營造一座百花綻放的世界文明公園，
任君遨遊、取菁吸蜜、嘉惠學子！